东北方言汇集

韩秀廉◎著

中国华侨出版社
北京

图书在版编目（CIP）数据

东北方言汇集 / 韩秀廉著 . — 北京：中国华侨出版社, 2020.3
ISBN 978-7-5113-8163-7

Ⅰ. ①东… Ⅱ. ①韩… Ⅲ. ①北方方言－汇编－东北地区 Ⅳ. ① H172.1

中国版本图书馆 CIP 数据核字 (2020) 第 013999 号

东北方言汇集

著　　者 /	韩秀廉
责任编辑 /	黄　威
责任校对 /	孙　丽
封面设计 /	盟诺文化
经　　销 /	新华书店
开　　本 /	145 毫米 ×210 毫米　1/32　印张 /9.375　字数 /273 千字
印　　刷 /	北京军迪印刷有限责任公司
版　　次 /	2020 年 6 月第 1 版　2022 年 8 月第 2 次印刷
书　　号 /	ISBN 978-7-5113-8163-7
定　　价 /	58.00 元

中国华侨出版社　北京市朝阳区西坝河东里 77 号楼底商 5 号　邮编：100028
法律顾问：陈鹰律师事务所
编辑部：　（010）64443056　　64443979
发行部：　（010）64443051　　传真：（010）64439708
网址：　www.oveaschin.com　　E-mail:oveaschin@sina.com

前　言

　　这本书可以说是客观现实逼着我编写的。多少年前，还是小孩子时期，初接触语言，我就在大人们的耳濡目染下接触这些生动的方言了，可当时并没觉得它对我影响那么深。以后喜欢上文学，接触了文学作品，发现许多我所熟悉的方言土语，当时感到很新鲜、很亲切，就像见到了很久未见的最熟的熟人，而又重新审视她，惊喜她为什么这般美丽、这般受看。于是我开始记录在各种刊物上、电视里出现的让我喜爱的东北方言、土语。日积月累，多年来我记下了一页页一行行这样的资料，当时还没想得更多。

　　退休了，我开始写东西。我用自己习惯的词语写，同伴们看了责备我用了太多的方言，看看自己写的东西，确实是。心里倒有点高兴：惊异我受了这么深的地方语言的熏陶，竟然运用得这么得心应手，招之即来。偶尔又接触了一些资料，在充裕的退休时间里，就萌生了写个方言土语汇集的想法。

　　动笔以后，接触更多资料，我为对着土生土长的词语的亲昵与爱恋而欣喜，就像普通人很难在这高寒地区生活，而这冬日酷冷的黑土地却让我感到非常惬意，这也许就是浓浓的家乡情结吧！更为震撼的是这淳朴的语言竟这般丰富多样，有的虽然能意会，却找不出恰当的解释，参考资料也不尽如人意。

但是，我还是十分高兴，我终于尽自己的能力编写了，甚至半夜醒来想起一个词语，马上摸黑记下（因为突然想起也会倏然消失），兴奋了，就再不能入睡。

方言有它的鲜活性，也有它的局限性。写这本书的目的，一是有展示的作用，更重要的还是为了注释。当前经济形势此起彼伏，语言是交流的工具，让方言的小溪慢慢汇入江河大海，小溪中有生命力的东西也会像饮食中的北方饺子、天津煎饼果子、陕西凉皮一样，融入民族大家庭通用的语言中，为经济建设服务得更好，这才是终极的目的。

从2000年起，我将这些方言进行整理、补充，并修改成稿，之后又不断地补充，一直到现在，仍然感到不能全部囊括生动的东北方言。

时不我待，在有生之年将之拿出来，也算我这一生对社会一点小小的贡献吧。

目 录

A 1
B 3
C 23
D 38
E 58
F 61
G 67
H 83
J 99
K 114
L 122
M 143
N 158
O 168
P 169
Q 177
R 186

S	192
T	217
W	230
X	238
Y	253
Z	272

A

腌臜 不干净（现在不常用）"那个地方太~，别去！"

挨憋 受难为（多指钱）。月月光，到月末就~"

挨呲儿 受斥责。"弄不好要~！"

挨剋 挨骂，挨批评。"我爸要求九点前回家，回去晚就~，我得走了。"

挨邻 接近。"他就是没~着好人。"

挨撸 受严厉批评。"昨天回家太晚，都~了。我爸有心脏病不能再让他生气了。"

挨门儿 挨户。"那时大家都订这报，送报的~送。"

挨排儿 挨着顺序。"大家别乱说，咱们~一个一个地说。""从头~找金华的名字。"

唉哟嗬 叹词，表意外之喜。"~，你怎么来啦，这大门不出二门不迈的人！"

挨挨儿 向后拖拖，等等。"孩子们还太小，他们的婚事往后~吧！"

捱噌 拖拉，不及时办："什么事能办就办，别往后~。"

矮半截儿 喻指地位比别人低。"干服务工作认为比别人~是不对的。"

矮颠颠儿 谦恭到有些卑微的神态。"旧时代，中国人在外国人面前总是~的，现在我们可都是顶天立地的中国人了。"

矮趴趴 低矮的样子。"那时的人都住在~的类似窝棚的小屋里。""地上有八仙桌，卧榻上有~的炕桌，可坐可卧。"

爱小 贪小便宜。"这女人太~，我不喜欢她。"

爱咋的咋的 表示不在乎、不接受教育的蛮横话。"这孩子得好好教育了，你批评他骂人，他竟说~！"

碍不着 不妨碍。"你走你的阳

关道，我过我的独木桥，咱们谁也～谁。"

碍难 为难，难于去做。"他已经在群众中表态要第一批和几个哥们一起到边疆去，可领导又要他留下来，他有些～，怎么跟领导说呢！"

按下葫芦起来瓢 喻顾此失彼。"这矛盾多得简直是～！"

揞 原意是用药面或其他粉末敷在伤口上，此处指对上位。"你说的这个亲戚，我还没～上位哪。""三等奖你给～错位了"。

俺 代词，我。

熬发 伤口感染化脓。"切菜手上拉个口子，～了，是得上医院看看。"

熬糟 烦恼，糟心。"想和大家一起去干活，腿又摔了，心里可～了。"

熬肯 吃不着油水，饭食上很苦。"这些年他爸有病，孩子们都挺～！"

熬头 经过艰难困苦可以获得美好愿望。"现在虽然苦，但孩子们聪明健壮，总有～。"

奥不噔 似甜不甜的一种怪味。"这东西～的不好吃。"

傲里拔尊 骄傲，轻慢，瞧不起别人，自以为出类拔萃。"人总不能～，得谦虚谨慎。"

B

巴 1.一般在动词后重叠使用,表示草率做过。"把脸洗~洗~就走。"2.用在动词词尾时,读轻声。"拆~下来。"

巴巴地 1.形容口齿伶俐。"那孩子小嘴~,可能讲了!"2.急切。"他~等了他一整天。"

巴哧 1.埋怨性的叙说、表白。"不就是对我有点怨气吗,还跑你那~去了。"2.挺费劲儿地看。"他还上了墙头,向那院~。"

巴哧儿 贪婪,喜吃。"那人怎么见吃的~的,像饿了多少年了。"

巴搭嘴儿 看见食物因馋想吃而嘴动有声的样子。"这孩子就馋糖,见糖就~。"

巴结 做事努力。"这人哪,一辈子~不够。""那时生活难哪,你爷~了一辈子,到死还是个穷!"

巴望 指望。"全家人都~这孩子出息哪!"

巴掌心长胡子——老手 歇后语,巴掌心,指手心,长胡子是因为老了。是老行家之意。"你不用打听,老张干这一行那是~了。"

吧嗒 1.嘴张合出的声音。"他~了两下嘴,却没说出话来。"2.抽旱烟。"他~了几口,就把烟杆儿放在桌上。"

扒灰 公公淫于儿媳。

扒拉 剔除。"看他身小体弱,就把他~下来了。"

扒瞎 埋怨别人,指责别人。"我哪年不去看她,今年我有病,打发孩子去看她,她扒什么瞎!""大家谁也没得到好处,都是白干,他干啥~!"

扒眼 窥视别人房事。不怀好意地偷看。"他到人家女厕所~,叫公安局逮去了!"

笆篱子 指监狱。"他再不学好,还得去蹲~。"

八辈子 指多少代,许多代。"你欠下穷人~血债。""这~人的脸面都让你丢尽了。""缺了~的德。"

八辈祖宗 祖宗八辈之意。"谁愿惹他,他一来驴劲儿,骂你~!"

八竿子打不着 形容亲戚间关系特别疏远。"这又是哪门~的亲戚来了,你们家人就是好客。"

八十岁吹喇叭——寿长气短 八十岁是高龄,吹用气力的喇叭,已经气力不足了,比喻人已力不从心。"他都七十多岁,还要接着干,这是~了!"

八式五罐 七碟子八碗,上好的菜肴。"她天天~吃着,还不知足。"

八抬大轿 原指旧时高官乘用的八人抬的大轿子,此处借指高规格待遇。"用~请我也不去。"

八中碗上泥鳅——多余(鱼) 东北农村办喜事讲八大碗,各个菜不同,其中有鱼(取吉庆意)。如果八碗上泥鳅,鱼不就多了。比喻人管的太宽,没必要。"人家俩人谈恋爱,你跟着掺和什么,这不是~。"

八月十五抓兔子——有它过节,没它也过节 八月十五中秋节,各种菜肴已齐备。抓着抓不着兔子无关紧要。喻指某人有无无足轻重。"只要我们这些人都能参加,他参加不参加,那是~,无关紧要了!"

八杠子压不出屁来 喻指人的脾气倔又不爱表达。"喜贵那脾气你还不知道,~!"

八下里 方面太多(表示照顾不过来)。"这点钱你还指望?这~都等着哪!"

把稳 稳重,可靠。"这个人办事~。"

拔 把食物放在凉水里,使之变凉。"把汽水放在凉水里~一~。"

拔顶 头顶无发。"他还不到三十岁,怎么就~了!"

拔孩儿 婴幼儿哭闹或受委屈时常用"拔孩儿"的话儿安慰之。"~,~,没人理我们了,妈来抱,妈来抱!""~,~,谁招(惹)我们,去打他!"

拔火罐儿 1.拔罐子用的小罐

儿。2.一种短烟筒,生火时放在火炉口上,使火很快着旺。

拔手 手遇很冷的东西感到刺痛。"这水都冻冰了,没法洗,太~了。"

拔牙 因吃(或喝)的东西过凉,使牙齿感到不适。"这井水真凉,~。"

拔干 指某种药水能吸湿,使患处干燥。"紫药水能~,快上点儿。"

把 从后用手托起小孩儿两腿,让他大小便。"给孩子~尿。"

把狼招来 讽刺人嗓门高,声音不好听。"你可别再唱了,再唱~了。"

把儿 1.小捆。"买一~水萝卜"2.儿童游戏结成一小伙。"你们二人一~。""我们二人一~。"

把式 睡眠中扔胳膊腿叫"打把式"。

把屎把尿 侍候婴儿大小便。"我是~把他养大的。"

把头儿(把一头儿) 靠一头儿。"把东头儿","把西头儿"。"他家在东面~。"

把捂把摁 1.掩盖。"借钱那事,他~的,怕别人知道。"2.吝惜。"那个匣子,老太太~着,就是不拿出来。"

把着 独揽。"就他一个人~账本。"

粑粑 指粪便。

把合 很贪心地占为己有。"这小媳妇在娘家~完到婆家又~,几双破皮鞋值几个钱,她也~到手里。"

把敛 同"把合"。"这孩子,那么些苹果,你一人~着,能吃得了吗?"

耙扎 指用脚在水里或泥里使劲儿踩或踏,或用泥脚在干净地上来回踩。"刚穿上的新鞋怎么到泥地里~呀!""新擦的地板,你看你这泥脚给~的,这么脏了。"

掰不开镊子 喻指手中活计多,忙不开或指思想不灵活,不能正确分析事物,管理能力差。"你快来帮帮我吧,我这事多得都~了。""管一个十几个人的社办小厂他就~了,你还提拔他当一百人大厂的厂长?!""这个事,眼时他有点~,你帮他分析分析。"

掰哧 1.分辨,理论是非。"你跟他能~出个什么理来?"2.用手将东西剖开看个究竟。"这孩子就爱~什么看,也许将来能当个小发明家呢!"

掰开揉碎 细致地摆事实,分析解说。"就这么~地给他讲了一个晚上,嘴皮子都磨破了,他也没明白。"

掰生 使之生分,使之不睦。"她俩本来挺好的,就她总传闲话,给她们~了"。"我对她没有意见啊,你别~!"

白不呲咧 1.衣物褪色发白。"这衣服洗得~的不好看了。"2.饭菜无颜色,无滋味。"这菜怎么~的,一点滋味也没有。"

白不了 不会无回报地使用。"你不用担心,你给他办成这么大的事,他~你。至少还不请你吃一顿。"

白菜地里耍镰刀——把嗑(棵)唠(捞)散了 嗑:话;唠:谈话。耍镰刀把白菜砍散了棵,用以比喻说的话不友好,伤了和气,没法往下说了。此为歇后语。"你要这么说的话,那不是~!"

白碴儿 1.没有涂漆,没有涂颜色的木器,叫"白碴儿""都快到结婚日子了,柜子还是~哪,他不着慌不着忙的!"2.木器等断裂后露出本色。"挺好的红木椅子,让他一脚给踢折了,都露出~了。"

白扯 说了没用,没效果。"你跟他说~,这事你得找主管。"

白搭功 白白耽误时间,白白耗费精力。"她决心走了,你还劝她什么,不是~!"

白费腊 形容那些空耗人力、物力而没实际收益的事。"人家都要结婚了,你还送花表示爱情,你这不是~!"

白给 不是对手。"就他那小体格还跟我摔跤,那不~!"

白果儿 鸡蛋。

白话 1.用不能实现的空话或花言巧语来哗众取宠。"你别听他瞎~,没一句实在话。"2.闲聊。"他和那些人在一块儿~哪!"

白活 骂人语，意即不懂事，白白活在世上。"要钱输了朝儿女要，那么大岁数了，不识好歹，~！"

白了毛 指到老年，头发白了。"我活~，今天过上这好日子，心里高兴啊！"

白棱 白眼瞪人，表示不满，不服。"看他吹牛不止，老张~了他一眼。"

白脸儿 充当和事佬或勾结一方伪装公正的人。"我俩一个去~，一个去红脸儿，还是要达到劝他的目的。"

白毛风 暴风雪。

白饶 白搭，额外多给。"买一个大围巾，~一个小手绢。"

白疼 疼爱得无收益。"爷爷~你了，你也不替爷爷说句话。"

白天打扽，晚上续麻 意为白天不好好干活，扯闲篇儿，晚上点灯熬油的干活。喻指有些人干活的时间安排不妥。"都两点了，还写！~，把白天的好时光抓紧，不省了开夜车。"

白头踩蹬 形容老人头发白、体弱、行动蹒跚的样子。"我~地，你还叫我跑一趟。""在医院看病的，都是~的老人。"

白瞎了 白扔。"把树刨了，种庄稼，那些树苗加人工，不都~吗？！"

白眼儿狼 比喻受过别人恩惠而不知报答的人。"过去他困难时没少帮他，现在来看一眼老人都不来，~！"

白嘴儿（空嘴儿） 吃饭时不吃菜光吃饭，或光吃菜不吃饭。"他净~吃馒头。""这孩子怎么~吃菜。"

摆不迭 1.添忙、添乱。"你看这个小~，好像没他就不行似的。"2.夸张地珍惜。"就是个普通的小玩具，他一会儿藏起来，一会儿拿出看，很怕别人偷了，~劲儿！"

摆忙 不必要的乱忙，添乱。"我这够忙乱的了，你还跟着~。""这些活我们几个人干足够了，你别在这~了。"

摆谱儿 摆门面，炫耀阔气。"就几个朋友会会面，简单吃顿饭就可以了，可他非到星级饭店，要上十碟八碗不可，这不是

~吗？！"

百灵百巧 聪明，伶俐。"~的怎么叫人给骗了！""那小媳妇，~，什么事一点就透"！

百爪挠心 歇后语：怀里抱着二十五个耗子——百爪挠心，比喻遇到不顺心的麻烦事，心中烦乱。"他爸的病越来越重，小刚结婚还要花钱，她又出了这个事，你说我这不是~吗？！"

败货 败坏、折腾、祸坏。"那时家里一些值钱的东西也都让他~没了。""这都是好东西，别~了！"

搬不倒儿 不倒翁，儿童玩具的俗称，有时也嘲讽人油滑，立场不稳。"他呀，是个老滑头，~！"

搬不倒盖毯子——人小辈（被）大 搬不倒（不倒翁）很小，而毯子很大，所以说人小被大。"被""辈"谐音。"你别小瞧我才十五岁，可是那七十岁老头还管我叫叔哪，这叫~！"

搬不倒上宴席——不是稳当客 搬不倒即不倒翁。不倒翁坐在宴席上晃晃荡荡不稳，喻人作风轻浮、不安分。"我看小燕这个对象是~！"

般儿拉般儿 差不多大。"那前儿，~的小青年都参军走了，只有他身体不行，一直在家待着。"

板 1.克制，克服不良的习惯。"你怎么老像小孩一样吮手指头，该~着点。" 2.不得劲儿。"我不愿意和那般岁数大的老师在一起，太~得慌。"

板脚 新鞋或鞋瘦小，穿着不舒服。"我没法穿这双鞋了，太~了。"

板筋 牛羊肉里白色片状的筋，很硬，久煮不爱烂。

板儿 专指店铺的门板，旧时店铺用门板嵌入槽内，早晨拿下开张卖货，叫"开板儿"。晚上闭店上门板，叫"关板儿"也叫"上板儿"。

板儿牙 一般指门齿，也泛指所有的牙都很大。"那人有一口大~。"

板眼 喻指人的主意办法。"这事你交给他办行，他~多。"

板油 原指猪体内壁板状脂肪，

现在也戏称人体胖、脂肪多。"身上的~能有100斤。"

板杖子 栅栏。"外面的~被风刮得乱响。"

板正 平平正正。"这孩子每次穿完或洗好的衣服，都叠得很~地收起来。"

半不道儿 半路，半道上，走一半路程或一半左右。"我们一块儿去的，~上她犯了病。"

半吵儿 指爱诙谐，爱开玩笑又没有分寸，不分场合的人。"那是个~，到哪都这么疯闹，别理她。"

半当腰 中间。"那工程到~就干不下去了。不发工资，人都走了，要钱没钱，要人没人，怎么干！"

半大小子 指男性少年。"一个~，老东窜西窜说长道短的像个什么样儿！"

半憨子 半傻的人，对心眼实的人的嘲笑。"这孩子是个~，他打你你还不往家跑，就擎着让他打！"

半拉架 一半，不完整或不合格。"这活干了~就撂下了！"

半拉卡叽 比喻一半或不到一半的东西。"这人就这样不好，每顿吃饭，~的馒头总剩几块，浪费！""孩子剩的~的苹果，他也捡着吃。"

半拉 旁边。"我们家~就有个超市。"

半拉子 旧指未成年的长工。

半傻二苶 有些痴傻但不全傻，也用来形容处理事情不聪明的人。"你是~怎么的，这样的事怎么让他去干？！"

半晌 半天。"前~""后~"。

半晌午 约指上午九十点钟时。"他~才来！"

半宿儿 半夜。"参军的头一天，爷俩唠了~。"

半夜偷猫饭——损贼 猫饭，不值一偷，又半夜去偷，所以说是损贼。讽刺挖苦很低级的人。"住宾馆，一个茶杯他也往兜里揣，他这是~！"

绊蒜 因行路艰难、两足相碰撞，容易跌倒的样了。"你快叫他休息吧，你没看他走路都脚下~了"。

绊子 1.用腿绊倒对方叫"下~"。2.暗中耍阴谋,坑害别人也叫"下~"。"有人要对你下~,你得小心!"

梆子 把准备做烧柴的长木截成小段,然后劈开,就是"劈柴~"或"~"。

帮把手 搭把手帮助干活。"孩子们假日回家,也能给他爸~。""我手占着,你~,把桌子抬进去。"

傍黑儿 黄昏时,临近天黑。

傍亮儿 拂晓时,接近天亮。

傍晌 临近下午。

绑丁着 一直地。"哪次干活,咱们队长都~跟着干。"

棒硬 很硬。"这馒头~~的!"

棒子 玉米。

棒子面儿 苞米面,玉米面。

包 赔偿。"你别把小二的玩具弄坏了,他不高兴了就叫你~了。"

包葫芦头 剩下的全包。"你们俩能干多少干多少,剩下的我~!"

苞米 玉米——即玉蜀黍。

苞米核儿 脱粒后的玉米棒。

苞米楼子 贮藏苞米棒的透风的仓楼。

苞米面 即玉米面。

包绽儿 瑕疵,也指人的缺点、不足。"这个花瓶挺好看,就是有点~。""咱家的姑娘,啥~也没有。"

包子好吃,不在折(褶)儿上 注重内容实质,形式不重要。"没事,饭店小不要紧,饭菜好吃就行,~!"

抱脚儿 鞋很合适自己的脚,即穿着很舒适。"这双鞋挺~。"

抱身儿 衣服的大小肥瘦很合身。"这件衣服我穿挺~。"

宝贝疙瘩 对心爱的人或珍贵的物品的爱称。"你是妈的~,还不是最疼你"。

饱汉不知饿汉饥 处境好的人不能理解处境差的人的心境。"那时叔有钱,总说妈小气,可妈说~,叔不知穷的滋味。"

抱 苍蝇舔过的。"那菜都叫苍蝇~过了,别吃了。"

抱粗腿 攀附有钱有势的人。"他呀,专门能~,谁有钱有势有用他抱谁。"

抱团儿 团结一致，很紧实。"他们是一个县上来的，酸甜苦辣、荣辱与共，挺~的。""今天的饺子肉多，~！"

暴 突出，猛烈。"这小子出息个~啊，成了大款了！""今天你这风头出了个~啊！"

暴土扬长 指到处尘土飞扬。"这条土路总是~的。"

暴腌儿 临时腌制，时间短。"~黄瓜。"

背包罗伞 外出时拿着很多东西，连背带提很碍事的样子。"你看她~地带了很多东西，哪像旅游，倒像搬家。"

背锅 驼背。"他小时要饭，后来扛长活，累成~了。"

背着抱着一般儿沉 不管背着、抱着，负担一个样儿。"你要晚点去就得在那住一宿，不想住你就起个早，反正都一样，~！"

卑儿咕 死了，贬称。"那小狗到你家还不~了！"

背场 私下、场外。"有些话不能当面讲，得和他拉~。"

背风 避风，风吹不到。"娘儿俩在~的地方说话。"

背旮旯儿 僻静没人的角落。"有时他俩就在~叽叽咕咕地说什么。""你知道他藏在哪个~里，上哪儿去找？"

背过气 因怒或强烈的精神刺激，一时停止呼吸。"小三和他爸吵架，把他妈气得~去了。"

背累 很重的负担。"我们不受他的~就不错了。""谁家添这么个~，谁家能直起腰来！"

背时 倒霉，不走运。"还是我~，不然怎么老丢钱呢！"

背手上鸡窝——不拣蛋（简单）
　　手背在身后当然不能拣蛋。"拣蛋"是"简单"的谐音。"我怎么就不能写诗？！我这叫~。"

背雨 避雨。

被 把刀、剪在粗砺的器物上反复磨，让它锋利。"这刀不快了，在粗碗底上~一~！"

被胎 铺衬在被面与被里间的丝、棉夹层，起保暖作用。

被卧垛 白天不睡觉时，把所有的被横着两对折，叠在炕一角，叫~。

被窝放屁——独嗅（秀） 讽喻某些人鹤立鸡群，只秀自己不顾旁人。"张强这人是有学问有能力，可也不能~呀！"

悖晦 糊涂。"你真是老~了，刚吃过饭，怎么还说没吃呢！"

锛 突然受阻而断裂。"刀~了""牙~了一下。"

奔儿 说话或唱歌等突然遗忘而停止叫打~。"他说话绝对流利，没有打~的时候。"

奔儿头 突出的前额俗称"~"。

本当 正派，不轻佻。"那人多~，不像咱家小三，猴子似的。"

笨式拉脚 指人手脚笨，能力差，干活不熟练。"得了，你别洗了，~的，一会儿还不把碗都打了，等会儿我洗吧！"

崩 骗钱财。"坑蒙拐骗~，他都会。"

绷簧 弹簧。

绷子 1.一段时间。"这一~老没看见你，你上哪去啦？"2.包裹婴儿的宽布带。

甭 不要、不用、不必，用于动词前。"你~来了！""你~吃了！""~哭了"。

甭提了 不用再说了，有无奈的情绪。"~！这次本想好好玩玩，可她到那就病了！""~！这事儿他整个给办砸了！"

绷 挺实、表面挺括。也指人没有笑容。"这饺子在外面刚冻~皮。""他一天~着脸，没一点笑容。""这鱼冻得~儿~儿的了。"

绷着劲儿 拿着原来的架势，姿态。"人家都不生气了，要跟他说话，可他还~！"

蹦蹦儿 东北民间戏，也叫"二人转"，出演时一男一女二人，边扭边唱，在东北农村盛行。

蹦跶 原指小孩跳跃。借指某些人在社会上为自己争名利而活动。"这人真能~，小学文化，这回当上大公司老总了！"

蹦精蹦灵 特别聪明，机灵。"看他~的，怎么做这蠢事！"

锃儿亮 指箱子，柜橱，金属饰物或其他物件等擦拭得很亮。"那箱子，柜擦得~，都能照出人儿来！""那皮鞋搽得~！"

锃子儿 一个子儿。"她那点首

饰，~不值！""她呀，~没有！""他呀~不趁！""她小气得，~不花！"

绷瓷儿 1.被摔掉瓷。"这搪瓷缸都叫孩子摔~了。"2.脸、手皴裂。"这孩子小脸都冻~啦。"

逼不得已 形势紧迫，不得不这么做。"~他才对他说出了真话。"

鼻涕疙巴儿 干鼻涕。

鼻涕窟窿 鼻孔。

鼻涕拉瞎 很脏的样子，多指小孩。"那孩子~的，像个小要饭花子。"

鼻嘎儿 干鼻屎。

鼻儿 汽笛。"常常听到火车拉~的声音。"

鼻子不是鼻子，脸不是脸 非常不高兴，而且生气；恼怒，厌烦的样子。"他一进门就~的，不知又在哪惹气了。"

鼻子底下 比喻很近的地方。"就要在鬼子的~，才让他们明白石湖支队的厉害。"

鼻子头 放在前边，放在面上。"你不就做了这件好事儿嘛，总挑在~上不忘！"

比划 动武。"俩人饯饯几句，竟然~起来了。"

比令 在身体外部比一比，看看大小，肥瘦是否合适。"这毛衣我给你~~，看织得合适不！"

避猫鼠儿 原指见猫就躲的老鼠，比喻畏惧谦恭之极。"这孩子见着他爸像~似的。"

避鼠 使鼠逃逸。"这猫~。"

闭嗉 动物冬眠，不吃食物。

吧 很快地贴上。"他~地一下把带糨糊的报纸拍在墙上。"

吧唧 1.脚踩在水里或泥里的声音。"他顶着雨来了，光着的两脚~~地在泥地里踩出响来。"2.抽旱烟或吃东西时嘴里发出的声音。"他~了一口烟，然后开始说话。"（此例用作动词）"他吃饭好~嘴，这习惯不好。"

编巴 编造谣言。"她闲着没事，就东家长西家短地给别人~。""哪有这事，都是她~。"

编派 捏造谣言、诬陷别人。"他这人哪，就是招人烦，~这个，~那个。"

煸锅儿 锅里放油,在急火上,先放入葱、姜蒜、花椒面或肉丝等,炒出香味儿,即为~,然后再放菜。

扁担勾 即蚱蜢。

扁生 形体扁平。"这种水瓶挺~的,揣在兜里都行。"

扁食 水饺。

变戏法儿 原指变魔术,借指耍花招骗人。"这种人专会~,糊弄人"

变着法儿 想方设法。"他是~地哄着他爸,让他爸高兴。"

标 盯着。"他到镇上都干了什么事,你替我~着点。"

标杆溜直 形容人身躯挺拔像标杆一样直。"小伙子行啊,~!"

彪 傻、糊涂。"这种忙你也帮?你这不是~吗!"

彪子 做事不动脑子,说话不着边际,行为粗鲁,不考虑影响与后果的人。"她怎么什么话都跟人家说呢,她是个~啊!"

摽 接触密切,紧随。"他老~着他哥。"

摽劲儿 比着使劲。"这俩人~干。"

憋憋屈屈 1.烦闷无聊。"连下了三天大雨,不能出去,~地难受。" 2.狭小。"在这么~的小屋里,连出了两个大学生,真不容易"。

憋火 生气,恼火。"他本意是帮老张,老张却不领情,他心里这个~。"

憋了巴屈 同"憋屈"。

憋乃随泡 不会生活,有福不会享。"在自己家,挨冻也没病,到儿子家,暖气生着还有病,这不是~吗!"

憋屈 不开心,压抑。"这不是把人活活~死吗?""伍师傅忙点头,说行行,花钱总比让孩子在家~出病来强。"

憋死牛 很蹩脚,很偏僻。"咱这大青沟是~的地方啊!"

别逼哑巴说话 别逼人太甚。"你别把事儿做得太绝,~!"

别介 不要这样。"~,你要不去,谁还敢去!"

别拿豆包不当干粮 别瞧不起人,别拿人不当回事。"他能耐不行,水平不够,总还大小是个帮手吧，你～！"

瘪目瞎眼 不饱满、不精神。"你买这个大虾怎么～的！""那两个人～的，一点精神也没有。"

瘪茄子 泄气了，失望了。"我看她还张罗走呢！病倒了走不了啦，～了！"

别 改变别人意见。"我～不过她。"

宾服 佩服。"怎的都那么～他。"（《乾隆皇帝》一册）"他做得那么好，谁能不～他。""厂长要求别人做到，他自己先做到了，我就～这样的领导。"

宾着 因周围气氛的限制，抑制不能发作。"他是个淘气包，不过有好同学～，他表现得也挺好。"

冰尜 东北冬日孩童玩的一种木制玩具，上部圆柱形，底为圆锥形，用鞭绳抽打，在冰上旋转，叫抽～。

冰糕 冰激凌。

冰窖里着火——该着 比喻事情注定发生，不可避免。"他小子今天进监狱，也是～，不学好，不听劝，能不走到这步吗！"

冰溜 房顶上的雪水流到房檐上结的冰柱，圆锥形，上大下小，有尖。

饽饽蹬 旧时庙会卖的一种用纸与秫秸做的小孩玩具，很便宜，但易坏，因此用以比喻脆弱不禁碰的人。"你媳妇是～，她能起来给你做饭，没犯病，就不错了。"

拨拨转转，支支动动 形容干活不主动，别人催促才干的被动情况。"你说这人懒到什么程度，～。"

波棱盖 膝盖。

波棱盖挂掌——离蹄（题）太远了 "波棱盖"即膝盖。"挂掌"给牲口钉铁钉在膝盖上打钉。离"蹄"远（与"题"谐音）。喻指人说话跑题。"你这段讲话是不是～！"

玻璃花 一种眼病，眼中生有一层半透明的白翳。

脖筋 脖子上的筋脉。"你看那孩子瘦得大～那么扎眼。"

脖搂儿 顺脖颈打一巴掌。"我一进屋，不容分说他就给我一个～！"

脖子后头 指忘光了。"这事我早就忘到~啦,你还提呀!"

卜卜棱棱 1.不驯服、不听话。"别学着总~的。"2.碍事。"两天就回来了,你~带这么多东西干啥。"

卜拉 拿手拨。"他不小心把碗~到地上打了。"

卜棱 1.头摆动"直~脑袋。"2.动。"那孩子的腿总~着!"

卜面 揉面擀面时撒在面案上的干面。

不碍事 对事情没有妨碍。"跟你先上医院,回来我再写,~!"

不趁 趁:拥有,多指钱;不趁是"没有""穷"之意。"使大钱,莫说自己舍不得,也~。"

不凑手 手中暂时没钱。"他来借钱,正赶上我~,让他白跑一趟。"

不错眼儿 目不转睛。"她~地瞅着他。"

不大点儿 小,没有多大。"洞口~,谁也钻不进去。""~的孩子。"

不大离儿 不多时,差不多。

"~我就去她那看望看望。""这墙,这回砌得还~!"

不大儿 小(多指小孩年龄)"她来的时候,抱着一个~的小孩。"

不地道 不正派、不光明磊落。"做人不要做~的事。"

不断顿儿 每顿都有。"他鸡鸭鱼肉,~。"

不断流儿 连续不断。"台下的叫彩声,~。"

不对劲儿 情况不正常。"我一进屋,看屋里的气氛,就感到有点~。"

不对卤 不对路。"你刚才那话有点~。"

不够脸儿 脸面上没过去。"她也感到这事做得~,就走上来主动搭话。"

不够捻儿 不足。"一月三百块钱,五口人生活,~呀!"

不够塞牙缝的 意谓很少很少。"你这点饭~哪,你自个儿吃吧!"

不济事 垂危。"他本来想接老妈出来走走,可是当他接到'母病'的电报赶到家时,老妈已经

~了。"

不见起 不见得，不一定，有时也说"未见起"。"他妈说考不上，我看~，那孩子心劲儿可大呢！"

不见兔子不撒鹰 比喻看不到自己索要的东西，不拿出自己交换的条件。"于力凡连着拍了他几下手背说，这事我是一手托两家，他~，我还不见鬼子不挂弦呢。"

不进盐酱 比喻听不进别人的批评、意见，我行我素。"他这个人呀，想干什么就干什么，别人的话全听不进去，是电灯泡掉酱缸——~！"

不赖 不错、不坏。"老胡这人真~，干活抢在前头。"

不碰南墙不死心 比喻倔强，死板。"这人倔得很，干什么都是~。"

不认 某种东西因没使用过或不了解而不去买或使用。"这个牌子好是好，就是咱们这~。"

不让份儿 好争、不谦让的样子。"咱们年龄大，要有修养，别什么事~！"

不入载儿 没有深入理解某事的本质并发现它的乐趣。"这孩子对学习~，老是玩心不散。"

不善 厉害，非同小可。"这雨来得~。""小三子这次几科没及格，他爸这顿打可~！"

不是个儿 不是对手。"要真想打，你~！"

不是好饼 不是好人。"那个瘦瘦的小刘可~！"

不是那块料 不适合某种工作，不能胜任某项工作，才智不够。"你让他上大学，他~！"

不是人（里外不是人） 1.儿化意为不好做人 "我劝你的话，你又去跟他说，弄得我里外~。"2.不是好人，是坏人。"你别跟他来往，他~！"

不是人性 骂人语，不守公德。"你怎么能做那~的事。"

不是他了 不是正常情况了，而是放松自己："干出了一点成绩，表扬他几回，就~。"

不是玩意儿 骂人语。意思是对方很坏。"这人不干好事，顶~了。"

不是味儿 1.不对头。"那天你说的那些话，我回去琢磨，越

17

琢磨越~。"2.心里不舒服，难过。"每次提起儿时的事，我心里总~，感到愧对父母的恩情。"

不是物儿 对人不敬之词，意不是好东西。"那小子~，一肚子坏水。"

不是一家人，不进一家门 喻指嫁来的新妇（或女婿）和这家一个体性。"你嫂子和我家一样俭省，真是~！"

不是冤家不聚头 冤家不期而遇。"怕碰见他偏又碰见了，这可是~！"

不受听 指话语刺耳。"她来一回就说一些~的话，小张怎不受刺激。"

不顺手 不顺利，办事遇到障碍，遇到麻烦。"他这次回来办的几个事都~，不是不能按时交货，就是交的货质量不合格。"

不探叶 不知趣，不懂事。"那几个孩子都不管她，就这个老大对她还挺好，可她还总跟老大要这个要那个地拿方人家，你说这老太太是不~！"

不在意 1.重读"在"指不放在心上。"你认为这是个事，可他一点也~。"2.（没在意）重读"意"指不注意。"新衣服刚上身，他~，弄得又脏又皱。"

不住台儿 不停地、连续地。"他~地讲啊，说啊。"

不自在 1.生病。"这两天他~，就没上班。"2.不舒服。"听他这么说，我心里感到很~。"

补报 弥补，报答。"爸妈从小把我们养大不容易，我长大了，就该~~父母的恩情了。"

不吃劲 不在乎，没关系。"这一趟你去不去~！"

不吃劲儿 受不住。"这上面放了这么多东西，这个桌子可~啊！"

不搭拢 不上心。"跟她说了好几次了，她~！"

不打锛 不阻滞，很爽快地。"那孩子求他干什么活，从来~！"

不担沉儿 承担不了。"这个孩子小肩膀太嫩，~，弟弟妹妹要吃要喝，老妈又有病，够他受的。"

不得劲儿 不好意思。"人家都在干活，我却坐在那儿，心里挺~。"不自在。"我在这住~！"

不得烟儿抽 被排挤，不吃香。"他在那~才出来的，到这挺好。"

不抵 不如，比不上。"都是一个娘生的，他那个眼力见儿、勤快劲儿照他哥十成里连一成都~。"

不点儿 很少。"油剩~了，得买了。"

不丁点儿 有更小、更少之意。"怕你不喜欢甜的，这菜我就搁了~糖，你都吃不出甜味来。"

不点实 不踏实。"这小子做事~，不然怎么惹了这个大祸。"

不迭当 来不及。"找不着厕所，那孩子~尿了裤子。"

不干不净 指讲脏话。"你文明点，嘴里别~的。"

不敢上前 不敢往前凑着说话。"刚才那几句话她感到说得不够好，因而~再说。"

不赶趟 赶不上。"不行，得赶快走，要不就~了，车准点开。"

不隔心 彼此没有距离，可以交流。"我和她从来~，她有什么话都跟我讲，我有心事也和她说。"

不规矩 行为不端。"那女孩~，都是家教不严。"

不含糊 1.好，不错。"孩子这笔字写得~！"2.不能简单从事。"给你们单位办事，我绝~！"

不喝式 不高兴。"小三子他妈今天~，谁惹她啦！"

不介 1.不同意。"我看你还是跟我一起去吧！""~，明天我一个人去，今天我有事。"2.不可。"早知道她这么矫情，我非叫她去一趟~。"

不解气 依然生气。"这孩子太让人伤心了，我虽然痛骂了他一顿，还是~。"

不斤不离儿 1.不多时。"~我就到他家看看，有什么事帮他做做。""她~就送些东西给老人家。"2.差不多。"~就找一个，成个家得了！"

不禁招儿 满足欲望以后还要好

处。"这个人~，你可怜他，给他钱，他倒把你赖上了。"

不就结了 如果如何，（问题）就解决了。"你早把原委说清，~，省了误会。""咱们从户部库里搬来使~了。"（《乾隆皇帝》五册）

不开面儿 不给情面。"我舍着这个老脸给人家说了半天，人家~，你叫我怎办！"

不开晴 比喻怒气不消。"这老爷子生了点闲气，两天了，也~！"

不开眼 没见过世面。"把挺好的虾片煮了吃，真是~！""大概拿铜当作了金子，~的东西。"

不开着 眼界很窄，没见过世面，因而做出粗俗甚至愚蠢的行动。"这些人没吃过这么好吃的饼，吃饱了还揣上几张，真是~！"

不可心儿 不合心意。"录取的专业她~！"

不拉人屎 骂人语，不干好事。"他这人专门是吃人饭~，这边端人家饭碗，一转身就把人卖

了！"

不老少 很多。"那天送葬，来了~人，都要送送这位人民的好干部。"

不能吊死在一棵树上 意即应思路开阔，多方想办法。"人挪活，树挪死，在这儿干不好，想办法挪个地方，~。"

不能儿戏 不能像小孩子那样闹着玩儿。"这是个大事，要认真负责地去办，~！"

不起眼儿 不突出、不引人注目。"已是百年老屋，平素来客极少，又地处偏僻，看去极~。"

不饶人儿 口齿锋利、不输给别人、不宽恕人。"小张那姑娘，那嘴从~！"

不容空 不允许耽搁，"空"，得空。"爷爷性子急，想干什么马上就得给他办，~。"

不洒汤，不漏水 形容人做事细致，没有漏洞。"这是个人物，不管办什么事，从来~，保您满意。"

不傻不茶 头脑不糊涂，心眼也不死。"你~的怎么做了糊涂

事。"

不拾可怜 不值得可怜。"你想帮她,她倒说影响她自尊了。这人~!"

不识闲儿 闲不住。"这孩子真勤快,一天手脚~。"

不坦然 心里不安定。"就她离婚的事儿,闹得我心里~。""小三子在外惹了这些事,全家都~!"

不听老人言,吃亏在眼前 俗语,多在劝人时使用,意为老人有经验,不听老人经验之谈,事情就搞糟。"~,怎么样,办坏了吧!"

不通人性 不通情理,不具有正常的感情和理性。"你不要再和他说了,这小子~!""这个人~,你跟他说得再多也没用!"

不吐口 不表态、不表示同意。"妈~我也不敢去呀!"

不托底 不摸根底、不放心。"他虽然答应了,可我心里~,不知道这事能办成不。"

不往好草赶 不往好处去做。"这孩子你跟他说破了嘴,他还是上外头惹祸,~哪!"

不稀的 不喜欢、不高兴、不屑。"我~说你,你那些事叫人笑掉大牙!""谁也~管她了,她说她要自立。"

不希嘞 不(值得)理睬。"他不接受批评,就~他。"

不嫌乎 不嫌(赃,乱等)。"~就进屋坐坐。"

不显山,不漏水 不露痕迹。"人家小三子一家子,赚了那么多钱,~的,哪像你咋咋呼呼的。"

不香甜 不友好。"他们两家现在~,都很少走动。"

不醒腔 被蒙骗不醒悟。"你掰开皮儿说馅地劝,他还是~。""他叫那些人迷糊得现在还~。"

不压称 没有重量,比喻某物重量不大。"棉花堆大,~!"

不言不语 不爱说话,有夸奖的意思。"那姑娘~的,净埋头干活。"

不要鼻子 借用"不要脸"而说,也即不要脸。有玩笑之意。"说你胖你就喘上啦。我看你是~了。"

不咋的 不怎么好，不好。"我看这个人~。"

不咋着 不怎么样。"你别看他哥好，他弟可~，成天喝酒，打架，到处惹事儿。"

不着调 浪荡、不正经。"那小媳妇，~，也不顾男人也不照顾孩子，成天可哪走。""她男人（丈夫）~，赚不多少钱，还在外边养个女人！"

不着家 工作忙或生活放荡不常在家。"他一天忙到晚也~，我都找不着他。""他整天~，在外胡混，早晚要出点事，你得管管哪。"

不知什么馅儿哪 不知怎么回事儿，不知内幕或背景。"原先他们研究决定怎么办的，她刚来，还~。"

不知深浅 比喻人对事情的复杂性和利害关系的认识很肤浅。"他自己家都乱得不成样儿了，还想帮别人解决家庭矛盾，真是洗脸盆扎猛子——~！"

不吱声 不说话，不表态。"你怎么劝她，说她，她就是~。""他一天也~，就是低头干活。"

不知死的鬼儿 境遇不好，依然若无其事。"家里饭将能吃上，他还上外边摆阔，真是~！"

不值当 不值得。"小孩子什么也不懂，跟他生气~。"

不中 不行，不成。"这个办法~，还得另打主意。"

布衫儿 衬衫的旧称。

布丝儿 代称衣服。"那孩子身上连个~也没有，怎么过冬啊！"

C

擦背 搓澡。

擦黑儿 薄暮、傍晚。"～,她才走。"

礤 把瓜果擦成丝。"让小莉把萝卜～了,做汤。"

才吃三天素,就想上西天 原意指人功德不够就想成仙成佛,此处指人条件不够就想称王称雄。"你个小崽子,～,你够格吗?"

才刚 刚才。"～我看他还在这,这会儿跑哪去啦。"

踩蛋儿 禽类交尾。

踩古 压低、贬抑别人。"你也不能为夸你嫂子,～你妹妹呀!"

踩挤 同"踩古"。"她那张嘴呀,从来就好～人!"

踩生 孩子出生第一个进产房的人民间叫～,说谁～孩子像谁。

菜包子 骂人无能。"那人是个～,办什么事你也别指望他。"

菜货郎子 脸皮薄,怯、过分老实、忸怩。"这孩子在家有能耐闹,出来就打蔫了,是个～!"

菜儿 受欺辱的对象。"小二从小就身子弱,小三却身强力壮,那时,小二一直是小三的～。"

菜码儿 吃面条时,供拌食的小菜,豆类等(如香菜、黄瓜、黄豆芽、豆制品等)

苍鸣人 看见悲哀的景象心中悲伤,感到凄凉。"这么年轻就遭这横祸,看那孤儿寡母哭的伤心样子,真～哪!"

苍蝇不叮无缝的蛋 喻有隙可钻。"～,还是他本身有问题。"

藏奸 不肯使出全力干活或帮助别人。"你不知道我还有个优点,仗义,说话算数,吐唾沫是钉,绝不～耍滑。"

槽子糕 即蛋糕。

草甸子 长满野草的低洼野地。

草窠勒 草丛。"谁知道她把鞋藏在～里啦!"

草帽没沿儿——晒(讪)脸

草帽一般都有沿，没沿则会晒着脸。在东北俗语中意为：1.装疯、上脸。2.晒台、给人难堪。"对孩子加强教育，不能让他~。"

蹭搭 形容走路迟缓，不抬腿，脚在地上挪动的样子。"~~回了驿站。""妈妈拒绝了他的要求，他背着书包~~地回了自己的小屋。"

蹭儿 不花钱白吃白拿。"你总不能天天吃~饭，要学着自己做。"

插杠子 横加干涉。"这事我拿主意，谁也不许~！"

插关儿 小门闩。

插一腿 1.事情筹办中有人插足。"他真奸，看这买卖好了，也来~！"2.指男女关系中的插足。"怎么？人家搞对象，你也要~？！"

插 交相堵塞，难以疏通。"好几辆车都~在那了，走不了。""晚上贪吃点苞米，~在心里不好受。"

茶根儿 沏茶喝，剩的茶叶和水。"这孩子，专门能溜~。"

茶壶煮饺子——有嘴倒不出 喻指有些人肚里有学问，但表达不出来。"我姐夫可有学问哪，只可惜是~。"

察辣 勇敢、泼辣。"那小媳妇可~哪，铲地敢和棒小伙比赛！"

碴儿 1.碎物。"胡~"2.话头。"接着上次说的那个~说吧。"3.势头。"他一看不对~，就赶快走了。"

楂子 苞米磨成的小粒。粒稍大的叫大~，小的叫~。

碴子 东北人喻指那些蛮不讲理的人。"那是个~，不好惹，你别惹他。"

馇 1.熬。"~小米粥。"2.边煮边搅拌。"~猪食。"

蹅 往污处踩。"他的鞋~了两脚泥。"

碴 1.破碎的瓷片割破皮肤。"把碗打了，把手~破了。"2.卡住。"河里的冰~住了！"

岔劈了 1.两人相对而行，在某处岔开，没能相见，喻指双方有和好愿望，但有小误解。"他俩走~了，他从大道来的，她到小道接，能碰面吗？""两人现在都想和好，就是中间有点~。"2.听错。"他不是那个意思，你听~了！"3.事情办到中间出了问题。"满口答应的事儿，没想到中间~了。"

差不点 差点。"高学田回来，听说王宝~叫车撞了，也吓了一跳。"(《高玉宝》)

差辈 不是同一辈分。"哪能跟叔公开玩笑，~了！""你们俩怎么论哥们，你应该管他叫叔，~了。"

差三落四 混乱，不清楚。"她管了几天账，就把账和钱弄得~的。"

差头儿 偏离。"这不，想得好好的，现在出~了！"

岔换 调剂。"天天粗细粮~吃。"

岔声儿 因疼痛、惊慌等突然刺激，叫喊时声音发尖或嘶哑。"把他疼得都叫~了。"

岔眼 也叫看花眼，即一时出现的眼睛迷离，看错，看差事物的现象。"他看~了，把他姐夫看成是他哥了。""他看~了，过去一股烟，他以为一个人飞过去了。"

拆登 拆借。"她侄有病急等钱，你想法给她~~。"

拆兑 暂时借钱。"那时生活困难，到月末没钱，还得找邻居~几个。"

拆了东墙补西墙 喻指临时筹措，不是彻底解决。"实在过不去了，就~！"

差死 骂人语，似有出大差之意。"这个小~，支使不动！"

柴 肉干了失去原有滋味。"这牛肉都搁~了，不好吃了。"

柴禾垛 烧柴垛起的堆。旧时东北多烧高粱秸（秫秸），秋时备足，准备大灶、烧炕用。

柴火姐 指农村姑娘。

馋痨 骂人贪馋。"这小~，把一小盆包子都吃了，那是明天给他们带饭的。"

馋嘴巴子 馋。"你怎么都吃了？~。"

缠 搅扰。"这人真难~！"

颤颤悠悠 颤悠。"他挑着两桶水，~地走过来。"

颤巍儿巍儿 说话轻而带颤音或

走路轻而颤的样子。"老太太说话声不大，~地，挺慢还挺清晰。""老爷子让人扶着，~地走出来。"

长脖儿老等 鹭鸶，因其脖长，有时一动不动地等鱼，抓鱼，因而名之。

长不唠 长。"桌上放个~的匣子。"

长胳膊蜡腿 指胳膊腿长，有夸张、嫌恶之意。"就睡在这啦，~的，谁能搬动他。"

长化脸儿 一种狭长的脸型。

长活 长工。

长年 长工。

长性 耐性。"那孩子干活儿还行，就是没~！"

常行理 很平常的行为，意为不奇怪。"迟到早退，对她还不是~。"

场院 靠近村庄平坦的空地，用来打谷晒粮。

肠子悔青了 形容很后悔的样子。"别说了，为那事我肠子都悔青了！"

敞口儿 没限制，尽量。"你需要多少，都能满足，那边敞着口儿哪！"

敞快 开朗，爽快。"这人~，说过了就没事，不会记恨的。"

敞亮人 喻指人开朗、爽快、容忍。"我看你也是个~，你就容他这一回吧！"

敞胸露怀 没系衣扣，敞着衣襟，露出胸膛。"天热时他总好~的。"

唱唱咧咧 信口哼唱。"他拿个酒瓶子，一边走一边~地回来了。"

吵吵 高声说话或吵嚷。"孩子睡觉哪，别在这~。""有理讲理，你~什么！"

吵吵巴火 高声说话、吵嚷的样子。"那边一堆人~的，咱们去看看怎么回事。"

抄手儿 两手在胸前相交，相握。"她一天抄个手，啥也干不了。"

潮虫 甲壳纲，潮虫科，生在潮湿的地方，椭圆形，多足。

潮得呼儿 稍微有些潮。"孩子脑袋~的，出汗了，没事了！"

嘲白 诙谐，轻浮，"嘲"重读。"别~了，论辈儿他还是你叔哪,也敢开玩笑!"

嘲白鬼 讥讽诙谐,轻浮,不郑重的人。"她是个~,也不看什么场合,就瞎闹。"

朝和 感染。"他们一家子都重感冒,他能不~上!"

朝面 露面、面对。"他要不去自首,一辈子也别想在家~!"

车道沟 农村大车经常走过泥土道而碾压成的一道深沟。

车轱辘话 反复多次说的重复的话。"这人怎这么絮叨,~说了三遍了。"

车豁子 车老板,车夫。

扯淡 1.闲扯。"有时间看点书,没工夫听他~。""这几个人没事闲~。"2.责斥对方胡说。"别跟我~,哪有这些事!"

扯犊子 骂人语,瞎说。"我宁可装哑巴也不跟你们~!"

扯虎 瞎扯。"你没事~啥!"

扯老婆舌 传闲话,传瞎话。"就她没事~,扯出娄子来了吧!"

扯里根儿楞 扯蛋,瞎扯。"你别跟我~,我不听你的。"

扯黏涎儿 食物(如甜品、点心等)分开时有黏丝丝相连,叫~。

扯闲白儿(扯闲篇儿) 闲谈。"我可没工夫和你~!"

嗔心 心中介意、生气、埋怨。"他女儿的事你不要作主,不然他又~了。"

嗔着 怪罪,埋怨。"她~小莉没去看她了,不高兴了。"

抻脖子亮嗓 指高谈阔论,显示自己。"他姓朱的敢在这里~,他是活腻歪了!"

抻条 黑话,睡觉。

抻头 修养、涵养。"当哥的总得有点~,不能让人两句话就给忽悠蒙了。"

沉 等。"她爸刚没,婚事~一~再说。"

沉屁股老干儿 喻指坐访客人长时间不辞。"这人真是~,坐下就不走,这一连五个钟头了!"

沉坨子 形容人很重。"这孩子像个大~似的,这么重。"

沉重儿 责任,担子。"他呀,就不怕担~。""这事儿可担~,你要细心点。"

陈糠烂谷子 喻指过去的琐事。"他又翻那~的事儿了!"

趁亮儿 赶在天黑前。"~赶快走吧!黑了不好走。"

趁热 1.趁食物未冷。"这包子刚出屉,~吃吧!"2.抓住有利时机。"看爸高兴,妈~说,你就让孩子出去闯闯吧!"

称(趁) 富有。"他们家可~啦!"

称贺儿 有很多财物。"我三姑家冰箱里真~!"(东西多、全)

称钱 拥有很多钱。"小三子家~。"

撑 1.吃得过饱的感觉。"今天吃得太多了,~的慌。""~的打饱嗝儿。"2.骂人语。"吃饱了~的怎的?"

撑死了 "死"重读,顶到头的意思。"上大学伙食费,~一月一千元足够了。"

成趸儿 成批地(买或卖)。"我这货~卖。"

成年溜辈子 一年到头、一辈子。"~也没看他歇过一天,总在山上转,看小树长得怎么样。"

成天价 一天到晚的。"他~在外边跑,工作嘛!"

成群打伙 很多人在一起做一件事。"~的人在广场上唱歌跳舞。"

成物 宽泛地喻指能使用较实用的用品。"买这个小车好,把儿和鞍座都能提,大人小孩都能骑,是个~。"

成宿隔夜 连夜干。"打麻将,玩一会儿拉倒,他倒好,~地玩,第二天上不了班,这叫什么事!"

城边子 城郊,城市与郊区接合部。

城豁子 城墙扒开的部分

城门过不去扁担 意即不灵活,不善于变通。"他这个年轻人心眼儿死,一条道跑到黑,有时就~了!"

秤杆离不开秤砣,老头离不开老婆 俗语。意即老夫妻不能分离。"多大岁数了还别别扭扭的,人不说~!"

眵目糊 眼屎。"满是~的眼看了看渡口。"(《雍正王朝》下册)

吃饱了撑的 形容没事找事,没

事找气生。"我看他是~，好日子不过，找气生。"

吃冰棍拉冰棍——没化（话）

冰棍儿整吃整出，没融化。比喻有的人话不投机，无话可说。"他俩早就是对头，从来就是~。"

吃不了兜着走 喻指担待不起，禁受不住。"这次任务完不成，咱们都~！"

吃错药 喻指精神不正常。"你们都~了怎的，干吗总跟着我！"

吃钉子 1.指木头软，容易钉进钉子。"这木头太硬，不~！"2.碰钉子，遭到拒绝或斥责。"他非要去，肯定~"

吃干饭 喻指只吃饭不干活的孬种。"我们中国人不是~的！"

吃二遍 从中贪污，从经手的事中偷偷受益。"他采购的东西都比别人贵，是不他~了？"

吃高了口 越吃口味越高。"人家生活条件好，都~。"

吃瓜子吃出个臭虫来——什么人（仁）都有 歇后语，"人"与"仁"谐音，意为社会情况复杂，什么样的人都存在。"咱们的事，他跟着掺和什么，我看这是~！"

吃挂落 受牵连。"跟着他，弄不好会~。"

吃劳金 旧时指给有钱人打工为生。

吃了个泰山不下土 吃得很多很凶。"他那些狐朋狗友在我家只住了三天，就把我们~。"

吃了耗子药 比喻因失意而颓废不振作。"你们干吗都低着头，像~似的，失败了一次怕什么！"

吃了横人肉 比喻人很横，很不讲理。"你~啦，干吗瞪眼睛？！"

吃了枪药 指斥人蛮横直倔。"你~啦，干吗这么冲！"

吃了人家嘴短 得了人家好处就不能秉公办事。"照顾他也不能收他东西呀，~，有些事就不好说话了。"

吃粮不管酸 喻指只管自己的事，不管家里或别人的事情。"他呀，回家就吃饭、睡觉，别的什么也不管，~！"

29

吃奶劲儿 指吃奶的力气,即最大的力气。"那活儿是真难干,大家把~都拿出来了,这帮小伙子真不错!"

吃人饭不拉人屎 骂人话,喻指说人话不办人事的坏人。"他是~,没做什么好事!"

吃伤了 一种食物常吃多吃,吃倒了胃,不想再吃。"这孩子吃鸡肉~,再也不吃了。"

吃屎的孩子 喻指不懂事。"你这么大人和一个~一般见识,你说你有水平吗?"

吃书 指愿意、喜欢读书。"不知道是不是这孩子不~,成绩总也不好。"

吃烫饭 借指做事犹豫不决,做了又后悔。"他这个人这点不行,好~!"

吃咂儿 幼儿吸食母乳。"咂儿"指母亲奶头。

吃着碗里,瞧着锅里 形容贪心。"你别总是不满足,总是~。"

吃着五谷想六谷 形容人心没有满足,欲望递增,贪得无厌。"这么好吃的饺子你不吃,又想吃什么麦当劳,你老是~!"

痴傻呆苶 愚鲁,头脑糊涂,精神委顿。"你是~呀,怎么把小偷领到家里来啦!"

匙儿 小勺。

翅膀儿硬了 比喻有自立的能力,不需别人帮助,有嘲讽意味。"他现在~,不是那时家里拿钱供他的时候了。"

虫儿 是某一行业里的内行人。"他从小就在皮行里干,是这里的~。"

虫子打了 虫蛀。"这毛围巾叫~,净是小洞。"

重打鼓另开张 重新振作开创一番事业。"过去就过去,现在我要~,重新开创事业。"

重皮 穿衣服应穿这个袖子(或裤腿),穿到另一层去了(多指夹衣裤,棉衣裤),叫~。"这孩子袖子伸~了,所以不得劲!"

重下巴颏 双下巴。"那孩子胖得都~啦!"

冲 1.纸牌一副叫一~。2.量布时在尺寸量好的地方折叠,然后伸直,用剪刀沿折线处裁开,即叫~。"咱们把布叠一下,一~

两块。"

冲肺管子 触犯、说中要害。"我说你几句,就冲你肺管子啦!"

抽巴 收缩、变紧。"这苹果搁时间长,就~得没水分,不好吃了。"

抽抽 收缩,变小。"这衣裳原先又肥又大的,现在怎么~得这么小了。""我记得年轻时他人高马大的,怎么现在~成小老头了。"

抽斗 抽屉。

抽风 比喻做违背常情的事。"你这孩子刚才好好的,怎么现在又闹上了,~啊!""让我去怎么又不让我去了,你抽啥风啊!"

抽筋 小气、吝啬。干活慢、行动迟缓。"你看她送人家那点东西,~!"

抽筋拔骨 钱财、人力上吝啬。"盖这个小房,一院的邻居都来帮忙,你看他~的样儿就帮着捡了几块砖。"

抽条 食品个头缩小。"这馒头怎么越做越小,~了。"

稠得乎 浓稠。1.儿化,表喜爱。"这粥~儿的挺好吃。"2.没儿化,表厌恶。"那泥水~的,贼臭。"

稠糊儿 黏糊的样子。"汤勺点欠,弄~点。"

仇口儿 结过的仇怨。"他俩过去有~,所以这回才打起来了。"

丑话说到前头 难听的话说在前边,把严格要求的条件先展示出来,以免事后有争执。"咱们~,你们一定要遵守协议,不然你们就承担不遵守协议的后果。"

瞅 1.看守、照看。"你替我~着点"2.埋怨对方指责其过失。"你~你,这墙是怎么砌的?!"

瞅见 看见。"我~她来了。"

臭 不好、坏。"这篇文章又~又长""这盘棋下得真~。"

臭白 故意贬低。"她不表扬我,还~我。"

臭不够 臭够之意。"她都逛得~了,还要去玩?还工作不!"

臭够 缀在某动词后面表示动作

彻底，贬义。"吃个~""玩了~""哭个~""逛了~"。

臭架弄 摆臭架子。"你啥能耐没有，还~！"

臭了咕唧 臭味难闻。"这衣裳怎么~的，快拿去洗！"

臭美 指责人自高自大，显示自己。"不就是赚俩钱嘛，有什么可~的！"

臭脑瓜骨 喻指脑子笨，记性差。"就我这~能明白那么深的道理？""你这~怎么把这么重要的事忘了！"

臭棋篓子 嘲笑那些爱下棋又棋艺不高的人。

臭手 指运气不好。"人家买奖券都得奖，就你这~，买多少回也没奖！"

臭显摆 贬称爱表现自己的行为。"不就买了车吗，你瞅他~那样儿！"

臭子儿 1.失效的子弹。2.下棋时走错了子儿。

出岔头 事情没按预想发展。"原本访问团这周来，可~了，正赶上修路，就改在下周。"

出槽 水溢出容器。"水龙头没关，水都~了！"

出飞儿 刚孵出不久的小鸟，头一次飞去觅食，叫"出飞儿"，也用来形容子女离开父母，自谋生路。"我们都老了，几个孩子都'~'了，有的在上海，有的在西安，有的在重庆。"

出拱 出馊主意，效果不好。"又是你~，没事找事！"

出咕咕刁 出馊主意，贬义。"这孩子老~，玩儿得好好的非要去骑车，看摔了吧！"

出溜 1.迅速滑动。"他一下子~进裂缝里。"2.痒。"有时脊梁上~~的像是有虫子爬。"3.蹭。"羊头不好拔绒毛，他就用火筷子~。"4.说空话骗人。"他净拿嘴~人，根本不办实事儿。"

出溜儿滑 小孩常玩的滑行动作，或站在冰上侧身滑行或快跑一段在冰上坐滑。

出娄子 出事。"你赶快回家吧，家里~了，你爱人叫人打了，送医院抢救去了！"

出马一条枪 想了就说就做，贬义时有不慎重之意。"干什么就

~，这事不得好好合计合计！"

出门子 旧称姑娘出嫁。

出牛马力 像牛马一样干活。"我在家不也为儿女~吗？！"

出奇冒泡 特殊，有贬义。"大家一起坐车参观，就你~非要骑车，看，大伙等你耽误工了吧！"

出气筒 比喻无故被人拿来煞气的人。"他媳妇成了他的~。"

出头的椽子——先烂 比喻常出头露面的人容易受伤害。"不能认为~就不出头了，总得有人第一个去干去闯吧！"

出息 1.有长进。"你老大挺有~呀，电视台都介绍了。" 2.收益，对路。"这块田种菜比种粮食~大。"

出息个暴 讽刺有的人做某事有成效，但超出了他的特定身份。"几年不见，你~！成大款啦！"

出虚恭 放屁的文雅说法。

出幺蛾子 贬指标新立异。"都玩得好好的，这小子又~，要去游泳，他们都不会水，怎么去！"

初几儿 农历初一到初十之间的日子。"她~来的吧（指上旬）"

除刨净剩 除去开支剩余的。"除、刨"都是"除"之意，是汉语构词常叠用的。"开这个小作坊，一年下来~能得个二三万元就不错了！"

杵 捣、捅、戳，站立。"筷子别~了孩子眼睛。""他爸不让他走，他只好~在那儿。"

杵倔横丧 说话直倔，态度生硬、蛮横。"你瞅你一天~的，和人说话没个好态度，和谁都发脾气，像谁该你八百吊似的！""你这人说话干啥~的，你不知道就说不知道，发什么态度。"

憷惕 害怕、警惕。"与这位忠诚、正直、满腹经纶的老同志在一起，他心里总有点~。因为他自己心中有鬼。"

憷头 遇事胆怯，不敢出头。"一叫他办外交，他就~。"

欻达 锻炼、历练。"小青年就得到外边~~就有经验了。"

欻（借用） 形容地面泥泞粘脚。

欻嘎子哈（"欻"借用） 玩羊骨游戏,用五只羊骨,散开,然后把一只上扔,抓下边几只,再接上扔的一只,抓完无差错为赢。

揣着明白使糊涂 藏着明白装糊涂。"他心里什么都明白,就是~。"

揣子 疏通下水管道的一种用具。木棍一头装上半圆的胶碗,上下运动木棍,胶碗抽动堵塞管道,达到疏通的目的。

膗 肥胖,肌肉松弛。"她胖得有点~了,不好看了。"

踹了 借喻恋爱关系终止,"甩"之意。"她找了个大款就把我~!""先是她~我,后来她又来找我,这样的人不值得我爱,我又把她~!"

穿换 互相调剂,帮助,通融钱、物。"邻居都挺好,缺什么都有~。"

穿帮 露馅。"一撒谎,早晚得~!"

串 1.从一个器皿灌进另一个器皿。"剩下的米~到小袋里,把大袋腾出来。" 2.加热已熟的食物。"这俩馒头搁蒸锅里~一~汽。"

串胡同 小贩走街串巷叫卖,也戏称用手搓脚趾,叫~。

串笼子 意为张冠李戴。"跟着搅和的观众太多,什么牛大琴、马大琴的,咋能不~!"

串门儿 到亲友家做客。"她常来~。"

串皮 办事情前后没安排好,没掌握火候、策略,以致办坏了事儿。"这事儿他弄~了,他若不去,让小三先说说,啥事也没有,小三没等说,他先去说,老爷子就炸了。"

串味儿 一种食品与另一种有味物品放在一起,传上异味。"你是不是把茶叶和烟放在一块儿了,这茶叶都~了。"

串秧子 串种儿。"不把它拴起来,怕~呢!"

窗户眼儿吹喇叭——名声在外 比喻人的影响在本单位之外。"咱们小崔的画早二年就~了,你怎么才知道!"

床子 铺成平板像床一样的货架。"菜~""肉~"。

闯大运（撞大运） 凭运气去碰。"这事也没什么好办法,就得~。"

吹鼻子捏眼儿 架势，陪衬。"你要干点活，还得搭个台子，还得有~的？"

吹灯拔蜡 1.终止。"我跟那边说了，这个事办不成，往后咱们的交情就算拉倒，~！"2.指人死。"等你能赚钱养活我，我早就~了！"

吹胡子瞪眼睛 形容生气，发脾气的样子。"官场上的人，不摆官派，不吆五喝六，~耀武扬威，就是作为（普通）客人，也没有这般省油的灯。"（《小说月报》2000年第11期）

吹糖人 1.旧时用熬好的糖吹成人或小动物形，在街头叫卖，供儿童赏玩。2.因吹糖人制作简单，常用以比喻办事容易。"要做计划、打报告、请款，然后买料、找人做，一大摊子事儿要办，你当~那么容易哪！"

戳 1.捅"这孩子长这么大没~一个手指头。"2.立住，竖立。"~到门后头吧。""这几年他发了，~起了三间大瓦房，可阔气了"3.触伤。"打排球把手指头

~了。"

戳脊梁骨 人背后的责骂。"你可千万不能干那些叫人~的事儿！"

呲呲达达 同呲达。"他老是~的，干啥呀！"

呲达 用言语斥责。"他总~人。""你就是个挨~的货，总做错事不改。"

呲呲哈哈 因天冷或水凉人畏缩的样子。"天冷，~的，他还坚持干。"

呲棱 洗过的衣服让风吹干。"那个床单还没太干，拿到外边去~~。"

呲儿 申斥。"因为他不好好学习，真没少挨~。"

呲牙咧嘴 1.因痛苦（或发怒）难以忍受而把嘴咧开。"腿上的伤疼得他~的。"2.凶狠的样子。"黄狗~地扑了上来。"（《乾隆皇帝》四册）

磁磁实实 紧密。"老妈妈~地给儿子装了一饭盒好饭好菜。"

瓷实（磁实） 结实，坚固，紧密。"打夯以后，地基就~了。""雪被踩得~了。"

跐鼻子上脸 给了面子就得寸进尺，无顾忌地去做。"这个孩子不能给他好脸，你对他好一点儿，他就~，给你闹反天。""给你三天假就够意思了，你别~，还要玩一周！"

刺儿 说话尖酸。"就他，一说话就带~。"

刺儿头 难缠又难对付的人。"不想又遇上了伍次友、魏东亭两个~。"（《康熙皇帝》一册）

刺囊子 刺刀。

刺挠 痒。"我这身上老是~。"

刺猬猬 刺猬，形容人不好惹。"她是个~，你还惹她。"

从打 自从。"~她来，我们几个孩子吃得可好了。"

从今往后 从现在到以后。"~你要记住这个教训，从头开始，好好干，还不晚。"

凑胆子 聚合许多人以壮声势。"去那么多人干吗，这也不是打架~。"

凑合事儿 权且对付。"在这工作什么好啦坏的，~呗！"

凑整儿 再添加一点，使钱成整数。"我再给你添一点儿，你~！"

粗粗拉拉 1.干活粗糙，遇事不过脑子。"这人干活~的，没个细致劲。" 2.物体表面粗糙。"这布怎么~的，磨手。"

促忌 嫉妒。"别人比她好，她就~。"

醋缸 喻指在男女关系中特别爱产生嫉妒的人。"她是个大~。你离她男朋友远点。"

蹿 喷射、疾流。"救火车的水龙向着着火的楼层~出老高的水柱儿。"

蹿鞭杆子 泻肚泻得厉害。"就冲我家门拉稀~"（《乾隆皇帝》四册）

蹿达 蹦跳、跳跃。"看把那孩子乐的，一~，一~地跑来了！"

窜稀 拉稀。

窜 袖子、裤腿等因人的活动向上缩叫窜。"袖子~上去，快拽一拽。"

催泡 膀胱的俗称。"这孩子拿鱼~踩泡玩，多脏！"

脆快 爽快、利落，说话办事不拖泥带水。"这女人办事和她说话一样~。"

皴 皮肤上积存的泥垢、死皮。"给他洗一回脚，刮下不少~来。"

寸 凑巧、巧合。"怎这么~，他一进门，你把碗打碎了，好像摔他似的。"

寸劲儿 凑巧。"摔个屁股蹲儿，就坐骨骨折，真是~！"

搓板儿 1.搓洗衣用的木板，上有刻出的横槽。2.比喻人瘦，上身肋条骨毕现。"你看他瘦得像~。"

搓弄 揉弄、玩弄。"这么好的东西，叫他给~得不像样儿了。"

撮 吃，现代小青年的流行语。"咱们去他家~一顿。"

撮子 装垃圾的清洁用具。

撮嘀 说坏话。"他要不~，我能跟她闹这么僵。"

撮嘀干歹 和一人说另一个人坏话，干坏事。"她整天跑东家串西家，干些~的事，弄得邻里不和、亲友不睦。你说她是好人吗？"

搓咕 窜弄、怂恿别人做不好的事。"小三一~，小刚就上当。"

矬 身材短小。

矬把子（小矬把子） 对身材矮小的人的嘲笑说法。

矬子面前不说短话 意为在有缺陷（缺点）人面前，忌讳揭短。"你以后说话要有所顾忌，注意~！"

错环儿 脱白。"这胳膊~了。"

错了 除非。"~是你，谁敢这么干！"

错主意 改变主意。"你可不能~！"

D

搭咯 1.游走着寻找、商议买卖。问："你这是在哪找的买主？"答："搁市场~的。""我的房子要卖，你给我~个买主。"2.联手。"当年我想跟震三江~，都没~上！"

搭艮 搭理。"他跟我说话，我没~他。"

搭伙 1.合伙。"他俩结婚就是~过日子！"2.搭在别处吃饭。"来不及回来吃饭，他们就在同学家~。"

搭个脚儿 因便免费搭乘车、船。"你车回公司，让我~吧！"

搭界 交界。"这山区是三省~。""我们住的小屋孤零零地在一个小山角，和谁也不~。"

搭街坊 做邻居。"五十年代我们两家搭过街坊。"

搭拉话 1.婴儿刚刚学说话。"小宝现在能~了！"2.闲谈。"当时咱们没事~，无意中提到这件事。"

搭人情 求人办事的报答（感情上或物质上）。"我不爱求人，求人家能不~吗？！"

搭言 接茬说话。"不管她说什么，你千万别~。"

答茬 接着别人的话说。

打 假设。"就~他不来，还有我们四人哪！"

打 1.虫蛀。"毛衣让虫子~了"2.注入。"~滴。"

打把式 指睡眠时伸手伸脚不安稳的情况。"这孩子睡觉爱~，注意别打着你。"

打罢刀 订婚结婚的人退婚。"他不好，不好就跟他~！""你问她为啥跟他~？他成天不好好干活，不学好！"

打摆子 疟疾。

打保票 指完全担保。"对这个人，你敢~吗？你那么熟悉他信任他吗？"

打奔儿 1.说话或背诵接不下去。"还高中生哪，念个报纸直~！"2.喻指犹豫、迟疑。"姑父让他干什么，他一点都不~！""牛厂长连奔儿都没打，就点头啦。"

打瞟 两腿纠结迟滞不前，形容人害怕不敢前进的样子。"他胆小，一说打架就腿~！"

打不着狐狸惹一身臊 比喻事情办不成，反对自己不利。"这事没办成，倒得罪不少人，真是~！"

打不住 不止。"这个手提包，我看二百块钱~！"

打嚓嚓 小声说话、耳语。"她老爱搂着我的脖子~。"

打场子 旧时玩把戏或耍拳卖艺，先虚走一遭，让人后退，围成场地。今小型街头演出也用此法。

打吵子 吵架、吵嘴。"两口子（指夫妻）~是常有的事，不要一吵就离婚。"

打怵 畏惧、胆怯。"如果是别的大干部，我见了也许还~，这个孙大威，他当了地球球长我也不~。"

打嘚嘚 冷得哆嗦。"你瞧这孩子，冻得~，也不穿上棉袄！"

打灯虎儿 猜谜。一般在元宵节，在悬挂的灯笼上贴上谜语纸条，猜中的撕下纸条，可得到小纪念品。

打灯笼捡粪——找死（屎） "屎"谐音"死"。打灯笼找屎，比喻人自找不自在。"那么高那么陡的山你也爬，你这不是~吗？"

打提溜儿 重音在"提"。悬垂着身子，脚离地。"这孩子就爱在杠子上~。"

打地摊儿 在地面上铺些东西，睡觉或卖东西。"这屋只有两张床，我们三个人，只好我~了！""退休以后在家没事，他也~卖点零碎儿。"

打掉牙，往肚里咽 形容人委曲求全。

打独站儿 婴儿成长中能不用扶助，自己单独站立。"小宝刚九个月，就能~了！"

打对光儿 几方面汇在一起，把事情弄明白。"等我们几个一~，事情就清楚了！"

打哆嗦 发抖。"站在冷风中，

冷得她直~。"

打个板儿供起来 喻指很尊崇，像供奉神佛似的，多贬用。"咱们对她还不好？怎么，得~？"

打个迟儿 略过一会儿。"这么着，你先走，~我再去。"

打个照面儿 短时间露面。"我先去单位~，回来再跟你说你的事。"

打鼓上墙头 哪热闹上哪。"都七十岁的人啦，还像个小孩子似的，~！"

打呼 打鼾。"她睡觉~，声音挺大，弄得全屋人睡不了觉。"

打滑儿 因路面滑站不住。"地面结冰脚底~。"

打汇儿 几个人按月各出一些钱放在一起轮换使用的一种民间相帮的方式。

打噤噤 因寒冷而身体打战，牙也叩响。"她站在路口，冷风吹，冻得直~！"

打圈 特指猪在圈中打腻，有时也指母猪发情。"吃饱了吗？吃饱了就~去！"（这是东北大人们常爱和小孩子逗笑的一句话。意为你小小孩子不会干活，吃饱饭就像小猪到圈里打腻去吧！）

打开鼻子说亮话 直说，说真话。"~，我今天就是找你算账来了！"

打来回儿 到达目的地再返回。"一个小时就~。"

打狼 原意是一群人依靠声势和壮胆去打狼，此处借喻为充数和一帮人办某事，也指最后一个。"他去顶什么用？只能在后边~""考试总在后边~！"

打拉儿 重读"打"，指肉食中最不好的地方。"羊~""牛~。"

打连连 常在一处，关系密切。"他成天游游逛逛，不学好，你还和他~，你不也学坏了吗？！"

打脸 丢脸，打自己脸。"你净整这~的事！"

打绺儿 细丝变条。"这头发湿得都~了！"

打妈惕儿 困倦欲睡，眯着眼的样子。"这孩子~了，快抱他回屋吧！"

打马虎眼 故意装糊涂蒙混人。"你别跟我~，你得给我四十个不是四个。"

打冒支 说假话、冒名顶替。"我爷根本没让他来取东西，他~！"

打闷雷 比喻不知底细，瞎猜疑。"我看坐在家里~，也是白耽误工夫，不如你上他那去一趟，看看究竟怎回事。"

打灭 熄灭。（可能原指油灯被吹灭，后来关闭电灯也称~。）"睡时别忘了~灯。"

打磨磨 1.徘徊。"他就在门口~，也不敢进去。" 2.纠缠。"他俩总在一起~。"

打蔫儿 形容精神不振。"这花该浇水了，都~了。""小三平时活蹦乱跳的，这几天怎么~了？"

打盆论盆，打碗论碗 就事论事。"你们俩叽咯（吵嘴），~，别把别人掺和进来！"

打偏手 二人打架，第三者偏向一方，借劝架之机，向不偏向一方动手。"小三哪是劝架？他净~！"

打平伙 平均出钱聚餐。"休息日，几个人就~，凑钱改善改善。"

打起根儿 一开始，最早。"这房子~就是我们家的。"

打起锣来猴儿跳 凡事有人挑头张罗，别人也跟着做起来。"什么事都这样，~，有人领头张罗，就能办成事了。"

打扫 重读"打"，全吃掉。"剩下的菜，你~了吧！"

打闪 原指天空出现闪电，此指人走路不稳，摇晃。"病得不行了，走一点路就~！"

打上眼 引起盗贼注意，多指贵重财物暴露在外。"你们的好东西让贼~了吧！"

打食儿 指鸟类寻找食物，也指已婚者外寻不正当男女关系。"他是不在外边偷着打野食儿？"

打水漂儿 指付出而无收获。"他那钱都~了。"

打死卖盐的 指菜太咸。"这碗菜没法吃了，~的了！"

打挺儿 头颈用力向后仰，胸部和腹部挺起。"这孩子怕吃药，在妈妈怀里直~。"

打响鞭 赶车人把长鞭向空中一甩，"啪"地震响~。

打旋儿 鸟类环绕飞翔。"那时的环境好，经常有老鹰在头顶~。"

打哑谜 说话隐晦，使人难猜。"有话你就直说吧，别跟我~了！"

打眼 惹人注意。"这身衣服太~了！"

打幺 吃香。"时下的职教科是个不~、不起眼的部门。"

打野鸡 旧指卖淫、嫖娼。

打夜作 夜间工作。"任务完不成，今晚就得~！"

打一巴掌给个甜枣吃 意谓先打击后给些好处。"你骂够了我，又抬举我，你这是~！"

打悠悠 荡着。"那个绳子不结实，你别在那上~，摔了你！"

打游飞 闲逛，无所事事。"小三子成天~，长此下去可不好。""人家都找着主儿了（指结婚），就她还~呢！（指一个人、未婚）"

打圆台 打闹得厉害。"你快回家吧，家里都~了！"

打仗 吵嘴，吵架。"你们俩口子~了？"

打着灯笼没处找 人才难得。"这样的好媳妇~，你还嫌弃？！"

打整 收拾，准备。

打肿脸装胖子 明知自己不行，硬充好汉。"自己家吃青菜都打算盘，~，非要请人上酒店不可！"

打坐 原指僧道闭目盘腿修行，此处借指，喻人呆坐无所为。"好了，我别在这~了，我得去找他。"

打坐坡 人不上进，向后使劲。"小五年轻轻的，人又聪明，就是太懒，总~。""你想帮他上进，他却~！"

大白 粉刷墙用的白垩。

大伯子背兄弟媳妇——怎么都不得好 大伯子是丈夫的哥哥，东北礼俗大伯子与兄弟媳妇有忌讳。此歇后语指大伯子救助兄弟媳妇，可因犯忌，好事变成不安好心。"我本来是好心好意，却成了~！"

大半晌 大半天。"说好八点在家等他，~了他才来！"

大板牙 特别大的门牙或泛指

一般的大牙。"一笑露出一口~。"

大包小裹 很多包裹。"他们拿着~，准备上车。"

大碴子 苞米去皮未磨碎。或借指根子硬、不好惹的人。"~粥好喝，但太费火。""那是个~，谁也不愿惹他。"

大敞四开 指门大开着。也喻指家庭经济开放。"门~的，我就进来了。"

大车店 兼吃饭住宿又能存放大板车的旅店。

大扯 指把事情往坏处办，扯大之意，"扯"读轻声。"你拦着他点儿，千万别把事儿整~了！"

大大咧咧 随随便便，满不在乎。

大瞪白眼 喻指神志清晰、思维正常。"你怎么~地说瞎话！"

大肚翘翘 指妇女怀孕快临盆的笨重样子。"她眼看就生了，~的你还让她去？！"

大发 1.超过一定限度。"眼见这个愣头青巡抚已经把事情闹~了。"2.疮疖严重了。"这个疖子~了，赶快上医院！"

大发劲儿 超过限度。"这面发~了，所以不好对碱，蒸出的馒头不好吃。""我看他是勤快~了，跑人家去干活，人家还不欢迎！"

大粪缸里游泳——不怕屎（死）
"屎""死"谐音。意为不怕死。"那么大的风，你敢上那么陡的山，你可真是~！"

大街 即大街。

大概其 大约、大概。"他说了一个钟头，我听了个~。"

大估摸 大约估计。"去听报告的~有四五百人。"

大姑娘坐轿——头一回 大姑娘只有在结婚时才能坐上花轿。所以是头一回。比喻人头一次经历某事。"做这种事我也是~呀！"

大海碗 大号的饭碗，"大""海"都指大。

大荒 大概。"这只能算个~，细致的还得一笔一笔算。"

大节下 正赶上过节。"~的，别让孩子哭，哄哄他！"

大口连吗的 张大口连连地吃，

喻指食欲很好的样子。"这孩子吃饭~，看来病是好了。"

大块头 身高体胖的人。"他姐夫可是个~，身高一米八，体重一百公斤。"

大喇乎 大马虎、很粗心的人。"你这个~，我刚交给你的东西，怎么忘了！"

大老爷们 成年男人。"挺大的~，遇事一点主意都没有。""你这~办的啥事！"

大老远 路途远。"真得谢谢你，~你还去看望我母亲。"

大梁 原指房屋的脊梁，此处借指担当重要工作的人物。"老刘现在是我们所里挑~的人物！"

大咧咧 骄傲自大、瞧不起任何人。"你看他~的样儿，好像谁也不如他。"

大溜 大多数人的行动。"不用问我了，我随~！"

大妹子 成年人对比自己小的妇女的称呼。

大面儿 指待人处事的表面。"这个人~能过得去。"

大明四摆 明面儿上摆着，容易看见。"这钱怎么~着，也不怕丢了！"

大拇哥 拇指。"这件事办得老百姓都伸~！"

大拿 指在某项工作或某种技术上有能力称得起权威的人。"他在教育界是~！"

大脑袋 意为冤大头。"也不欠他的，凭什么非得给他钱？我们怎么那么~！"

大年三十 除夕。"那阵子事情真忙，到~了还没忙完。"

大年下 正赶上过年（别有不顺当、不吉利的事）。"~的，可别生气！"

大气 落落大方。"你看这孩子多~！"

大前儿个 大前天。

大清早晨的 "晨"轻读。清晨表珍惜。"~你们就吵个没完哪！"

大撒手 放任不管。"这个家，他是~啦，他还算是这个家的人吗？！"

大晌午 中午。"~的，人家都在休息，你们在这喊什么！"

大上面儿 同"大面儿"。

大世面 指各种大场合和复杂的

人际关系。"他太年轻,还没见过~、大阵仗。"

大事小情 泛指一切事情。"有个~的,她总出来帮忙。"

大水冲了龙王庙——自家人不认自家人 为龙王修的庙,让龙王发水冲了,岂不是自家人不认自家人了。比喻自己不认自己人。"我是你姑啊,你怎么~了?"

大晚上的 晚上。用"大"有不该此时办某事之意。"~,人家都睡了,别吵吵巴火地说孩子啦!"

大小季儿赶上 凑巧、碰巧。"我怎么没注意这个数字还有说道,嗨,大小季儿,正赶在这儿了。"

大雪泡天 形容雪很大的天气。"这~的让你还跑一趟。"

大兄弟 东北妇女对比自己小的男子的称呼。

大仰八叉 形容仰面向后跌倒、四脚离地的情景。"她爹在冰上摔了个~,那以后腰就不行了。"

大眼儿灯 形容因过度疲劳或有病而瘦削、眼窝陷进的面容。"这孩子是不是有病啊?怎么瘦成~了!"

大眼瞪小眼 喻惊慌失措,互相对望的样子。"一听说今天来检查,这些人都~地愣住了。"

大约摸 大概、大约。"我知道的不多,只能说个~。""~他九点能到。"

在 音变,读第三声。"你爸~家吗?""锅~哪呢?"

带搭不理 态度冷淡、不屑搭理的神态。"人家一来你就~的冷落人家,人家还来干什么!""我那天上她家去,她~的。"

带劲 帅气。"爸穿上西服,戴副眼镜,再拄上手杖,真~!"

带手儿(捎带手) 顺带、顺便。"反正我也上镇上办事,~就把你们小芳送幼儿园了。"

带死不拉活 活得不精神,要死的样子。"这花儿让你养得~的,多可怜!""她病病歪歪、~的,还能干活?!"

带血津儿 肉新鲜或没煮熟时,肉丝中渗着红赤赤的血。"那天吃那肉,她也没煮熟,吃的时候都～呢！"

戴草帽亲嘴——差得远 比喻与自己要达到的目的相差很远。"你还以为自己不错了。我看你是～哪！"

单摆浮搁 单独摆放。"墙角堆着一大堆桌椅，只有一桌一椅～在屋正中，不知有什么用。"

单崩儿 单独一个。"这么排，不出～了，怎么跳双人舞？"

单另 单独、额外。"这一堆大家分，～的我再给你一份。"

耽考成 承担责任。"这赃物从他们家起走的，是不他也耽点考成！"

胆儿突的 很害怕的样子。"她～走着这段黑路。"

蛋茬子 禽类肚子里没长成的卵。

当半拉家 做一半主。"她在娘家能～！"

当不当，央不央 放的地方碍事。"这桌子怎么放这啦，～的！"

当街 街上。"他两在～上就叽咕起来了，多不好。"

当间儿 中间。"他站在院子～讲话。"

当紧 要紧。"最～的还是赶快把病治好！"

当面锣对面鼓 意指面对面把话说清。"这还不简单，你们～把话说开啊！"

当人一面，背后一面 对人表面好，背后使坏。"这个人不好，～！"

当央 同"当腰"。

当院儿 院子中间。"他们高兴地在～就跳起舞来。"

当着不着 该做的不做，不该做的做了。"你又跟他不熟，又没什么过儿，给他孩子买什么衣服，净做些～的事儿！"

当着真人不说假话 在内行人面前，不敢撒谎。"～，不瞒您说，我这些货是两万批来的，您给我个脚钱，两万二给您，怎么样？"

挡不住 免不了。"我看这祸患是～了，现在不是愁的时候，而是想办法怎么解决。"

挡道 借指阻挡或设障不让办成某事。"是不你做这赔本买卖我挡你道了？我这是为你好！"

挡饭 影响吃饭。"这孩子吃零

食~，身体能好吗！"

挡害 碍事。"你是不是靠个边儿，你站在中间，人家干活多~！"

挡戗 顶用、解难。"家里有小三，我什么都不愁了。他可~哪！什么都会干！"

当是 以为是。"我~二姐来了，原来是你呀！"

挡影儿 重读"挡"遮挡的东西。"一进大门，就看透了你们屋，连个~也没有。"

档子 量词，"件""码"。"大伙议论的就是他们那~事！"

档头 棉被上为保持被头干净，缝上的一块布。脏时可拆洗。

刀把儿 权柄、把柄。"现在~在他手里，你不是让人家牵着走吗！"

刀螂 螳螂。

刀切豆腐——两面光 歇后语，形容人的两面性。"他谁也不得罪，~。"

叨 啄，抓。"这雀儿嘴尖，~人！""这小偷也是偷方便，~着什么就拿走什么！"

叨菜 夹菜。

叨咕 1.小声絮叨。"你一个人在那~什么哪！"2.草率地念或概括简略地说。"厂长回来把那个文件的精神给我~了一遍。"

捣扯 1.梳理乱发。"你把那乱头发~~，整齐点。"2.指用不正当手段向上攀，达到升官发财的目的。"那女人怎么~的，当上了主任。"3.收拾、打扮。"今天怎么~这么漂亮！"

捯气儿 人或动物将死时出气多吸气少，呼吸急促。"那小狗在~，我后悔怎么会让它误食中了毒。"

倒后翻账 翻悔、算老账。"你这孩子，给人家东西又往回要，~！"

倒了八辈子血霉 比倒霉更甚，更倒霉。

倒驴不倒架 比喻虽然自知没理，但仍硬撑，不认错，或指虽衰败但仍拿着架子。"家产都败没了，他还在人前硬撑~！"

倒了血霉 特别倒霉。"昨天去找活干，活没找着，还丢了一百块钱，~了！"

倒头　指人死。

倒牙　吃过酸、凉的东西牙齿感觉不舒服。"我现在见了酸的就～，可能是条件反射了！"

倒爷　现代流行土语。泛指在国内（或向国外）把货物买进卖出而赚钱的人。

倒灶　倒霉。"他爸一失业，他们这些孩子又～了！"

倒倒溜溜　说话不着边际。"这个老太太说话～的，招人烦。"

倒个儿　让它颠倒。"不赶趟，你和后边人～不就行了！"

倒粪　反复说相同的话，使人生厌。"就那么几句话，来回～！"

倒褪　原指向后走，此指倒退。"你别给好不知好，牵着不走，打着～！"

倒仰儿　仰面向后倒，喻指刺激力度大。"他一说这样的话他爸就气得～。"

倒着　躺着。"站着不如～，好吃不如饺子。"

到了儿　到底。"这小子～还是没去。"

道地　真正的有名的产地出产的。"这是～的好货！"

道号儿　这类人，贬指。"他这～的还能上大学？！不学习、不学好，整天就知道吃喝玩乐！"

嘚啵　唠叨，有厌恶之意。"叫你别惹她，看，～个没完！"

嘚嘚　同嘚啵

嘚咕　小声说。"你在那～啥呀？"

嘚儿喝的　很傻很呆。"那小子～，别信他的。"

嘚儿喽裤　冷天穿很单薄的裤子。"都这么冷了，你怎么还穿着～！"

得理不让人儿　有理不向对方让步。"那姑娘挺讲理，但也～！"

得便宜卖乖　占了便宜还卖弄乖巧。"本来他是被逼着去的，结果得了奖，反说是大伙借了他的光，真是～！"

得人儿　得人心。"他在咱堡子，～！"

得意　喜欢。"你说家酿酒不好喝，他可就～这口啊！"

得劲　方便、舒服、随意。

德行　贬斥人的话，瞧不起其行

为举止。"瞧你这副~，还想和人家劳模比？！"

嘚瑟 动词，得意忘形，随意折腾，显示。"有了点钱，穷~，又是打麻将，又是跑舞厅，我看你把这点钱~完了，怎么办！"

嘚嘚瑟瑟 形容得意忘形的样子。"~的，还可哪吹牛。"

得亏 多亏。"~你来，不然这架非打起来不可。"

逮 抓、碰、捕。"这孩子~着谁跟谁笑，可好玩哪！""他是~着个人就让他干活。""那小伙又让公安局给~进去了！"

托 拉紧"你~住了，别撒手。"

灯亮儿 灯光。"因为停电，街上没有一点~。""她带着小孙子，奔着~去了。"

蹬 1.穿。"~上鞋。""~上裤子。"2.除、剔。"他俩合伙干，把我~出来了！""把这块肉皮皮咕咕的都~出来。"

蹬梯巴高 指儿童淘气爬房爬树的行为。"这孩子就喜欢~！"

蹬鼻子上脸 借喻人进一步逞能。"我就不信他能~！"

蹬饬 用力攀爬。"从小学到中学到大学我都是一步步~上来的。"

蹬腿儿 死。"那个耗子啊，早~了！"

低气 降低身份。"认个错，那不算~呀！"

低头纳闷 形容情绪不高、烦闷的样子。"这几天~的，有什么愁事？""你老~的，别弄出病来！"

滴拉耷拉 一串物品下垂并摇摆的样子。"掉下来拖着的窗帘，挂着的有长有短的衣服、裤子、围巾、袜子，开着的窗户吹进风来，让这些乱七八糟的东西~地摆动，像活了一样！"

滴溜儿圆 很圆。"他做出的元宵~。"

滴溜儿转 形容非常忙碌的样子。"几个人忙得~！"

提溜 提。"她手里~一捆菜。""他什么也不做，~个鸟笼子，就晓得坐茶馆吹牛。"

提溜心 挂心。"儿子一出去，当妈的就提溜个心。"

嘀里嘟当 杂乱、众多、零零落落。"她穿着一条紫红色的长

裙,脖子上套着一串粗大的珍珠项链,耳朵上也悬挂着一些~的东西。"(《小说月报》)

底里深情 某件事的细情。"这个家的~还不知道,先别匆忙决定。"

抵龙换凤 调包。"她为了你,把坏的拿走了,好的留给你,~啦!"

地出溜儿 讥讽身材矮小的人。"他爸长得人高马大,他怎么像个~似的。"

地地道道 正宗的、纯粹的、真正的。"这是~的长白山老参,我不骗您。"

地豆 土豆、马铃薯。

地场 地方、去处,"场"读轻声。"我那有~,你上我那住吧!"

地根儿 1.以前、起始。"~我们就住在西关。"2.从来。"他~就不承认这码事。"

地瓜 学名甘薯,有的叫红薯、白薯、山芋等。

地瓜去皮——白薯 "地瓜"是东北对红薯的称呼。地瓜表面有层红皮,去皮露出白瓤。白薯,

比喻人没能耐,什么也不行。"你什么也不会,什么也不学,那不就成了~了吗?"

地脚 地基。

地垄里拉碾子——一步一个坎

歇后语,喻指办事不易,人生艰难。"他这一生,真是~,不易啊!"

地起 从前、本来。"~我们都是山东人。"

地起根儿 同"地起"。

地头 泛指地方。"你~熟。"

递话儿 自己示意或请熟人转说。"姑娘~了,同意下月结婚。"

颠搭 1.走、跑。"才二里地,一~就到了!"2.不平稳。"坐大板车,路不好,~得厉害!"

颠儿 离开、跑(跑时身体颠动)。"别人还没动地方,他先~了!""他刚开门,就见心爱的小狗~~地跑来了。"

颠馅儿 喻指非常高兴,贬用或戏用。"孙子考上北大了,老爷子乐~了!"

掂对(掂兑) 斟酌、准备。"大家~~看怎么办好?""我

~几个菜，咱们喝酒。"

跐脚 一脚病残，走路只能前脚掌着地。

点 1.在沸水中加一点凉水止沸。"那饺子你再~一遍凉水。" 2.使之（豆腐）凝固。"这豆腐是卤水~的。""那豆腐是石膏~的。"

点到为止 稍稍做些指点，出场看一下就行了。"参加这样的游乐会，我们这些上了年纪的领导去，也就是关怀一下，~，不能老在那待着，影响年轻人乐和。"

点乎 暗示。"我早~他了，他硬赖着不走，你说咋办！""他老跟人家小媳妇黏扯，你得~~他，别惹出麻烦来。"

点火儿就着 指人的脾气暴躁。"他那脾气，~！"

点儿 运气。"今天的~不好，老输！""都是你吵吵的，我~特背！""~背的时候，喝凉水都塞牙。"

点儿背 运气不好，反意是点儿正。"要说他挺努力，就有时~！"

点儿低 不走运。"大人病才好，孩子又摔了，点儿太低！"

典实 谨慎、扎实。"小张办事~。"

垫背 代人受过、受罪。"你给他当~的，值得吗？"

垫补 1.钱不够用时，暂时挪用别的款项或借用别人的钱。"我已经给他~上了。" 2.吃点点心。"于力凡说，那我就跟赵小姐出去~~。"

垫炮 现代青年用语。用拳头击面部。"他不讲理，小三就给了他俩~！"

电棒 手电筒。

电滚子 发电机。

电驴子 摩托车。

电匣子 旧称收音机。

电线杆上插鸡毛——好大掸（胆）子 "掸"与"胆"谐音。用此歇后语意为责备人胆子太大。"你竟敢顶撞你的顶头上司，这不是~吗？"

电线杆做筷子——大材小用 比喻大材小用。"人家是大学生，你让人去看门，是不是有点~啦！"

甸子 草地、湿地。

掉膘 原指牲畜变瘦，借指人变瘦，多用于诙谐语气。"唉呦，这回胖子可~啦！"

掉秤 分量少了，即折秤。

掉叠肚 脱肛。

掉底儿 吃光，露锅底或锅底吃漏之意。"他这样的吃碴儿，来这吃包子，还不把你们吃~！"

掉个个儿 对换位置。"把这两位同学的座位~。"

掉个儿 翻身，睡不安稳。"哪里还睡得着，心中思前想后，在床上不住~！"

掉价 降低身份，评价降低。"大老板没钱买单，太~了！"

掉窘包儿 受气、遭罪。"都寻思在后妈跟前，孩子不得~，没承想这后妈比亲妈还好！"

掉环儿 脱臼。

掉链子 事情办砸了，掉架儿。"这次你可得好好准备准备了，别一有人参观就~！"

掉钱眼儿 对钱斤斤计较。"你俩~里了？怎么干什么都钱、钱的！"

吊儿郎当 形容仪容不整，作风散漫，态度不严肃等。"那小子一天~，啥也不干。"

吊膀 旧指调情，一般叫"飞眼儿~"，也叫"吊膀子"。

吊脚 距离远、来往不方便。"来你这儿，太~了！"

吊脸子 生气，脸色难看。"我也没惹你，你干吗跟我~？"

吊嗓子 原指戏曲或歌唱演员练唱，此处戏指人高声吵闹。"你们俩吵吵什么哪，~啊！"

吊死鬼儿 1.比喻人脸色难看。"她那脸灰拉吧唧的，却打了个红嘴唇儿，活像个~！" 2.尺蠖（因吐丝挂在树上）俗称~。

吊死鬼擦胭粉——死不要脸 比喻人极端不顾廉耻。"那女人现在是~了，你还能和她讲出什么道理来！"

吊远 距离太远。"我们家住的~，也不好请你们去串门。"

跌了跌歇 年迈走路不稳、哆哆嗦嗦的样子。"外祖父拄着棍，~地从老远的住处送五块钱来。"

爹矬矬一个，妈矬矬一窝 意思是父亲个子矮只遗传一个孩子，母亲个子矮所生孩子都矮。此说法无科学依据。

叠炕　东北气温低，多睡火炕。白天被褥叠起，放在炕角，叫～。夜晚临睡时，拿下被褥铺在炕上，叫"铺炕"。

叠起来　拿架子。"头一次吃饭，我们忘了请他。第二次我特意去请，他倒～了！"

迭肚　肚。掉～即脱肚。

丁当五四　形容来势快而凶。"孩子一进屋，没容分说，～就叫他爸给打一顿""几个半大小子，挑水的挑水，和煤的和煤，拖坯的拖坯，～，一会儿工夫三百块煤坯就拖出来了！"

丁点儿　很小很小的。"为～的事也生气，多不值得。"

丁对　核对准确。"这事你可～好，别出什么差儿！"

丁价　不停地。"他～干了一天活儿，没歇着。"

叮问　认真地问。"这事你得～他究竟怎回事。"

盯着　短时间代为照看。"孩子刚睡，你～点，我出去一趟。"

钉　坚持。"我实在～不住了，你替我一会，我眯个盹，再来换你。"

顶楞　本领过硬。"这木匠手艺挺～的！"

顶　1.到（某时间）。"～晚上七点吧，她能收拾完。"2.起作用。"这药不～用。"3.顶替。"差一票叫你给～下来。"

顶不济　最不好、最少、最低限度。"～年底下，我也得给老妈寄去三头二百的，算作孝心。"

顶风臭八十里　喻指人缘很坏。"她呀，～，谁理她！"

顶缸受气　代替别人受责因而受气。"他是～的，可那个人却不领情。"

顶架　指畜类用头相抵相斗。如：羊～，牛～。

顶门户　自己单立支撑门户，负起当家的责任。"二十岁～过日子，哪样事不操心。"

顶饯　顶用。"这个人干活～，缺了他可不行。""这药～，用上就不疼了！"

顶头碰　迎面碰见。"那天我和她走个～，她装作没看见，走过去了。"

顶药儿 暂时有效、不能根本治病的药。

顶硬儿 顶用。"这人干活～！"

顶真 认真。"不管干什么事，他都特～。"

定 液体凝固。"这碗牛肉汤都～油了！"（汤冷油凝成片状）

定嘎渣儿 伤口出血后结痂，"痂"即"嘎渣儿"是血液凝结的硬块。

定规 决定。"我跟他～好的，先搞事业，后结婚。"

定坨 决定。"到底上苏州还是上杭州还没～呢！""这事到底怎么办，还得领导～！"

腚眼子 肛门，有时指屁股。"总不能光着～，遥山撵狍子打狼吧！"

丢老人了 丢人。"他吃没吃相，睡没睡相，还不讲卫生，跟他一起出去～！"

丢人现眼 出丑。"你不管教好他，到时候出问题，～的也有你一个！""能让他～地下山投降？"

东一耙子西一扫帚 干事没次序胡乱做。"你这～地学，能学出什么来呀！"

东一头西一头 形容忙乱的样子。"你这～地瞎忙什么哪！""你们谁也不着急，让我～地瞎找！"

冬子月 农历十一月。

冬天穿凉鞋——自冻（动）自脚（觉） "冻"与"动"，"脚"与"觉"谐音。喻指人做事主动积极。"你说得对，我做工作是～，不是谁逼的。"

懂行 懂得某种专业知识，熟悉某种业务。"弄个不～的人搞这专业性很强的工作，能搞好吗？"

动 吃。"他从不～烟酒。""吃这药，不宜～荤腥。"

兜 有阻力。"顶着风骑车，我这衣服肥，～风！"

抖 喻富了、有权势了、很威风的样子。"张小六子这次可～起来了！"

抖抖擞擞（抖擞） 讽刺人因为有钱有地位而得意忘形的样子。"有点钱他就穷～！""赚了点钱，～的，不知怎么美好了！"

抖搂 1.振动衣物,使附着的东西落下。"你把身上的雪~干净。"2.揭露。"这一下,他那些脏事都~出来了。"3.穿少而病。"叫你多穿你偏不,看,~感冒了吧!"4.胡乱用。"这点钱都叫他~光了!"

抖毛亮翅儿 显摆。"当个小班长就~的,不知道自己是谁了!"

抖嗡子 空竹。一种木制带孔用木棍拴绳抖动起来嗡嗡响的玩具。

逗 逗趣,说话或行为让人发笑。"他这话真~!"

逗乐儿 引人发笑。"这老头就是爱~。"

逗闷子 开玩笑。"他呀,不干正事,净闲~!"

逗屁嗑儿 闲逗。"有活干活,没活走人,别在这儿~!"

逗嘴 闲开玩笑。"他俩没事闲~,有时逗着逗着就动气了!"

嘟嘟嚓嚓 老人走路蹒跚、哆哆嗦嗦的样子。"有什么事让孩子们来说一声就行了,你老~地来干什么!""那时,一到月末,老人就~地拄个棍送五元钱来,接济自己的女儿。"

独虎架不住群狼 生物界狼不敌虎,此喻一人禁不住一群人的围攻。"你就躲躲吧,他们人多,~!"

独门独院 一个小院里,只住一家人,无邻居。

独苗 独生子。

独一份儿 独特的、唯一的。"在我们家乡,能考上北京重点大学的,在当时,他还是~!"

毒 1.炽烈。"这时候太阳正~,凉快时再去吧!"2.敏锐。"他眼睛挺~的,她结婚时,大家伙介绍时见过一面,这次她一眼就把我认出来了。"

毒花花 形容夏日太阳光炽烈。"他生气了,顶着~的太阳就走了。"

犊子 1.动物的崽儿。"牛~""护~"(袒护孩子)2.骂人的话。

堵被窝儿 到别人家去,去得太早,人家没起床。"你去这么早干什么,~呀!"

堵门儿 堵在门口。

堵囔塞气 想不通，边生气边做事。"你瞅你~的样子，不爱干就别干！"

堵心 某事引得心中郁闷不畅。"家里出了这样的事儿，我~哪！"

肚领儿 牛、羊的蜂巢胃较厚的部位。

肚囊儿 能容纳多少饭量，"肚"重读。"他一个两岁的小孩，有多大~！"

肚量儿 饭量、食量。"这孩子~大，一顿一瓶奶都不够。"

肚囊子 指胖人肚子鼓出的部分，"囊"重读，有嫌恶之情。"你看他每天挺个大~出来进去的，多费劲！"

笃定 一定。"你先去，我~去！"

端 1.全部被抄。"上周警察~了两个黑窝儿。"2.拿架子。"给你几句好话，你~起来了！"

端架子 拿架子。"你看他端个架子，好像他多高地位、趁多钱似的！"

短 欠、该。"从来没有~他的房钱。"

短礼 礼数不周全。"你老伴住院，我也没去瞧瞧去，~了！"

短命鬼 骂人话，骂人寿命短。

断桩 指断了收入。"他爸这一出事，孩子的吃食也断了桩了——奶粉也没了，糖也没了！"

堆着爬溜 东西很多，堆着用（吃）不完。"现在她家也富起来了，东西~的，什么都有。"

兑 掺合。"将壶水倾了盆子里，又~了些凉水，放在雍正脚前。"

对荏儿 相吻合。"这俩事也对不上荏儿呀！"

对对付付 勉勉强强。"这个房子算~地盖完了！"

对撇子 对心思、合得来。"这哥儿俩~，你看唠得多欢。"

对劲 针对着生气、怄气。"你干啥跟他~？""不够跟他~的，还不如我自己干！"

对命 争个你死我活。"他不依不饶的，非要和我~！"

对心思 中意。"新找到的这个工作挺~的，干得挺起劲。""这个对象挺~的。"

对眼 投合、中意。"想娶个屋

里人,可是一直没有~的。"

对着香炉打喷嚏——弄了一脸灰
比喻人办事没成,碰了钉子。"他到她那借钱,那不找着碰钉子,这是~!"

蹲坑儿 公安局办案人员在嫌疑人住处附近蹲伏,了解情况或准备抓捕。

蹾 1.向下重放。"把盐罐~一~就能装下了。"2.车在崎岖的路上开,颠痛了身体。"坐车走这破路,把屁股~得够呛!"3.放置一段。"这瓜~一~才能甜。"

蹾哒 1.颠簸。"那么大的岁数,还有病,大板车一~还不散了架了!"2.重重往下放。"他把锅使劲往地下一~就走了。"

多儿多女多冤家 常在父母对子女不满时说的话,指儿女多惹是生非。"我怎么就生了这个孽种,这真是~呀!"

多嫌 嫌多余。"那么些人来吃饭,他哪能~你一个人呢!"

多一抿子 多一件事。"我这个叔伯二哥结婚要在我家办,我爸又~事!"

多暂 什么时候。"他~回来?""他想~还钱哪?"

多咱晚儿 什么时候。"她~走?""我姑~来的?"

多嘴 说(或提前说)不该说的话。"小孩子~,告诉他妈,他妈才生气的"

舵窑基 黑话,入伙之意。

多点儿 说数量少。"五块钱的开心果~呀!"

躲过了初一躲不过十五 躲不过、不可躲。"你只要是犯罪,总有一天会暴露,犯了罪你要跑,~,总有逮住你那天。"

躲心静儿 躲开求一时安静。"咱们都忙得脚不沾地,你可倒好,跑这~来了!"

跺脚捶胸 形容发怒或懊悔的神态。"他后悔得~也没用了。"

E

恶眉瞪眼 凶暴，丑陋的样子。"那些人可凶啦，~的。"

鹅涟 汤水等污染在衣服上留下的一片污迹。"喝汤染的~都洗不掉！"

鹅涟斑块 汤水等污染严重形成的斑迹。"这孩子吐的~的！"

恶啦巴心 让人恶心。"这些东西~的，还不快拿走！"

恶 特别，非常。"那鱼~腥~腥的。""那洼里的死水~臭~臭的。"

恶霸强梁 独裁，强横，蛮不讲理。"你这么~，不让人说一句话，你会失去所有人对你的信任""那房子一直是我们住着的，房证也是我们的，他~，非说是他的，要我们给他钱！"

恶人自有恶人磨 意为欺侮人的也会被更狠毒的人欺侮。"~，总有人对付他。"

饿嗝 比喻狂吃的人。"开会讲话时，他就吃，大家都吃完了，他还在吃，像个~似的。"

嗯哪 答应声。

摁 压。"开除决定让我~下了，再给你一次机会。"

摁着葫芦瓢起来 喻矛盾很多，此伏彼起，顾此失彼。"他们公司现在矛盾太多，真是~，他有点应付不了啦！"

儿大不由爷，女大不由娘 喻指儿女长大自有自己的主见，由不得父母的硬性安排，此语多有老辈的埋怨情绪，需分析而用。"现在是~，管不了那些了，让他们自己作主吧！"

儿孙自有儿孙福 儿女后代自有幸福的出路，不必爹娘长辈过分操心。"~，你让他们自己去闯吧！"

耳报神 比喻暗中报告消息的人。

耳蚕 耳屎。

耳沉（耳朵沉） 听力差。

耳朵底子（耳底） 中耳炎。

耳朵塞猪毛了 喻指装听不见。"跟你说你怎不吱声，~！"

耳挖勺儿（掏耳勺儿） 形如小勺，挖耳屎用。

二 自视很高，好显示，说话做事不得体、不合时宜，傻气。"她也算学识渊博，就是有点'二'！"

二把刀 对某项工作知之不多、技术不高的人。"他是个~，还不把你墙砌歪了！"

二茬儿 割掉后再长出的庄稼。

二扯子 指办事不牢固、没信誉的人。"那是个~，你叫他办事，能不办砸？！"

二齿钩子挠痒痒——（装）硬手 "二齿钩"即两齿农具。用以夸奖人能干、有水平。"让大强上这个项目，那不是~吗？！"

二大爷 原指二伯父，有时戏称惹不起的人。"你是我~行不，你别在这惹事了！"

二分钱水萝卜——拿一把 喻指人接受工作时，故作矜持状。"叫你干你就干呗，你还~！"

二分钱买个王八——贵贱不是物 "王八"代指不正派女人的丈夫。不是物，不是东西，值得唾弃。喻指人品行很坏。"那女人，家不顾，孩子不顾，尽在外边胡扯，真是~！"

二分钱做买卖——小掂（店） 二分钱的买卖肯定是小店了，"店"与"掂"谐音。讽刺人小气。"拿十元钱请二十个人，你可真是~呀！"

二二乎乎 犹疑不定。"这个事儿本来该马上决定了，可他却~的，把事耽误了。"

二虎 莽撞、傻气。"那小子是个~，他办事哪有准！"

二虎唧叽（二虎吧唧） 傻里傻气，莽撞。"~的，你别把孩子摔了！"

二反投唐 重复第二回。"本来这个事儿他都安排好了，不知为什么他又~回去说，倒把事办砸了。"

二了吧唧 傻气。

二母汉子 形容女子身体粗壮，行为粗率，像男人。"那媳妇像个~，饭量大，干活也一个顶俩。"

二皮脸 嘲讽厚脸皮的人。

二傻子　形容人愚蠢。"就她聪明,把别人都看成~!"

二水货　指已用过的物品,也贬指结过一次婚的人。"她竟拿了~来搪塞!"

二五眼　能力差的人。"还自称是文学家呢,连什么叫成语都不知道,我看他纯粹是个~!"

二尾子　两性人或嘲讽行为女性化的男人。

二掌柜　对二把手的称呼。

F

发憷 畏怯。"教育这个学生，起初我有点~，以后我注意和他拉好关系，我们竟成了忘年交。"

发膆 上岁数人发胖，步履艰难。"这老太太走路都困难，胖得~了。"

发大水 闹水灾。"不管哪地方~，冲在前边的都是解放军。"

发大昏 极度昏厥。"那病特疼，疼起来就~！"

发疯儿 孩子过分淘气，也指人言行失去常态。"这孩子怎么又~。你看这地下、床上都没有站脚地方了，花瓶也给我摔了！""那小媳妇又在~，见谁骂谁，都别理她。"

发昏当不了死 事情已经到此程度，豁出一试。"我也豁出去了，反正~，说完了他接受就接受，不接受爱怎样处置就怎样处置。"

发困 感到困倦。"天一热，到晌午头就有点~。"

发苶 精神不振作。"这孩子这几天怎么~，是不是有病了？"

发实 面食发得好或人发育得好。"今天的馒头蒸得多~。"

发水 一般指居家停水时忘关水龙头，来水时家中无人，引起水漫延。

发物 有刺激作用能使某些病（如麻疹、疖疮）有变化的食物。如羊肉、鱼虾、鸡蛋等。

发疟子 疟疾病发作。

发懈 因病或疲劳使四肢不灵活、身体不通畅，也指用具不称手。"这几天总感到浑身~，也不知有毛病了还是累的。""这个自行车这几天骑着有点~，得修修了。"

发散 中医用药使病人出汗，把热排出去。"感冒了，吃点药，~~就好了。"

乏 没力量、不起作用。"这碗茶叶都~了。""这火都~了，

61

坐不开水了。"

伐子 这一时期、这一阵子。"这一~净是这病，无名热。"

发小儿 起小、从小。"我俩~就在一起。"

翻白儿 鱼死后肚皮翻转向上。"几个大户人家活蹦乱跳的塘鱼，一夜之间，统统~。"（《小说月报》2000年第11期p.7）

翻白眼 黑眼珠斜视，露出较多眼白，是生气、失望、不满，有病的表现，也是人将死的表现。1."我们赶到现场时，人已经~了。"2."我批评他几句，这孩子竟冲我~。"

翻饼 夜间失眠像烙大饼一样辗转翻腾不能入睡。"想着白天发生的事，一夜难眠在床上~。"

翻车 盛怒。"刚提到这事儿，他就~了。"

翻扯 传闲话，说坏话。"她对她嫂子不满，可院子~她嫂子。"

翻咻 胡乱翻找东西。"你瞎~什么呀，都把东西翻乱了。"

翻翻着 翻露在外。"腿上划开个大口子，肌肉都~，很吓人。"

翻浆 春日大地解冻，积雪融化，与污泥垃圾混杂一起形成泥浆。旧时春日道路~很长时间，致使行路艰难。

翻脸不认人 发怒、生气了不顾是不是熟人、好友。"对这人你要有心理准备，他可是~的主儿！"

翻盘子 翻脸、生气。"一提这事，他就~。"

翻盆 同"翻盘子"。"他当时就把广胜家气~了！"

翻膛 翻找衣物、到处凌乱。"就找一个围巾，在家里闹~了。"

翻蹄亮掌 肢体大幅度活动。"老张天天清早在这~，又作操又练拳脚。"

烦人(烦) 使人讨厌。"你说这孩子，一出家门就屎尿多，~不！"

反 1.孩子淘气、搅扰。"几个孩子到一块儿就~了，把我这屋弄得瓢朝天碗朝地，闹够了，都走了。"2.反叛，背叛。"她说不上学就不上学，还~了她啦！"

反朝 比喻不服气或有造反的神情。"你怎么还不听,还要~哇?"

反潮 雨天物品表面发潮,时间长还会发霉。"雨天被子都~了。天晴了得拿出去晒晒了。"

反桄子 不信守承诺。"俺担心天外天~!"

反则 反倒。"他叫你吃饭你就吃饭,不吃~不好,倒显得生分。"

犯歹 做非法的事,做坏事。"可别做~的事啊!"

犯风 东北地区冬季(有时春秋)烧炕,风向不对,炕不热,还倒烟,即为~。

犯合计 心中迟疑,生出忧虑。"到底去好还是不去好,她心中~。"

犯浑 蛮不讲理、乱发脾气。"谁也别理他,叫他一边~去。"

犯贱 招惹别人,自己受辱。"她不让你管他的事,你偏去掺乎,你这不是~吗?!"

犯傻 傻,一时糊涂。"你别~了,她都快跟别人结婚了,你还要向她求婚!"

犯私犯歹 说不过去,违法。"我提个意见也不~啊!"

犯死凿儿 死心眼。"人家可是有对象的人了,你还等人家什么,你可别~。"

犯相 原为迷信说法,现借指双方不和。"这哥俩~,总打架。"

犯邪风 犯毛病。"这媳妇这几天不知犯了什么邪风,就是不和他说话。"

犯疑 起疑心。"她好~,什么事你多注意点。"

饭锅里打雷——击(急)勺子 比喻人大发脾气。"谁敢和我爸说这事,那还不~!"

妨 迷信讲由于某种事物的存在影响了另外一人的命运。

方盘 旧时宴席上用来端菜的长方形有沿的大木盘。"奶奶腿脚不好,没去,她家还给端来一~菜。"

方胜儿 一种图案花纹,由两个斜方形一部分重叠而成,东北旧时多用于木格纸窗上,也用于器具、首饰上。

仿上仿下 差不多。"那姑娘和我女儿年龄～，我女儿十八岁，她也就十七、十九，不到二十岁吧！"

放单儿 单独一个。"姐就这样，一辈子～！"

放了声 哭，亲人故去放声痛哭。"他看别人跪下大哭，自己也跟着～。"

啡啡儿的 气极喘粗气的样子。"他那天把他爸气得～的，要不是大家拉着，非得暴打他一顿不可。"

飞 1.掷、扔。"那孩子～砖头，把小三脑袋打破了。"2.疾速地扩散开。"这消息在咱堡都传～了！"

飞机挂口袋——装疯（风） "风"与"疯"谐音，比喻故意装疯卖傻。"这女人你别碰她，一碰她她就～。"

飞飞着 纷乱飘扬的样子。"衣服都扯成条，衣服边都～着。"

飞眼儿 指男女间用眼睛调情。

肥膘大胖 指人体形粗壮，有时专指胖。"他叔～的，一点也不像他家的人。"

肥吃肥喝 吃喝充裕，生活好。"～地供着，她还不满足，还要脾气！"

肥的噜儿 脂肪多的肉好吃"这肉～的正合我的口味。"

肥肥大大 赞扬衣服又宽又大。"这衣服～的，穿起来挺舒服。"

肥了疯 贬斥过分吃喝享受。"这些人都吃～，哪还考虑什么人民的血汗，人民的疾苦。"

肥实 获利多。"这趟跑广州，他可捞了个～。"

肥瘦儿 1.指肉类有肥有瘦。"这块牛肉～正好，就买这块吧！"2.衣服的宽窄。"照她的腰身量～，可别做出来穿不得。"

费劲吧啦 费力气，费工夫。"看你～织这毛衣，这衣服给你儿子穿一定有纪念意义。"

费劲巴力 同"费劲吧啦"。

费口舌 多一番说话，多一番计较。"这事你现在就说明白，省了以后～。"

废 "废"指残废或指杀死，此处做动词，即打成残废。

废嗑 废话。"这个人就是水平不行，说了一大堆话净是~。"

废料 指无用之人。"那是块~，他那个人就会吃喝享受，别的什么也不能干！"

废物点心 喻指无用之人。"他弄了些~来，还想按时完成任务？"

分盆 花卉长到一定程度，要分栽到几个盆内叫分盆。

分水 鱼鳍（胸、腹鳍）。

分争 指争吵。"因为一点小事~起来，不值得的。"

粉 1.变成粉末。"石灰放久都~了。"2.粉刷。"墙刚~过。"

粉得噜儿 让人喜爱的淡粉色。"小姑娘们一个个都~的，像一朵一朵的花儿。"

粉粉儿碎 很碎很碎。"那么贵重的玉镯子，让这孩子给摔了~。"

粪散（粪申） 虫、鱼、植物等孳生繁殖。"我就栽了一小棵，现在~了一盆。""从打劳动回来就没洗澡、换衣裳，这可倒好，~了一身小虫！"

粪坑里扔炸弹——激起民愤（粪） 比喻犯众怒。"那老头这么一说，可就了~，大家都吵吵起来了。"

份儿 1.程度，地步。"闹到这个~上，也算闹到头了，想离就离吧。"2.空隙。"箱子得留出放书的~。"

风大扇了舌头 讽刺爱吹牛说大话的人，提醒其吹牛皮的后果。"他吹牛吹得太邪乎，也不怕~！"

风疙瘩 荨麻疹。

风光 光彩，体面。"这么大操大办，似乎~了自己，却败坏了党风和社会风气。"

风是风，火是火（风风火火） 形容急急忙忙、冒冒失失的样子。"你干吗~大老远地往这跑，有什么急事？"

风是雨的头 俗语。"快捡衣服，~要下雨了。"

疯魔 癫狂，行为超常。"你~了，怎么穿上了这样的衣裳！"

蜂糕 米面发制成的点心，因蒸成后有蜂窝状的空隙，因而得名。旧时东北小胡同当早点卖。

封门儿 喻指拒绝。"你别说你

有饥荒，我还没跟你借钱你就~了！""他从来不办不该办的事，你若找他，就别怪他~！"

肤皮 皮屑。"我的脑~多，腿上~也多。"

敷余 余留，余下。"裁时照尺寸留点~。""每月的钱我都留点~，以备急需。"

浮 在水里游。"他一口气~到对面。"

浮搁着 放着。"这个桌子先~在这，我有用。"

浮礼儿 虚礼。"咱们两家还讲那些~干什么！别让孩子再送东西了。"

浮皮蹭痒儿 没击中要害地方。"你就这么~地说他几句，根本不解决问题。"

浮头儿 表面，最上边。"西红柿的~洒了一层白糖。"

浮悠浮悠 喻水或液状物盛得很满要溢出的样子。"儿媳妇给婆婆盛鸡汤多咱都~的。"

浮油 漂在汤上的油。"碗里漂着几滴~。"

服 佩服，服气。"你一个人干了一整天，也不休息，我~了你了！"

服老 承认年老力衰。"我虽然年岁大了，可是我还不~，还要在夕阳之年做点有益于国家的事情。"

服软儿 承认错误，说好话。"你就向你爸服个软不就过去了，谁叫你犯错了呢！"

服侍 侍候，照料。"爷爷九十五了，孙媳妇~得可周到了，说要爷爷活过一百岁。"

富富有余 足够而有剩余。"就他的手艺，打个桌子凳子那不~。"

富态 指身体胖，婉辞。"屋里坐着一位很~的老太太，正和妈唠嗑。"

父一辈，子一辈 两代人的亲谊。"咱俩家是~的交情了。"

旮旮旯旯儿 所有的角落。"~都扫干净了。"

G

旮旯儿 1.角落。"你到墙~去找。"2.狭窄偏僻的地方。"山~""背~"。

嘎巴 1.黏的东西干后附着在器物上(动词)。"饭粒都~在锅底上了。"2.嘲讽人待在别人家不走。"这人就这样讨厌,到谁家~着不走。"

嘎巴溜脆 形容极脆。同"嘎巴溜丢脆"。

嘎巴溜丢脆 说话做事爽快,干脆。"咱这活干得就是~。"

嘎巴儿 粘在器物上的干了的粥,糨糊等。"她裤子上还粘着饭~。"

嘎巴一死 突然很快地死去。"你们谁惹我爷生气了,我爷说~就得了!"

嘎崩脆 食物酥脆,也形容说话爽快,干脆。"那天吃那瓜真好,~!""那讲话,真是~。"

嘎达牙 闲吃,随便吃点。"瓜子我也不常嗑,就是看电视时~。"

嘎嘎的 形容很冷。"这几天真冷,~的。"

嘎嘎新 很硬整、很新的样子,主要指纸币。"陈刚为此特地到银行换了一些五十元一张的~一摞票子。"

嘎渣儿 1.出血后定的痂。"那孩子把~抠破了,又出血了。"2.食物粘在锅上或烤焦的硬皮。"他就爱吃饭~。"

疙瘩 1.地方、这。"皇上送他到这~来,嗯,吃上苦头立点功。"(《乾隆皇帝》六册p.274)"这~的人,都这样,善良。"2.堆,块。"苞米棒子的红缨都干巴了,只有这里那里一~一~没成熟的缨子还是通红的。"

疙瘩 1.皮肤上因病变隆起的小包。"因为头天受了点风,她脸上和胳臂上起了许多小~。"

2.疑虑或不易解决的问题。"他们家族多年结成的～，几天里被他俩化开了！"

疙瘩白 甘蓝。

疙瘩膘 多指小孩，不是松松地胖，而是有点胖，肌肉长得较紧实。"这孩子不太胖，挺好，～！"

疙瘩话 发泄牢骚，不满的话。"他这人工作好，就是有时好说个～。"

疙瘩鬏儿 旧时老年妇女的发式，将头发梳成一束在脑后绾成的团状叫～。

疙瘩儿汤 白面和好，揪成或搔成小疙瘩（小球球）下到汤里，连汤带疙瘩一块儿吃。

疙疙瘩瘩 不平滑，有小包。"你胳臂怎么～的，是不是起什么了？"

疙里疙瘩 1.粗糙，不平滑。"这小青年长相还好，怎么脸上～的？"2.不流畅。"作文写得～的，叫人看着别扭。"

嘎 割。"把这块木头用锯～开。""她手上～个口子。"

嘎儿 也叫冰嘎。东北冬季儿童在冰上抽动的玩具。木制，上为圆柱体，下为圆锥体，用小鞭子抽动，使其在冰上转。

嘎斯罐 煤气罐的俗称。

牲 乖僻，调皮。"这人挺～的。"

牲古 1.性情怪僻。"那个人太～，跟谁也没来往。"2.不好。"这～玩意儿（指收音机），按它不响，不按它倒响了。"3.古怪的、稀奇的。"他不知搁哪弄来那些～东西，成天在家鼓捣玩。"

嘎不溜秋 有些顽皮，还有些小聪明。"那小子～的，干活倒挺快。"

嘎拉哈 满族人小孩玩的一种羊骨游戏，羊的小腿骨骨轴，有阴阳不一样的两面，用五粒玩耍，叫玩～。

嘎杂子 指心计坏，怪主意多的人。"你怎么和那些二流子～在一起混！"

嘎巴 嘴张开欲说而没说。"陈刚嘴～了一下还没等说出话来，还是媳妇柳青当律师的脑袋反应快，立即接过话茬。"

嘎个东儿 打赌。"咱们~，他今晚要来，我请你吃饭。"

嘎摇 承受重压同时摇晃。"那椅子都叫他~坏了。"

街 商场等商业性。"老四，遛大~去不去？"

该 意为罪有应得，或自食其果，也称"活该"。"那个杀人犯判死刑了，~！他手里好几条人命哪！"

该常何止 该如何尽快决定。"是和是散，~快点定下来，别这么吵吵闹闹，没完没了。"

该着 注定。"那么多人挨挤，怎么就她被挤伤了，真是~。"

改常 改换常态。"我看他有点~，也不知不是这样？"

改刀儿 把大块肉切成小块。"麻烦你师傅，把这大块的熟肉给我改改刀儿！"

改口 指新婚夫妇对婆父母、岳父母改换称呼。"马上结婚了就不能再叫阿姨，她是你婆婆，该~叫妈了。"

概了 放在某些词的后面，用以表示程度的，与"得很""坏了"相通。如"累~""气~""疼~"。

干 1.遭遇冷淡。"我一进屋，他干别的去了，把我~儿在那了。"2.只是一样。"~喝，也不吃菜。"

干巴巴 1.干硬。"让我们啃了点~的烧饼，也没有菜。"2.干瘦。"老人~的，脸上堆了许多皱褶。"

干巴扯叶 干，不润滑。"这饼~的，怎么往下咽，你还是给他弄点菜，做个汤就着吃。"

干巴呲咧 干硬，没水分。"光啃这馒头，没一点菜汤，~的。""这脸叫风吹的，~。"

干吧啦瞎 1.贬称。干、硬，失去水分的食品。"这饼~没法吃，用汤烩烩吃吧！"2.也形容人瘦弱苍老，贬义。"这~的老头，能经得住他那一拳？当时就倒了。"

干棒硬正 形容耿直的，廉政的人。"别看人不咋的，可活得~！"

干插瓦儿 1.全都，一律。"这一层楼~都是女生宿舍。"2.单纯的、只是。"人家来了就~唠嗑，什么也不吃？！"

干打垒 两木板中间填入黏土夯实的院墙或建筑。

干打雷不下雨 1.比喻只有声势并无行动。"他是~，吵吵了半天，一个子儿也没见。"2.嘲笑不是真哭，没有眼泪的干号。"送他爸那天，他~，没看他掉一个眼泪瓣儿。"

干嘟嘟 多指稀粥汤菜之类很稠。"他见儿子回来，进屋盛上~一碗菜捧给儿子。"

干饭 此处为嘲讽人不识好歹。"到这来装蒜，不知道自己吃几碗~了！"

干号 没有泪干喊。"在坟头上，他~了一阵。"

干齁齁 吃的东西很干很干，咽下去困难。"他就~吃那点剩饼子，也没给他弄个汤。"

干靠 干等，干盼，干熬。"她也不说结婚，也不说不结，就这么~！""回去拿这钱干点什么，赚点小钱供嘴，别~！"

干栏着 只是。"不能~竟吃菜，一点饭也不吃呀！"

干丝嘟喇 指吃东西时没有汤水和菜等就着。"你就那么~吃个烧饼，什么也没就。"

干松 干燥松散。"还是你护理得好，前几天伤口还有浓水，现在挺~了。"

干簌簌 干爽的样子。"汗来不及流下就蒸发了，衣裳也是~的。"（《乾隆皇帝》三册p.172）

干噎 吃干东西时，没有汤、菜，只能干咽。"你不弄点汤、菜，叫我们~啊！"

干攒 除去必要的支出，剩下的不花一个，全部储蓄。"他在这白吃饭，一月三百块，~。"

泔水 淘米、洗菜、洗刷锅碗用过的水，还杂有剩饭、菜。有时还掺杂着洗涤的污水等。

泔水缸 原指装脏水的容器，借指能容纳脏话和是非的人。"当家人，~，我们省得！"（《乾隆多帝》六册p.198）

泔水捎 装泔水的桶，形容能容纳牢骚的人。"你们什么牢骚都冲我发，我冲谁说去，我成了~了。"

赶 等到。"你这个事别~到年

底下办啊！"

赶赶罗罗 匆忙，仓促的样子。"大老远的，来了一趟，~的也没休息好。"

赶了网了 尽数搭进。"你一个月的工资就为你儿子~！"

赶罗 1.催、逼。"你别~我，一忙我就写错。" 2.匆忙，仓促。"这活儿得细作，太~了就做坏了。"

赶罗得燕儿不下蛋 形容非常匆忙，非常急迫的样子。"她再不就是几个月不回来，一回来就把人~。"

赶明儿 等到明天或虚指以后。"今天太晚了，~再说吧！""~我再去，也给你捎一件来。"

赶着 逢迎，主动热情。"人家说不用人，他还~去帮忙。"

赶嘴 赶上别人吃东西，自己也同吃。"这孩子专能~。"

揩 用湿布擦拭之后再用干布用力擦拭使之光亮。"这玻璃你用干布~一~就亮了。"

揩毡 1.旧皮衣绒毛纠缠成一堆一块的样子。"这个老皮袄都~

了，你也不整整。" 2.形容人头发不洁，粘成一团。"这头发不梳也不洗，快~了。"

敢 意为"不敢"，是生气时说的反话，"你~！"

敢情 1.原来如此。"怪不得我发现你俩长得那么像，~你们是兄妹俩呀！""上房一溜都黑灯瞎火的，敢情在挺尸，叫我们等！"（《乾隆皇帝》p.26）2.当然。"他们夫妻俩能调到一个城市，那~好啦！"

敢自 敢情。"你要能亲自去一趟，那~好了！"

干哈 干啥。

干吗儿吃的 责备别人没负起责任。"他是~，把孩子看丢了。"

干仗 打架。"在一起好好玩，别老~。"

缸炉 旧时一种面食，类似现在的烤饼，发面、烤制，较硬的圆饼。

刚 将，用言语激。"叫小二这一~，他就去了。"

钢（杠） 把刀放粗瓷或布、石上磨，让刀锋利一些，叫"钢"。"他把菜刀在粗碗底~

了一~。"

杠尖儿（岗尖） 把碎物堆成下宽上尖很满的锥形。"那一车煤，装得~~的。"

杠香 非常香。"干点活儿，吃什么都~！"

杠烟起 形容人或车跑得很快，也比喻忙乱的样子。"她一来，就把我们折腾得~！"

杠子头 1.喜欢与人争辩的人，俗称"杠子头"。2.一种硬面馒头，制作时因面硬，需借助杠子来轧，因而得名。

高低 1.深浅轻重、利害得失。"你也不看眉眼~就瞎说。" 2.仍然，终究。"你说破了嘴，他~不去。" 3.无论如何。"你和他说，~他得亲自来一趟，把这事办妥。"

高高手儿 请求照顾，施与恩惠。"他太年轻，不知深浅，嘴也没把门儿的，头一次说错了话，您~就让他过去吧！"

高高摇摇 很高很不稳定的样子。"你这单砖砌的~的，倒了砸着人怎办！""这孩子坐得~的，可别掉下来摔着。"

高看 印象好受信任。"他们几个老学生中，老师总是对我们王芳~一眼。"

哩哩罗罗 讽喻人说话、办事不利落。"这人干活怎么像~的！"

高末儿 好茶叶末儿。

高射炮打蚊子——大材小用 比喻人被大材小用。"让张强去抓这个小事，那不等于~吗？"

高桩儿 底面小高度大的物体。"~茶叶筒""~桶"。

搁 1.搁、放。（东北对"搁"字，"gāo""gē"并用。）"照片不知~哪了，怎么也找不着。"2.在，从、用。"他~这待不一会儿就走了。""他的伤不轻啊，子弹~肚肠子穿过去的。""那玻璃是~砖头打的。"

搁不住 1.心中存不住。"这个老妈呀，心里~事，这不，昨晚一宿儿没睡。"2.食物存放腐烂。"这天气太热，做太多的菜~，白浪费。"

搁得住 食物存放得住。"咸东西能~。"

搁着 事情放在某人身上。"这要~我，孩子丢了，我不急死！"

咯噔 表示心理上突然惊异的感觉和行为上的突然变化。"往常他跑破门槛儿，最近怎么~不来了？""听了他这话，我心里~一下，他怎么知道这事的？"

袼褙 旧时把旧布洗净用糨糊一层层贴在木板上，晾干揭下，叫打~，做鞋底用。

胳膊肘儿往外拐 比喻偏向外人。"不替自家说话，怎么老偏向外人，~！"

格楞半儿 膝盖。

袼囊 垃圾或专指碎柴乱末。"我去倒~！""簸一簸，把粮食里的~簸出去。"

隔二上 没通过主事人，直接做主。"这事儿他也没告诉妈，~去的。"

隔锅香 指小孩儿不爱吃自家的东西，爱吃别人家的饭菜。

隔行如隔山 不同行不懂该行专业知识，这一行业不了解另一行业的情况。"我是学建筑的，铸造行业的事我不懂，不是说~嘛！"

隔山吊远 相距很远。"你这一搬家，~地不好去看你啦！"

隔山买老牛 比喻不了解情况，碰运气。"那时候嫁女，不入洞房不知道女婿什么样，还不是~，瞎碰呗！"

隔三岔五（隔三差五） 隔个三天五天的（虚指）。"他整天在社会上跑，~的还要往外地跑。"（《小说月报》2000年第11期）

隔心 不一心。"我们这些老朋友都是不~的挚交！"

隔一程子 间隔一段时间。"在那儿太孤寂，~，吴总管来到大碗乡，嗅嗅稠密的人烟味。"

隔着锅台上炕 不通过正常渠道，越级办事。"这事不先跟本单位打招呼，他~，直接找市里去了！"

胳肢 在别人腋窝处抓挠，因痒而笑。

虼子 跳蚤。

各路 同"各色"，指不合群的人或指办事和一般规律不同，多贬指。"这个人太~！"

各色 也叫"各路",指比较乖僻的人。"这人太~,跟谁也合不来。"

各眼 太特别。贬指人不好说话,别扭。"那个看门老头太~,进门玩儿一会儿球都不让。"

个顶个儿 一个比一个好,每个都够格。"新入伍的小伙子~都那么棒,都那么壮!"

各个儿 自己。"你~走回去吧,我先走了。"

个叽 拌嘴。"也没大吵,就是~几句。"

各里各生 1.不协调,特别。"这个小青年在大群小青年中好像有点~的,不合群。"2.饭煮夹生。"这饭怎么~的,是不夹生了?"

个儿 1.竞赛对手。"要摔跤你可不是他的~。"2.成整体。形容累散架儿。"这回可把我累得拿不上~了。""饺子让他用凉水煮,都不成~了。"3.换个位置。"把这个床调个~!"

硌窝儿 鸡、鸭等蛋类硬皮嗑破的叫~。"~鸡蛋比较便宜,但皮破了就不大卫生。"

膈应 心里很厌恶。"我就~那些肉虫子,看着就浑身发麻。"

给个顶针就认针 喻别拿假话当真。"你可别给你个顶针就认针(真)了"

给脸 给面子,信任,宠爱。"这种人一给他脸,就不像人了。"

给脸不要脸 给面子,给信任,却辜负了这种宠信。"这种人~,你就不要管他了。"

给气儿受 让人受气。"我姐姐的小姑子的婆婆真刁,老给这儿媳妇气受。"

跟不上趟 节奏慢,撵不上别人。"他还小,多念点书,干活他~!"

跟脚儿 鞋的大小肥瘦合适,走起路来得劲儿。"这双鞋比那双鞋~。"

跟屁虫 形容对人紧跟,唯命是从的样子。"他整天在他老哥身后转,~似的。"

跟头把式 形容很忙,或行动仓促、狼狈。"她一天忙得~的。"

跟着人 与人乱搞两性关系（专指女人跟男人）。"他怀疑他女人~！"

哏儿喽哏儿喽的 被噎后发出的声音或形容被问话无词尴尬的状态。"人家那几句话把他噎得~，没词儿了。"

哏儿哏儿 形容乐的声音。"他一讲笑话，把孩子们乐得~的！"

艮 1.韧而不脆。"这麻花都~了，不好吃了。"2.说话不痛快，不流畅，生硬。"这个人说话怎这么~。"

艮啾 对艮的喜欢状态。"那东西~的可好吃啦！"

艮了巴唧 艮，不脆，用"巴唧"表示嫌恶之意。"这些饼干~的都不好了，你还吃。"

艮搭艮搭 走路时直着上身，头随着脚步一点一点的姿态。"我一看见他走道~的我就要笑。"

艮苦冰凉 态度冷淡得叫人寒心。"他那话把我说得~！"

耿换人家 正派人家。"小强找这个姑娘挺本当，人家家是~！"

梗梗 喻指那些横行无忌、不好惹的人。"那小子是~，谁都躲着他。"

公儿 雄性的，多指禽类昆虫等。

公母俩 夫妇俩。"夏天，老~一起去旅游。"

公鸭嗓 喻指人的嗓音像公鸭叫声。"那人的特点是有点~。"

拱 1.鼓动。"其实他倒不那么积极，是底下有人~。"2.在缝纫时用大针直缝。"用大针~几行就行。"3.坏主意。"你又出什么~？"

拱包 原指病变从皮肤中突起，此处借指意外变故。"哪个爷拱起包来，咱都吃不了兜着走。"

拱火儿 促使人发怒。"他本来没气了，可下边有人~，架就这么打起来了。"

勾扯 勾连牵扯。"如今大局已定，怎么会再和那起子人~？"

（《雍正皇帝》中册p.295）

勾打连环 互相勾搭、互相串通、包庇，做不正当事情。"架不住总和那些人一起~呀！那还有个好！"

勾火儿 引出别人的火,即叫人发怒。"你没事又~呀!"

沟满壕平 比喻填满。"你是肚里有火,这回火撒了,你就甩开腮帮子敞开肚皮造吧,弄他个沟满壕平再说。"(《小说月报》2001年第1期p.60)

狗蹦子 比喻调皮、不稳重、上蹿下跳的人。"别人都稳稳当当的听课,就他,~似的,一会儿出来吃点什么,一会儿又上厕所!"

狗扯羊皮 喻指没用的事,瞎扯。"他净弄些~的事。"

狗带嚼子——胡勒 比喻人办事胡整。"你叫一个半傻的人去主持开业剪彩,你这不是~吗?!这不是耍大家吗?!"

狗戴帽子——装人 比喻人隐藏了自己真实的嘴脸,装得一本正经。"他那是~!你没看见背后他那些丑事。"

狗带铃铛——硬充大牲口 在东北,牛、马、骡等大牲口拉车耕地时都带铃铛,狗是不戴的。此处比喻装腔作势,唬人。"他是什么教授啊,纯粹是~。"

狗肚子存不住二两酥油 心里搁不住事儿,保不住秘密。"你跟他说这种机密事儿,他~,还不都给你说出去!"

狗改不了吃屎 常用来形容人改不了恶习。"~,过他手的钱他不赚点?!"

狗揽八泡屎 无识无能,还大包大揽。"他呀,任什么也不会,还~,非得把事情耽误了不可。"

狗男女 鬼混在一起的男女。"这帮~在一起还能做好事!"

狗尿苔 又叫鬼笔,一种大型真菌,外形像蘑菇。

狗尿苔长在金銮殿上——占个好地方 喻指不好的东西长在好地方了。"那小子学习不好,可爸爸有能耐,照样上大学,人家是~呀。"

狗刨儿 一种低级的游水动作,双手扒水,两腿乱蹬,像狗在刨水。

狗屁疵 贬指挨批评,受斥责。"我好心好意提个合理化建议,没想挨个~!"

狗屁不是 贬斥人无能。"让个

~的人来解决这么复杂的事,能好吗?"

狗头金 戏称最贵重的东西。"你怎这么高兴?是得了大奖还是得了~?!"

狗掀门帘——全凭一张嘴 歇后语。喻指人处事说得好听。"他办事就是~!"

狗眼不识金镶玉 比喻品格低下,不能识别贵重东西。多是用于自己贬自己。"还是我~,大人原谅了!"

狗眼看人低 狗本矮只能从低处看人,比喻品格低下,看别人也贬低了。"你真是~,人能老不进步啊,我现在大学都毕业了,而且当了政府公务员。"

狗牙儿 一种锯齿状的花边图案,多用于装饰。

狗咬尿泡——空欢喜 "尿泡"东北人俗称"吹泡",即膀胱。狗误认为是肉,因此说空欢喜。"那时爸每月都往家拿钱,可是去了还债,到头来还是~。"

狗咬狗——一嘴毛 坏人之间争斗,无须人们去评论是非。"我们不要管他们那事,他们是~!"

狗长尾巴尖儿 戏称别人生日。"小宝要过生日,~啦!"

够不够 太多。"都说得~了,她还说!"

够够儿的 厌烦了,不喜欢做了。"我侍候他都~了,那脾气!"

够嚼谷儿 够吃的,能糊口。"生活还行,一天赚的钱~了。"

够你喝一壶的 让你承受不了之意。"这回他可饶不了你,我看~!"

够戗 够受的。"打了三百斤煤的煤坯,累得~。"

够要命 最最难的。"那时候没钱就~的了,还有病,我爷那不笃定会死吗!"

够意思 赞美做得好。"这些领导对老同志挺~,又是走访,又是慰问的。"

够月 指怀孕足月。不足月叫"不够月儿"。

咕嘟 生气,嘴鼓起。"那孩子~着嘴走出去。"

咕噜 长度距离,一段。"你往前送她一~,天太黑了。""我就要一小~电线。"

咕碌 亲密地打交道。"我和你爹~一辈子了,感情能不深吗?!"

咕咕容容 软体小虫蠕动的样子。"我最怕~的小肉虫了。"

咕截儿 一小段。"把这个带子剪下一~来。"

孤拐 1.颧骨。"小莉从雪地跑回屋,两个红~通红通红的。"2.脚掌两旁突出的部位。"这种皮鞋板脚,穿上脚~疼。"

姑舅亲亲上亲,打断骨头连着筋 姑舅很亲之意。"你俩可是姑舅哥们,不说~!"

骨头节儿 骨节。("骨"字东北有时读阳平,有时读上声。)"我怎么~疼。"

骨血儿 血缘关系。"你说他姑为什么惦记咱们小二,那不是有~连着哪吗?!"

鼓包 出现问题,产生矛盾。"想办成一件事,哪那么容易,不是这~就是那~,总得去耐心解决。"

鼓捣 拨弄。"这个学生的毛病是上课总爱在下面~点什么。"

鼓肚 物体中间鼓起。"这床单中间有个大~,咱俩把它抻一抻。""这~的瓷壶,可能装水了。"

鼓鼓捣捣 摆弄什么。"一到晚上他就在自己小屋里~地说是搞什么小发明。"

鼓鼓溜溜 凸起,饱满。"那孩子穿得~的,简直像个小球球。"

鼓溜 凸起,涨大。"他种的大豆,打出来你看,个个都~。"

鼓儿挠塞 鼓出的样子。"大衣里也不知装的什么,~的。"

谷瘪子 没成熟的谷粒或谷子脱粒后的壳。

鼓秋 同"鼓捣"。

鼓鼓秋秋 背人鼓捣。"她俩~地干啥呢?"

咕东 暗坏。"那人太~,你得加他的小心。"

咕吱 不会做而瞎做乱做。"你别让她瞎~了,她能洗干净了?!"

咕咕鸟 馊主意。"这肯定是俺那婆婆出的~!"

咕咕头儿 鸟或鸡头顶一簇突出的羽毛或肉坠，有时也用来形容人头顶的突出物。"她还故意在头顶梳出个~！"

顾脸 顾脸面。"我不扬这些事，是我~。"

顾瞻 照应，供所需。"这孩子可~家哪，给钱拿东西，这家全靠他呀！"

顾嘴 指糊口。"那年头只能~，哪还有别的讲究啊！"

孤孤丁 坏主意，特别的麻烦。"他又出~，非要整出点事儿不可。""就他，老起~！"

瓜连 牵连。"这件事都我一人经手，他和这事没有~。"

瓜挠子 用来刮瓜类（冬瓜、南瓜、香瓜）皮的用具，小竹片头上按一尖利的金属片。现已改进。

瓜子儿不饱是人心 东西小却包含真情。"我没条件买珍贵的东西送你做生日礼物，就送我自做的小书签吧，~，是我的一点情意！"

呱嗒（呱哒） 不高兴而板着脸。"~着脸。"

呱嗒板儿 趿拉板儿（拖鞋）因走起路来"呱嗒"作响而得名。

呱呱湿 形容湿漉漉的样子。"这鞋天天给他炕，要不~！"

呱唧 指鼓掌。"请他来唱一个好吗？大家~~！（鼓个掌）"

刮舌子 刮除舌上污垢的用具。现已不用。

挂拉上 受牵连。"咱们小五有什么事？都是他~上的。"

寡妇脸子 一脸苦相，没有笑容。

寡妇失业 妇女死去丈夫，无依靠，很凄苦。"张嫂~的，带一个孩子很不容易啊！"

寡净 整齐，干净，朴素。"她屋子收拾得挺~的。"

挂 1.接通电话。"总机吗，请你~办公室！" 2.惦记。"他总是~着家里的老父老母。" 3.表面蒙上。"衣服上~了一层尘土。"

挂巴 挂，动作有些草率。"就那么一块旧布，皱皱巴巴的，像窗帘似的，挂巴上了。"（《小说日报》2001年第2期p.29）

挂不住 因羞辱而面子上过不去。"领导一批评，她确实有点

~。"

挂幌子 1.店铺招牌，显示经营商品内容的标志，如饭店挂红色（或蓝色）罗圈带流苏的招牌等。2.比喻某些心思显露在脸上。"你今天是不喝酒了？脸上都~了！（脸红）"

挂火 上火，着急，生气。"这不，高考落榜了，大家都跟他~。"

挂落儿 牵连（指坏方面）。"我们看他孤苦无依的过去没少帮助他，不想倒吃他~了。"

挂碗 饮料又浓又稠，有的倒到碗里能留下颜色。"这个酱油~。"

挂在嘴上 说空话，无行动。"努力的话你成天~，也没见你看多少书，成绩提高多少。"

掼打 轻轻摔打衣物，抖落灰土。

拐 一方得，另一方受损。"大米一块零四分一斤，买十斤，我给你十块零伍毛，你还~我一毛钱呢。"

拐把子亲戚 比较远的亲戚。"他们现在成了~了！"

拐带 影响。"陈肉~得这菜味儿不好。"

拐孤 古怪、乖僻。

怪不的 表示明白了原因，就不觉得奇怪。"~姓钱。"（意即站在钱眼上）（《乾隆皇帝》五册p.285）

关饷 旧称发薪水。

官中的 指一个大家庭或集体。"这是~的钱，我不能一人说借给你。"

棺材本儿 现指老本儿。"我把~都给他们了，这儿子媳妇儿还不满足。"

棺材瓤子 骂某人是将死之人。

管前不管后 丢三落四，马虎大意。"到外边工作可不能像家里那样~的。"

惯惯儿的 已养成享受习惯。"在家都吃~了，到那粗茶淡饭，能习惯吗？"

光巴 露着。"~着上身。"

光巴哧溜 光身子，没有遮掩。"这孩子怎么~就出来了。"

光巴出溜儿 赤身，一丝不挂。"一群小男孩脱得~地跳下水去。"

光膀子 赤裸上身。"那些小伙子~干,可起劲儿哪!"

光脊梁 脱光上身,露出脊背。"老头儿光着脊梁在那锯木头。"

光溜 光滑。"多~啊,像缎子似的!"

光炕席儿 一贫如洗。"那家里就剩下~啦!"

光屁股拉磨——转圈儿丢人 歇后语,意为丢人得很。"你还叫我上台演讲?那不是~吗?!"

光屁股雀儿 形容光身像没毛的雀儿。"那些小孩像~似的从被窝里跑出来穿衣服。"

光屁溜儿 指小孩光着身子。"~,上墙头,抓把草,喂小牛。"

光梳头净洗脸儿 梳洗干净。"她~地等着客人来。"

桄荡 晃,摇动。"坐马拉的大板车,~得屁股痛。""这两孩子抬水,一边走一边玩,把水~洒了一道儿。"

桄拉桄荡 衣服肥大,在身上摇晃。"这么肥的衣裳我穿怎能不~!"

逛悠 晃悠,摇动。"这马拉的车~得我直迷糊。"

归回 一生的终了。"他也挺好,临了有个好~!"

归里包堆 合起来算,总共一起。"~还不就是你和我两人。"

归拢 管教。"把二歪都~像个人似的。"

归齐 1.最后结果。"闹了~还得我掏腰包。"2.原来。"我寻思小莉敲门,~是你。"

鬼 机灵、狡黠。"这孩子岁数不大,可~哪!"

鬼点子 坏主意,或怪主意。"他专会出~害人,这多不好。""他~多,万许能过这一关呢!"

鬼风疙瘩 荨麻疹的俗称。

鬼鬼秋秋 偷偷摸摸。"那人在屋里~地鼓捣什么,有人来就藏了起来。"

鬼画符(鬼画狐) 不认真,糊弄。"你看这地扫得像~!"

鬼么哈眼 鬼鬼祟祟的。"怪不瞅他~的,原来是个小偷!"

鬼皮拉色 颜色杂乱、难看。"叫太阳一晒,那衣服~的,太难看了。"

鬼子姜 菊芋,其根可腌着吃。

81

滚犊子 骂人语。滚。

滚球子 骂人语。

锅帘儿 用秫秸编成的锅盖。

锅台转 旧时妇女的生活状态,也是对妇女的蔑称,意即围着锅台转,没出息。新社会已改观。"那过去的妇女可不都是~!"

果 吸。"那孩子~奶,劲儿可大呢!"

果匣子 旧时串亲友,用薄木匣子装点心,即为~。

果子 点心。"她先到~店买几样~,然后去看她。"

馃子 油条。"早饭就吃点浆汁、~。"

果子铺 旧时的点心铺。

过不着(过得着) 彼此关系疏远,没有承担义务的必要,或彼此亲近,能承担义务。"你别跟我借钱,咱们~。""你别客气,咱们~。"

过房 过继(无子而以兄弟之子为后嗣)。"我哥是我叔~给我家的。"

过话 1.传话。"他让你给过个话。"2.交谈。"我们见过面,可没过过话。"

过家家 小孩玩的一种游戏,即小孩模仿家庭生活过日子(做饭,养布娃娃等)。

过节儿 嫌隙,重读"过"。"他俩有点小~,你没看谁也不搭讪谁吗!"

过劲儿 超过限度。"他一连干了三天三宿了,累~了,才病倒的。"

过日子人 平民百姓中常说的能节俭过生活、不打不闹没有外心的人,多指妇女。

过晌 过午。

过头话 超过分寸的话。"谁知道她为什么生气啊,谁也没说什么过头的话。"

过心 多心。"这事她~了。"

过油儿 超过了。"我们走~了,他家就在我们刚经过那胡同里。"烹饪食品经油炸也叫~。

过月 怀孕时间超过预产期。

过这个村没这个店了 喻指不要错过机会。"不抓住这个机会可就~!"

H

哈 弯腰。"~腰"。

哈什 哈欠。"大家热烈发言,他却在一旁直打~。"

哈哈笑 看热闹,袖手旁观。"他这是看你~哪。"

哈哈儿 玩笑。"她舅跟她打~哪!"

哈喇 形容食油或含油食物日久变坏的味道。"这油有~味了,不能吃了。"

哈喇子(哈拉子) 流出来的口水。"我一口肉也没舍得吃,~都淌出来了!"

哈气 玻璃上的水蒸气,多在冬日或蒸食物时产生。

蛤蟆骨朵儿 蝌蚪。

蛤蟆跳井——不懂(扑通) 比喻知识浅薄。"学了仨月回来,你问他什么叫电脑,怎么用,他是一个~!"

哈拉巴 肩胛骨。

哈拉哈搭 随便、马虎。"她对什么都~的,衣服抓起就穿。"

哈巴 走路两膝向外弯。"那孩子提溜着尿湿的裤子,~~地走回去。"

醢 狠打。"照准屁股~下去"。

孩了孩气 像孩子似的。"这么大人了,怎么还~的!"

孩子死了,来奶了——晚了 歇后语,意即晚了。"你总犹犹豫豫的,现在才下决心,~!"

孩崽子 指小孩。"一群~在这玩。"

孩子爪子 子女很多。"~一大堆,哪有工夫串门。"

海 1.比喻极多。"佛寺也有地?""嗨,~了。"(《小说月报》2000年第11期p.13）2.无目标地。"~选""~骂"。

海吃海喝 饭局多之意,还有多样和肆无忌惮之意。"他成天不着家,在外~!"

害口 1.怀孕后有的食物不爱吃,有的特爱吃,还有恶心、呕吐等现象。2.有时用"害口"表怀孕。"老三媳妇~了。"

颃 粗。"这孩子的胳臂怎么~。""这桌子做得太~了。"

憨大郎儿 有点憨厚的傻气。"那孩子是个~！"

憨子 傻子。"这个人怎么是个半~。"

寒俭 卑微，不丰富。"咱家就这点~物，不好意思给你们，算个心意吧！"

寒拉巴碜 寒碜。"那小子长得~的。"

罕莫见 随便、不经意。"那天~去趟小市，发现了这稀罕玩意儿。"

汗毛眼儿 汗毛孔。"刚洗完澡~都张着呢！"

汗脚 爱出汗的脚。"这孩子~，脚得经常洗，鞋也常刷，不然就有味儿。"

汗津津 稍稍有汗的样子。"我看他有点~的，退烧了。"

汗衫 衬衫或指吸汗的贴身小衫。

汗褟儿 贴身穿的小衫，东北人夏日常穿，旧时冬日衬在棉衣里。

汗珠子掉地下摔八瓣儿 喻劳动者的辛苦。"村里背井离乡的强壮男人们，~，牛马似的，不是每月最多只能挣五六百元吗！"（《小说月报》2002第3期《沉默村》）

行 做工粗劣，质量差。"这衣服做得太~，都开线了。"

行多行少 有时多有时少。"来看病的人~。"

薅 揪。"这孩子怎么~爷爷胡子！"

豪横 1.表欺人的强横。"这个人太~，早晚会要惹事的。"
2.刚强，倔强。"四岁的小照片，叉个腰，~的样儿。"

号丧 骂人话，表达厌恶别人哭。"这个孩子太讨厌，整天~！"

嚎着 撅着。"那只兽把头插到洞口，屁股却在外边~。"

好饼 骂人话。好东西之意，但反用。"你以为你是~啊！""他不是什么~，小心他点儿！"

好吃不如饺子，坐着不如躺着 俗语，有形容懒汉嫌疑。"虽然说~，可也不能总吃饺子、总躺着，也得吃点粗粮，活动活动，身体才好。"

好打 狠打。"他爸气的是他到老朋友家偷，这顿~，屁股肿老高！"

好饭不怕晚 有好吃喝晚一些不要紧。"别忙别忙，晚一点不要紧，~！"

好个六 不好之意，多在对方赞美时用此口吻说不好。"你还夸他是好丈夫，~！在家他什么活也不干，就是脾气好。"

好贺 好东西。"我姑家冰箱里净是~！（好吃的）""你去吧，爷爷给你~！"

好几 附上的零头。"她已经三十~了。""一件衣服七十~。"

好赖话儿 好话与赖话。"这个人可真笨，~都听不出来。"

好赖人儿 有时说好话，有时得罪人，为的是给人排解纠纷。"没办法，~都得我当，谁怨我要帮他们呢！"

好脸儿 愉快的脸色。"人家来一趟不容易，他硬是没给人家~！"

好嘛 表埋怨的情绪。"~，她不让我去，她倒去了！"

好面儿 突然这么做，有埋怨口吻，重读后音节。"我~出来旅游干什么，现在你爸有病回不去多着急！""她~上这来干什么，惹得你哥和你嫂子吵架。"

好男不跟女斗，好鸡不跟狗斗 这是小痞子借口退缩不和女人争斗时常说的话，意示其大男子心胸，实质是瞧不起女人的说法。"你说~，我看你是没胆量、没能耐和我争！"

好人不长寿 是对好人的惋惜。"老哥多好的人，真是~！"

好儿换好儿 互相帮助，互相体谅。"亲戚，本家哪个不是~。"

好生 即"好好地"，用心的。"午饭没~吃呢！"（《乾隆皇帝》三册p.203）

好事不出门，坏事传千里 喻指好的消息传得慢，坏消息传得快。"你都知道了？真是~！"

好说不好听的 容易引起评论，怀疑。"有些事儿注意点儿，咱们倒是心里没鬼，可这男男女女的~！"

好鞋不踩臭狗屎 好人不招惹坏人，不参与坏事。"他怎么问你，你也别理他，~，离他远点就得了。"

好心变成驴肝肺 心意和效果相悖。"我要帮他，他却说我寒碜他，~了！"

好玄 差一点（就危险了）。"~没把我累死。""那坡特陡，~没掉下去！"

耗 消耗时间，拖延。"就这么~着，不是个事儿啊！得想想办法。"

耗子 老鼠。

耗子掉面缸——转圈儿吃 歇后语，喻有了方便而大吃。"这孩子可到了好地方了，~！"

耗子给猫捋胡子——溜须不要命 讽刺拼命奉承的小人。"你没看她在领导面前那个样儿，真是~了！"

耗子尾巴上的疖子——脓水不多 耗子即老鼠。尾巴很细，所以有疖子也没多少脓水。喻指量有限。"你叫他给你拿钱，恐怕是~！"

耗子捞木锨——大头在后边 比喻困难以后出现。"这才开始干，还谈不上脏、累，~，脏、累的活在后边哪！"

耗子钻风匣——两头受气 歇后语，喻指人处事两头都不讨好。"你要给你妈和媳妇做工作，不然你就~！"

号 1.写明，标记。"他给你抓的净是什么药，你在纸包上~上。"2.定下、占上。"这个地方我~下了！"

好喜 爱好，喜欢。"他就~听京剧。""他就~打篮球。"

好信儿 好奇之意。"她俩~去看看，那水确实往上流！"

喝喝咧咧 不停地高声说、唱。"他~地从前街走到后街。"

喝酱油耍酒疯——闲（咸）的 歇后语，在东北地区流行，贬斥那些无事生非的人。"说他媳妇外边有人，我看他这是~！"

呵儿喽气喘 有气管炎不住哮喘之态。"她妈~地什么也不能干，她又上学又干家务，难为她了。"

喝哧带喘 出气不匀。"瞅你累

的，～的！"

合不上 不合算。"这个价儿，我～。"

合不着 不值得。"～跟他生气！"

合得着 上算、值得。"去北京虽然搭了点车钱，可你姐又给你买好吃喝又给你买不少穿戴，去这一次，～！"

合计 1.盘算。"天天心里～这事。"2.商议。"～～是去好还是不去好。"

合适 得到好处，占便宜，满意。"你又有新衣服，又有好吃喝，小家伙，还是你～呀！"

合着 原来。"闹了半天，～还是我吃亏，你占便宜。"

盒子 一种馅饼，两张薄皮中间夹馅，烙着吃，"盒"取"和美"之意。

嘿儿呼着 呵叱。"这孩子太淘，每天～才能把作业做了。"

嘿喽 斥责，吓唬。"你以后别老～我，别人错了你怎不敢说。"

贺 好东西，好吃食或指钱。"你带什么～来了？""他们家趁～！（有钱）"

嚇唬 恐吓。"我那是假装～她一下，她怎去真害怕了！"

黑 1.暗中自己占有。"她母亲去世时首饰都让她～了，别的姐妹没得着。" 2.极度坏、狠。"这个人太～了。"

黑黪黪儿 指肤色微黑。"小伙子～的，浓眉大眼，挺好的。"

黑不溜秋 有贬义，形容黑得不好看。"那人～的。"

黑不提，白不念 说过的事情，借的钱物，再也不提，像没借似的。"上回他从你手借了两千块钱，怎么，现在～了。"

黑灯瞎火 形容夜晚无灯无亮。"您～还跑来看我。"

黑家 夜里。"她是昨天～来的。"

黑间 夜晚。"间"读轻声。"昨天～下了一场大雨。"

黑漆廖光 黑暗无光或焦黑的情景。"屋里～的，也看不清有什么东西。""那墙叫烟熏得～的。"

黑上 盯上了。"他叫人给～了。"

黑下　天黑和天黑以后。"她~来的。"

黑瞎子　东北方言称黑熊为~，因熊多为黑色且视力差而得名。

黑瞎子打立正——一手遮天　东北称熊为黑瞎子。熊掌大，打立正，它就遮住天。喻办事一人说了算。独断独行。"我们那厂长是~，谁敢给他提意见！"

黑瞎子拍门——熊到家　歇后语。喻指人很窝囊。"我这不是~了吗？！"

黑影儿　暗地方。"他躲在~看不清。"

狠道　呵斥。"别老~孩子，他做错事，你批评他要讲道理，让他明白错在哪。"

含　不咽下也不吐出。"~着眼泪。""~着水。"意为"噙"。

狠歹歹　很凶的样子。"你一说就~的，就不能委婉点。"

狠刀刀　凶狠的样子。"马掌店外头，有那么四根~的林庄子。"（《小说月报》2001年第2期p.27）"他咬牙切齿，~地对我说话。"

狠命　没命，拼命。"那个坏人追她，她就~地跑，一边跑还一边喊。"

恨得牙根多长　形容仇视的程度深。"他把他~，能借他钱吗？"

哼哼　形容有病呻吟的声音。"他还说没病？昨晚他~了一夜。"

哼唧　指呻吟或低声乞求。"这孩子到底要什么，在这~半天了！"

横草不拿　什么活也不干。"他在单位像似挺勤快，可在家~，都我一人干！"

横插一杠子　进行着的工作突然插入另一件事儿干扰了原来工作的进行。"若不是他~，咱们的工作任务不早完成了吗？"

横胡噜　1.贪婪地肆无忌惮地占有。"去一次就~一次。"2.大刀阔斧地果断办事。"这个大烂摊子，若不是他去了这一阵~，还真不好收拾。"

横是　大概、可能。"今天阴的厉害，~要下雪。"

横挑鼻子竖挑眼　怎么做都不对，吹毛求疵。"这个领导反正要和我们过不去，不然他怎么老是~，看我们哪都不对呢！"

哄嚷 私下口口相传。"最近下边又~这房子要动迁。"

红虫儿 喻指幼儿。"家里的孩子~似的，不都要吃要喝呀！"

红矾 砒霜。

红果儿 蜜渍的山楂果。

红胡子 旧时东北地区活动在深山野林中结伙打劫的人。"这孩子得好好教育，怎么抢人家小朋友的东西，像~似的。""我们不是~，是打日本的抗日联军。"（《小说月报》2002年第3期《妹妹》）

红口白牙 喻指很像人样的，却这么做。"你这么年轻轻，~的，造这个谣！"

红头涨脸 由于兴奋或发怒，或喝酒，使脖脸通红。"皇上恼得~。"（《乾隆皇帝》三册p.118）"他~，满嘴酒气，一看就知道他醉了。""两人争论得~的，谁也不服谁。"

红眼 眼红，嫉妒。"他看人家富起来，老~，而不是自己也想法富。"

齁 1.太甜或太咸吃了使喉咙不适。"太甜了，~嗓子！""这菜太咸了，~得慌。" 2.非常，很。"这天~冷。""这药~苦。"

齁巴 形容有严重哮喘病的人。"她妈一到冬天就犯病，是个老~。"

齁齁 1.极少、极少。"把这粉末放上一~，沏上一大盆水，就能洗很多东西。"2.很深。"他都恨他~地了，还能来看他。"

猴奸儿 奸猾。"这小子~~的，你别上他的当。"

猴拉稀——坏肠子 喻指人心术不正。"从打他下海经商以后，逐渐地他就~了！"

猴年马月 喻指没有限期的漫长时日。"只要你说去，他就猜得出你是啥意思，一杆子能把你支到~去。"（《小说月报》p.61）

猴皮筋儿 借来讽刺有人不遵守承诺。"你这人说话怎么像~似的，说了还往回拽！"

猴七儿 戏称小孩顽皮。"那孩子怎么老像~似的。"

猴儿腚 嘲讽女人化妆过重。

"那脸搭得像~！"（也说猴屁股）

猴儿拉巴唧 嘲讽人好戏耍，不郑重。"那么大人还~的！"

猴儿拉厉害 特别厉害。"那小姑娘~！"

猴头巴相 1.同"猴儿拉巴唧"2.嘲讽人长相尖嘴猴腮。"那男的长得~的！"

候 等着，盼着得到。"给你房子你不要，你知道多少人~着哪。"

吼喽一嗓子 忽然抬高声调。"他怕媳妇，他媳妇~，他声儿也不敢吱！"

后半晌 下午。"到了~还不见敌人的踪影。"

后赶儿（后撵儿） 后来赶上。"你结婚生两个孩子时，她还没结婚呢，现在人家也俩孩子啦！~！"

后脊梁 后背。"后面是一溜妇女，~背着小孩儿。"

后脸儿 人和物件的背面。"那个房子的~没有窗户。"

后脑勺子 后脑突出的部位。

后晌 下午。"我明天~等你。"

后身儿 后面。"咱学校就在那个有名的大商场的~！"

后手 1.后来。"~就不知道他去哪了。"2.留回旋余地。"办事他总留个~。"

后音儿 弦外之音。"你还听不出他说话的~，是这事儿你也脱不出干系！"

后尾 后来、最后。"争论了半天，~还是照他说的办了。"

厚实 富裕。"这家底子~！"

糊（烀） 1.聚堆。"你们都糊这干吗，还不赶快去找人。"2.蒸煮。"咱们~点地瓜粥吧。"3.贴、盖。"报纸把窗子都~严了。"

呼哧带喘 由于累而引发呼吸粗重的样子。"她四五岁的时候就能干活儿，帮娘~地往灶坑里添草。"（《小说月报》2002年第3期《妹妹》）

呼搭 原指扇动的声音，有时指扇动或扇动的样子。"病孩子躺在床上，小脑心儿微弱地~着。""大鸟飞了下来~~地扇着翅膀。"

呼呼通通 声势很大、人员很多的样子。"这点小事,弄得~地多不好。""~地来了不少人。"

呼气囊 旧称口罩。

呼儿号儿 大声喊叫。"孩子在走廊里~的,病人怎么休息!""做基层领导的成天就靠~的喊不行,得坐下来解决点实际问题。"

呼扇儿呼扇儿 薄而长(如布幕、大纸张等)被风吹动或拍打的样子。"门扇和门上糊的窗纸,被风吹得~~地。"

忽悠 1.煽动,欺骗。"你也用不着~我,我铆劲试试就是了。"(《小说月报》2001年第1期p.67)2.骤然感觉心神晃动。"于力凡心里~一下,着急打开,果然是崭新的五千元沉甸甸的票子。"(《小说月报》2001年第1期《教师本是老实人》p.56)

胡吃海塞 胡乱吃喝。"他们四个,又上哪~去了。"

胡打海闹 随意乱打,无目标地搅闹。"老爷,你也有一把子年纪了,不是~的岁数了。"(《康熙皇帝》一册p.158)"你也不小了,成天~的,多昝是头?"

胡打海摔 在艰难的生活中任意摔打,不娇贵。"那孩子,~地也长大了。"

糊涂 用生面加水馇成的面粥。"咱们那年代的人谁不是喝~长大的。"

糊涂庙,糊涂神儿 形容一个团体办事马虎不认真。"他们一家都那样,~!"

胡嘞 胡说,瞎说。"他净~!""你别听他~!"

胡咧咧 信口胡说,瞎说。"哪有这事,就他那破嘴可哪~呗!""你别~,没根据的话别瞎说。"

胡噜 1.粗略地搔、摩。"他说胳膊刺痒,你给他~两下。"2.把东西拂开或归拢一起。"你把扑克都~到一堆儿。"

胡噜巴涂 糊涂。"你跟他细致说也没用,他~。"

胡梦颠倒 睡得不好,胡乱做

91

梦。"这一夜，我是~，现在昏沉沉的。"

胡吣 猫狗反胃呕吐曰"吣"，此借指胡说。"你别听他~。"

胡琴 东北对胡琴的俗称。

胡诌白咧 随口瞎编、胡说八道。"他没有正经话，竟~。"

胡子 旧时称土匪叫~。"张抱丁一愣：'遇~了？'"（《小说月报》2000年第11期p.10）

葫芦倒茄子 没头没脑儿，胡乱做事。"你让他帮你办事，还不弄个~乱七八糟！"

葫芦头掉井——不趁（沉） 葫芦头轻，掉井里浮在水面上。喻指人没钱，穷困。"不趁"东北方言，没有之意。"叫我入股，我哪有钱，我是~。"

葫芦瓢 旧时用的水瓢，舀水用具，是把整个葫芦剖开、挖去瓤、晾干。用来舀水。

虎不拉叽 勇猛但不审慎。"你去看看孩子，他舅~地别把孩子吓着、摔了"。

虎拉吧唧（虎拉光叽） 同"虎不拉叽"。

虎落平原被犬欺 喻有威风的人或动物在不适于自己的环境也占下风。"他也没当年的威风了，不说~！"

虎着着的 意同"虎不拉叽"。

忽剌八（忽剌巴儿） 突然，无端地。"以前她每天都来看我，这一阵~不来了，不知为什么。"

糊弄 1.欺瞒、蒙骗。"说不定你以后会见到他，我哪敢~你呢！"2.应付、将就。"这墙怎么砌的？这不是~吗？！""你就~一顿吧，晚上再好好吃。"

糊弄局儿 蒙混，对付完成的事情，用骗人的手段敷衍一时。"你们干的这是什么活儿？这不是~吗？"

护犊子 袒护自家孩子。"别和他家孩子玩，他妈~！"

护皮 皮难剥。"这土豆~，不好削！鸡蛋也~。"

护身批儿 护身符。"他妈就是他的~！"

花菜 用几种蔬菜（如芹菜、白萝卜、胡萝卜、白菜心、黄瓜等）凉拌的小菜。

花叉子 不经常，有时。"也不天天吃肉，~来一顿改善改善。"

花花 贬指花样多。"他整那事儿,越整越~!"

花花肠子 指鬼主意、鬼点子。"他那~可多了!"

花活 与人交往中搞欺瞒。"你小心点,他专会玩~。"

哗啦棒儿 婴幼儿的玩具,一个小棒连接一个空球体,球体内有小珠,摇起来哗啦作响。

花钱买罪受 付出代价却遭痛苦"这回旅游风景虽好,可服务太差,简直是~。"

花项 花钱的项目。"没有什么~了,年底要买的东西都全了。"

哗楞 响的声音。"拉车的马都挂着铜铃铛,走路时~~直响。"

划 把门闩插上叫"划上门"。

划不开拐 弄不清利害关系。"他现在~,你让他想一想。"

划开拐 弄清利害关系。"这个事和他说了半天,他也没~。"

划拉 1.急忙草率地吃。"他一边穿衣服,一边~一口饭,就急急忙忙走了。"2.拂拭式的取或除。"一~一堆票子不是。"(《小说月报》2000年第7期)"好好一幅画,让他给~到炉子里去了。"3.随便地涂、写。"他拿笔~了几下,就是一幅山水大写意。"4.攫取。"公家那些东西他都~到自己家去了!"

滑不唧溜 湿且滑。"这个鲜鱼~地拿都拿不住。"

滑刺溜 形容非常光滑。"桥面上冻了冰,~的镜子似的。"

划魂儿 怀疑、猜疑。"他说他是高干子弟,可从他的言谈举止看,我有点~!"

话 说话停顿或转意时作话缀,无实在意义。"你如果去不了的~,就提前告诉我一声儿。""他要信不过我的~,就别来找我。"

话茬儿 1.话头。"这个小媳妇爱抢着接~。"2.口气。"听他那~,这个事他好像办不了。"

话到是礼 话说到了礼节就到了。"~,他这么说,我们就非常感激了。"

话赶话 两人口角时,一人的话引出另一人的更气愤更激烈的话。"我当时是那么说的,不过那是~!"

93

话痨 骂人的话，指说话太多的人。"你哪那么多的话，不怕当~啊！"

话里话外 口气，隐含的意思。"~她好像有点挑礼，说他儿子结婚我们礼儿少了。"

话匣子 1.旧时的留声机。2.嘲讽爱说话和爱说话的人。"她一来就打开~了。"

话言话语 话里的含意。"听他~，是希望和解了。"

怀抱儿 指婴儿时（需要人抱）。"我来那时，你还是~哪！"

坏菜 糟糕；事情办糟了，办砸了。"要~，她一定知道他的坏消息了。"

坏水儿 1.坏主意，坏心眼。"那小子一肚子~！"2.戏弄人的坏招。"他要挤~，你看他那坏样儿。"

坏透腔 极坏。"这人真~！"

欢 1.旺盛。"快点下菜吧，油都~了！"2.高兴。"他们干得真~。"

欢欢势势 活跃，有力。"这几个小鸡崽养得真好，~的。"

欢势（欢实） 活跃，有劲儿。"小狗还挺~。""他的病不用问，刘大人、十五爷回京，立马就~起来了。"（《乾隆皇帝》五册p.345）

缓 将冻肉、冻梨、冻豆腐等放在冷水里，把冰化开。

缓醒 失去知觉后又恢复过来。"这鱼眼看都不行了，让我换了水，喂了食才又~了。"

晃常儿 时不时地。"~我就去书店一趟，看有没有好书买一本。"

唤头 旧时剃头匠沿街走，用此物鸣以招人。此物为两件，一为开口金属如镊子般，另一尖锥状。把尖锥从开口金属中划出来，即"嗡"地一响，如音叉般带余音，总称~。

荒 1.大概的，不准确的。"~信""~数儿"。2.炉火旺劲儿已过，近熄灭。"炉子赶快添点煤，不然就着~了。"

荒荒 惊扰、传言。"这些日子，~着说要动迁。"

荒数 大约的不准确的数目。"这只是个~，查准了再报告。"

荒信儿 不确定的消息。"有个~说她儿子死了，也不敢告诉这老太太，怕她受不了。"

慌神儿 心里不镇定，惊慌。"她一听说他马上来，就有点~了。"

慌手忙脚 急迫忙乱。"我叫她等你，她说家里有事~地走了。""回一趟娘家，又要洗头，又要拿衣服，又要吃饭，也没得和我说几句话，说怕孩子闹，~地走了。"

皇上的亲妈——太厚（后） "厚"与"后"谐音。形容东西太厚。有时也讽刺人脸皮太厚。"你这棉裤怎么给孩子做的，这可真是~了！""哪有自己说自己帅的，你脸皮真是~了！"

皇上二大爷也不好使 多高的职位也管不了。"谁说也不听，~！"

黄花闺女 处女的俗称。

黄花菜都凉了 喻指太晚了。"若等他来办这事~！"

黄金塔 戏称苞米面儿窝头。旧时家贫主食窝头，戏而称"~"。

黄泥掉到裤裆里——不是屎（死），也是屎（死） 此歇后语喻指已经是说不清的误会了。"弄到这个份上，那已经是~！"

黄皮子 黄鼠狼的俗称。

黄皮拉瘦 脸色发黄，身子瘦弱，不健康的样子。"这孩子生下来就~的，不爱吃东西，也不知有病啊还是缺乏营养？"

黄铺 关门、停业。"要不，他那个家早就散摊~了！"

晃搭 向两边摇摆。"说罢~~悠步儿出去了。"（《乾隆皇帝》四册p.168）

灰不楞登 颜色灰暗。"（披着）~的大斗篷。"（《乾隆皇帝》二册p.118）

灰不溜丢 暗淡的灰色，没有光彩。"这个布料~的不好看。""老王头被罢官，~地回乡了，这回没有那骄横劲儿了。"

灰不溜秋 暗淡的灰色。"默默望着轿外~的街。"（《乾隆皇帝》五册p.41）

灰尘暴土 指灰尘很多，飞扬的样子。"你扫院子先洒点水，省

95

了~的，呛人！"

灰挑 从屋顶垂下的成条成串的灰尘。

灰头土脸 没面子，消沉。"自己不好好干活，~地到处借钱。""十名侍卫~被押了进来。"（《雍正皇帝》中册p.259）

回脖儿 改变原来的主张。"他要去未尝不可，可是已经说好和小张一起走，并且准备走了，现在不好~了！"

回九 旧时新娘结婚九日回娘家叫~。

回笼觉 早晨睡醒后过一会儿又睡，再睡的叫回笼觉。"睡~，对身体并不好。"

回楦 原指鞋楦拿出鞋回紧，此处指越长大越没出息，越不如以前了。"小时候挺懂礼貌的，现在怎么跟弟弟抢东西吃，越学越~了。"

悔青了肠子 形容很后悔的样子。"冯新柳刚腾出窝儿，人家就一屁股占了去，这回还不让冯新柳~！"

会来事儿 很机灵，能随机应变地办事。"小伙子，你真~啊！"

魂儿画儿的 脏脏的条条或斑点。"你脸上怎么~的，在哪蹭的？"

混横 蛮不讲理，粗暴。"你现在跟他讲理讲不通，他~！"

混 过，谋生过日子，此处无贬义。"艰难的日子总算过去了，现在都~得不错。"

混吃等死 斥责人不上进，不努力，混日子。"这人太不要强，就他爸给留下这点钱，~！"

豁拢（豁弄） 1.用手或工具搅动。"把炖白菜~~。" 2.搅动。"这个家都叫她给~得不像样儿了。"

豁腾 睡觉时乱动，掀被进风。"这孩子发烧刚出点汗，这一~，汗都折腾没了。"

豁牙露齿 形容牙齿不齐的面容。"小三正在换牙，~能好看吗？"

豁牙子啃西瓜——净道道儿 东北人把缺牙的人叫"豁牙子"，他们啃起西瓜来就会留下一道一道的。此处比喻人点子多，主意多。"这孩子一转眼睛,一个鬼主意,真是~。"

豁牙子靠墙——卑鄙(背壁)无耻(齿) "卑鄙"谐"背壁","无耻"谐"无齿"。喻人下流、无耻。

豁子 碗碟的缺损处。"把那个有~的碗拿来。"

祸豁 前动词,后轻声,糟蹋、搞乱。"你这不是~东西吗?!""看着点,别叫这孩子~得到处都是!"

活得劲劲儿的 活得健壮。"姥姥都九十多了,还~哪!可硬实哪!"

活爹 在无奈情况下对人的蔑称。"这哪是我儿子,是~啊!"

活动气儿 指可商量的余地。"人家央叽了这半天了,怎么连个~也没有!"("央叽"指央求)

活泛 1.面食松软。"这馒头多暄,面发得~。"2.灵动。"跳舞那小姑娘那腰、那眼睛多~!"

活口 没说死的话。"不过还留了个~,让她想想之后再来找他。"

活刺拉的 活活的。"一个儿子~说没怎么就没了!"

活难受 闲得难受,贬义,等得无奈。"你不帮助干点什么活,还逗孩子哭,你这不是~吗?""他也不说行,也不说不行,就叫人这么~。"

活腻了 不愿活了,有时也用来骂人。"你~!人家右侧通行,你走反道!"

活人不能让尿憋死 意为应随机应变,想方设法,克服困难寻找出路,不能死守。"~,想办法,一定会有出路。"

活食儿 以活物充当的食物。如狮、虎吃活鸡、活羊,即为活食。有时也比喻敬酒不喝喝罚酒。"你这孩子怎这么拧,~不吃单吃死食儿!"

活说着 说未说死,不能确定。"初步定明天一起走,不过话也得~,如果有特殊事,也可能临时改变。"

活头 生存的趣味。"如今只剩下我孤身一人,那还有什么~!"

活兔子精 喻指精力特别旺盛的

人。"你看你爸,晚上睡得晚,早晨还早起,中午又不睡觉,不知他哪那么大精神头儿,简直是~!"

活现眼 活活出丑。"你让他上台哪是表演节目,简直是~!"

活阎王 十分暴虐的人。"他在那一带,简直是个~了,公安局这次抓他,老百姓怎么不拍手称快。"

活祖宗 讥讽溺爱子孙,把子孙当祖宗养育的现象。"把小孩子当~供养将来后果不堪设想。"

火车摘勾——甩啦 火车用挂钩相连,摘勾则被甩下。比喻人与人之间关系破裂。"你问小李呀,她早就~叫人给甩了!"

火儿 生气,发怒。"一听这话,他马上就~了。"

火儿烛儿的 旧时指炉火、灯火(油灯)。"你一个人住着,~的要小心。"

火上房 喻指事情非常危急"于力凡有些不放心,说可别到了我~想找你的时候,又是拨不通的死电话。"(《小说月报》2001年第1期p.58)

伙着 合伙。"他和他姐夫~开的公司。"

和 由稠调稀。"咱们吃凉面,你去~麻酱。"

货卖识家 货卖给懂行的人。

货卖一张皮 指外包装重要。

货到地皮死 货运到准备销售的地方,不想卖也得卖。"这菜运到市镇,这个价儿你就得卖,不然别的菜都上来,你还卖不上这价儿,~嘛!"

J

唧噔嘎噔　爽快、果断、利落。"他~几下子就把这事办利索了。"

唧唧咕咕　小声私语。"他俩~地说了半天了。"

叽里咕噜　饿时肠鸣。"肚子早就~地叫了！"

激　1.用冷水冲泡，使之变凉。"把啤酒搁凉水里~一~。"2.~酸菜：东北有冬季储菜的习惯，其中之一是将白菜洗净，先用热水烫一下。这个过程叫~酸菜。

激灵　因受惊吓突然一抖。"雍正和文觉都~一个寒颤。"（《雍正皇帝》中册p.283）

激溜暴跳　特别着急、激动的样子。"你爸就不让人说话，你看一说不让你参军，他~的样儿！"

犄角　角落。

叽里旮旯儿（犄角旮旯）各处、各个角落。"~都找遍了，也没找着。"

饥饱劳碌　生活苦累，饥饱无常。"那时，爷爷~落了一身病，不到五十岁就死了。"

饥荒　债务。"那年头遭灾，拉~都没地方借去。"

鸡伤鹅斗　指内部的矛盾、吵闹等。"他们内部也常~的，为了什么，咱们也不知道。"

鸡头　芡实，外皮生软刺，椭圆形，有一尖端，恰似有嘴的鸡头，其中包有圆粒果实，即芡实米，俗称"鸡头米"。

鸡胸脯儿　前胸像鸡胸那样向前凸突着的一种病。

急　生气、发怒。"一提钱他就~。"

急急溜溜（急急哄哄）　生气，不耐烦。"你看他~的，也不知谁得罪他了。"

急急歪歪　同"急歪"。"你看他~地，像谁该他八吊钱似的。"

急里拐弯　喻道路弯多。"那道

也太难走了，~的。"

急溜 生气。"他脾气也挺不好的，一句话不对他就~。"

急挠 同"急歪"。"我一说，准跟我~。"

急勺子 生气、发怒。"我一跟他提这事，他就~！""他脾气不好，为一点小事也要~！"

急头百恼(脸) 急躁不耐烦的样子。"你干这点活就~地说累，人家小丽天天这么干，也没说什么。"

急歪 急躁，发脾气。"你跟我~啥呀！我也没惹你。""这事没办成，没看你爸直~吗？"

急眼 生气、发怒。"你再提这些事，他就~了。"

急赤巴火 很着急、很快的。"听到这信儿，他~地就回来了！"

急赤白脸 心里着急，脸色难看。"李小毛~地辩解着。"（《小说月报》2001年第2期p.19）

急齁齁 特别着急的样子。"他~地到处找票，非要看这场球赛不可！"

急三火四 非常匆忙的样子。"那位编剧朋友……无论如何也分不开身，只好送给索子一个带轱辘的旅行箱和五十块钱，然后就~骂骂咧咧地走了。"（《小说月报》2001年第2期《凡世风景》p.33）

急赤忙慌 着急、匆忙。"待一会，说有事，~地走了。""说要赶火车，~地，提包都忘了！"

唧咕 从小孔中挤。

积攒 储备钱物。"这么多年了，她丈夫在外地，月月邮钱，家里也没大花销，她还不有点~哪！"

挤挤巴巴 拥挤的样子。"你们三口住小屋，~！"

挤挤叉叉 人多拥挤。"听说中国申奥成功，老爷子非要上街看看，~地，他也不嫌累得慌。"

挤兑（挤对） 本意指人群持票据挤向银行要求兑现。此处借指迫使人屈从。"自己把自己~到死胡同里去。"（《小说月报》2001年第1期p.66）

挤咕眼儿 用眨巴眼睛暗示。"我刚要说话，看他直冲我~，就没吱声。"

挤咕掐咕 眼有毛病，频频眨眼。"老太太眼睛有病，一边说话一边~的。"

几次三番 多次。"他心诚地~去请，这能人终于来帮他们了。"

虮子大的 虮子，虱子的卵，很小（虱子是人体寄生虫）此处形容很小。"那~小事我也管！？"

叽咯浪 大声吵或多人杂吵。"你们一天~~地，孩子都吓傻了！"

叽咕（叽咯） 小声争吵。"两口子短不了~几句。"

叽叽 小声争吵。"婆媳俩从不~。"

记 胎带的皮肤上的青色斑。"那孩子屁股上有块~。"

记吃不记打 贪图便宜忘掉损害。"这小猫真是~，前几天偷金鱼，我打了它一大巴掌，今儿个又偷走了一条。"

家大业大 原指家庭人口多，家业大。现多指国家人多，各行各业规模大。"咱们国家虽然~，但如果每个人都不注意节约，随意浪费起来，那会是惊人的。"

家伙 干一次。"大家都来帮她干一~，不就完工了吗？！"

家鸡打得团团转，野鸡打得满天飞 意为家里怎么吵没关系，与外人就会出问题。"你说你爸对外人好，对你不公平，人不说~，内外有别吗？！"

家家 指某种身份。如例，没出嫁的姑娘这种身份，不该说脏话。"姑娘~，像什么样子！"

家里的 指妻子。"他~可能干哪，什么也不用他操心。"

家雀儿 麻雀。

加咸盐儿 从旁说坏话。"本来我妈叫我去了，可小妹给加了几句咸盐，妈又反悔了！"

夹袄 旧时春秋常穿的用两层布做的短袄。

夹板气 指两头受气、两面不讨好。"我可再不受这~了。这边说我不够朋友，不讲义气，那边说我没有原则，和稀泥，我再不管你们的事了。你们自己解决吧！"

夹壁墙儿 两个墙壁之间留出的空隙。多用来藏匿财物和人。

"这个~还是日伪时期留下来的,你父亲和他那些搞地下工作的同志没少藏在这里。"

夹藏带掖 指隐藏钱物。"我可没有什么~,我管财物一清二楚,光明正大,经得起检查。"

夹道儿 两个院落墙之间狭窄的小道儿。"你顺着老张、老李两家的~往北走就能上山。"

夹剪 钳子的旧称。

夹楔儿 乘车购物等需排队时,有人不文明地硬插在队伍前头,叫~。"爱~的人是不文明、没教养的人。"

夹子 东北一般做捕鼠用,铁制,有弹簧,用棍支起,中放饵食,鼠吃饵就能被夹住。

假假拜拜 不实在,太客气。"这孩子在别人家吃饭~的,可能没吃饱。"

假模假式 假装关心,假装热情。"小妹有病,她也~来看望,其实她知道小妹最不得意她了。"

假模假样 虚伪的,不是真心实意的。

假撇清 谎称自己与某事无关。"大伙唠那个案子,她也跟着~,其实进去那个主犯是她表弟,他们关系挺近。"

假阴天儿 不太浓重的阴天。

架把 用力搀扶。"老太太被姑娘们~着走进来。"

架不住 1.禁不住,受不住。"再好的电视,也~你这么老拧扯!" 2.顶不过。"他虽然力气大,~我们这边人多。"

架得住 禁得住。"他这么一个小孩子,还~那些大人哄弄!"

架架哄哄 指骄傲,不可一世的神态。"他不就是买了一辆车嘛,看那~的样儿,不认得人啦!"

架弄 摆架子,不可一世,炫耀。"不就有几个臭钱吗,有什么可~的!"

驾鞭子赶 喻指人数多。"像他那水平的技术员在我们这儿~。"

架秧子 耍流氓。"那都是跟着起哄~的"

间量儿 房屋面积的大小。"老房子~都挺大的。"

奸嘎咕咚坏 又自私又有坏心

眼、坏主意。"这人怎不进监狱,他是~五毒俱全!"

剪断截说 简要地说,挑主要的说。"别啰唆,你~,想要什么?"

拣 买取。"给我~几块豆腐。"

捡漏儿 找别人说话的漏洞。"你说话得注意点,那人可专会~!"

捡便宜 遇上机会得到好处。"这次正赶上年终清库,他捡了不少便宜。"

捡拾 拾取、收拾。"别看这孩子小,可懂事了,吃完饭就帮她妈~,碗啦,碟子啦,还帮着洗。"

捡笑 拾取笑柄。"你不坚持做,半途而废,会让反对你的人~,更有话说。"

捡洋落儿 遇上机会意外地得到好处,也指发洋财。

贱 1.轻浮,无骨气。"那女的太~!""这人真~,人家都不理他,他还找上门去伺候人家。" 2.撒娇。"这孩子一天到晚跟你~。"(《小说月报》2002年第3期《妹妹》)

贱不啰唆 指东西很便宜,人能承受。"她看~的,就买了。"

贱货 多指骂轻佻的妇女。"滥淫~,你倒困陷我师父,反敢顶嘴!"

贱了吧唧 不自尊,轻佻放荡的表现。"这些戏子们拿了扇子手绢那么一扭,浪不丢的,~的唱腔那么一甩,得给客栈招来多少人哪!"(《小说月报》2001年第2期p.29)"那时,她~地给人家点烟,陪着说笑的情景还留在我儿时的记忆中。"

贱咧咧 下贱不正派的样子。"最气人的是,他趁我妈跟玉柱不在屋,跟我~地说话。"

贱年 灾荒年。"这几个孩子这一老吃,像过~!"

贱遇 受虐待。"她虽然是后妈,但小女孩一点也没受~。"

贱种 低贱,有时贬称自己。"儿子不给钱,还替他看孩子,这不是~吗?!"

见 用来表示能办到的时间向后拖延。"这项工作,今年眼看完成不了啦,明年~吧!"

见风驶船 看形势决定如何应

付。"你这次去，别贸然说什么，先看看形势，~，才能办好。"

见个开儿 煮沸。"剩下的菜，在火上~，不然就坏了。"

见好儿就回 不一定办好的事，成功一次，不能再贸然去做。"这次没碰钉子，不等于下次也不碰钉子，我看你~！"

见好儿就收 同"见好儿就回"。

见面 此处指相亲。

见天见 每日，每天。"他呀，~来，一天不落！"

见真章儿 见到真的水平，真的能耐，真的东西。"马上就要给学生上课了。这是~的时候了。"

将 刚刚。"二十块钱五个人吃一顿饱饭，~够。"

将打将 刚刚够，勉强够之意。"这块布做件上衣~！"

将将 刚好（有些勉强）。"我们几个人跑步上路，到那~赶上火车。"

将将巴巴 刚好，勉强达到。"有个昔日的学生叫任小梅，考分仅~过提档线，求过的人回了话，说十有八九没戏了。"（《小说月报》2001年第1期《教师，本是老实人》p.61）

将就材料 借指人条件不太好，勉强找个地方任用。"那孩子有点发呆，没办法，他爸没少帮我们，就~让他到食堂打个下手吧！"

姜是老的辣 喻人老有经验，有办法。"老爸一出马，他就没辙了，他说~！"

江米人儿 旧时沿街叫卖给孩童玩的一种手塑制品，由江米碾面加各种色料，手捏成小人、小动物，卖给孩子。即现在的面塑。

讲究 众人议论。"他也不怕别人~他。""老郑家在这镇上可是个本本分分的老实人家，从来没让人这么~过。"（《小说月报》2002年第3期《妹妹》）

讲盘子 指旧时与人商谈价钱或条件。

酱斗篷 旧时家庭用煮熟磨碎的黄豆加盐做成酱，放在缸里备食用。为防止雨水流进使酱变坏，就用秫秸皮编成圆锥体，象草帽状的尖顶盖子盖在缸上，这种盖叫~。"

糨性 新布布面粘上了一层粉状物使布挺实。"这新布~大。"

犟眼子 形容人很犟，听不进劝，坚持己见。"那老大从小就是个~！"

焦酸 很酸。"农活干惯了，不干身上~~的。""这橘子~，别吃了！"

焦心 着急。"你可回来了，妈正~哪！"

嚼扯 不好说话，捣乱。"不值得跟他犯~，你是什么人！"

嚼谷儿 好吃食或泛指一般吃食。"今天有好~，都来改善改善。"

嚼蛆 胡说、乱说。"听到一点无根据的事，回来就~。"

嚼舌头根子 胡说八道。"皇上挑几个使唤人，谁敢~。"（《乾隆皇帝》六册p.196）

嚼头 经得起咀嚼，越嚼越有味。"这次买的米挺有~的。"

嚼牙 难缠，不听话。"这一群孩子都听话，就他~！"

搅黄了 由于扰乱而失败或不能实现。"他也不敢把这事给

~。"

搅马勺 本篇指一锅吃饭，意为一家人。"现在俩人都好得一锅~了！"

搅屎棍子 辱骂纠缠不清的人。"你舅这个~，什么也不干，专门挑毛病，捣乱！"

矫情 1.不讲理，不认错，胡搅蛮缠。"也怕别人说我~。"（《雍正皇帝》中册）2.遇事不好说话。"她可~，你别叫她挑出礼来。"

脚巴丫子（脚丫儿） 脚。"子""儿"都有感情色彩，"子"指一般大人脚，"儿"有亲昵之意。"那两小~，胖乎乎的，多好看。"

脚脖子 脚踝。

脚不沾地儿 形容特别忙碌。"你看他忙得~。"

脚打后脑勺 比喻忙得不可开交的样子。"一到休息日，这家务事和孩子就把我忙得~，哪有工夫去玩！"

脚底板儿 脚掌。"他~生个疮，没法走路。"

脚孤拐 大脚趾旁凸出的部分。

"皮鞋太瘦，~疼。"

脚肤面 脚面突出的部分。"我的~高，穿不了这种瘦鞋。"

脚后跟拴绳子——拉倒 比喻相互间的关系破裂。"姑娘家要那么多的财礼，咱哪有那个条件，干脆~吧！"

脚劲儿 指腿能走路的力气。"我虽然岁数大了，但~还行。"

脚缆筋 脚腕后部的筋。

脚前脚后 时间相差无几。"你来，他刚走，~。"

脚上泡自己走的 喻自作自受。"他有今天这后果，是~！"

脚踪儿 脚迹，脚步。"我真是跟不上你的~了。"（《乾隆皇帝》五册p.42）"他是踩着她的~走啊！（即她走什么路，怎么走，他也跟着怎么走）""这些年来，这屋也没有他的~。（指总也不来）"

脚正不怕鞋歪 走得正、行得正。不怕别人造谣议论。"我什么也不怕，~，爱怎么议论怎么议论！"

较比 比较。"这儿的气温~低。"

嚼争 不服气而反驳，辩理。"你还~什么，你摆的那些都是歪理。"

叫白了 一语道出实质。"什么叫'友谊'往来？~就是行贿！"

叫不动 支派不了，支使不动。"他架子大了，~他啦！"

叫春 动物发情时的呼叫。

叫得响 有权威。"老局长在他们系统是~的人物。"

叫好听的 开玩笑时说的话。一方战胜，对对方说此话。即叫出高一辈分的称呼如叔、爸、爷等。

叫号 大声喊叫，向对方挑动。"这事是你不对，你和人家~，到外边支巴（打架），这多不好！"

叫唤 叫、找。"你去~他一声。"

叫魂儿 旧时迷信，孩子有病在荒僻处叫病孩子名字，意即换魂回家。现已无此举动，但还用以比喻。"你喊什么，~似的！"

叫劲儿 1.比赛。"他俩叫上劲儿啦，看谁行！" 2.抗拒。"他敢跟我~，能有他的好！"3.加劲儿。"几个人一~，车子就上了坡。"4.指够劲儿。"真冷啊，这几天叫上劲儿啦！"

叫勺 饭店炒菜师傅炒成菜时敲击炒勺以示做好，招呼服务员上菜。

叫真儿 认真。"他的老传统还是没改，对什么都~。"

叫子 哨儿。

接长补短儿 经常接济。"我虽然困难，可街坊邻居都很好，~的，没少帮助我。"

接茬儿 接着别人的话讲下去，有衔接性。"他们俩的话，也不~呀！"

接短儿 不足时帮忙。"到月末没钱花，邻居们没少~！"

揭锅 掀开锅盖，比喻揭示事情的结果或秘密。"不到~那天，谁也不知道结果会怎么样。"

揭过去 事情已过，不必再提。"过去再不好，就~，两家再重新开始处，不好吗？！"

街道上 指胡同里的居委会。"老王他老伴在~帮忙。"

街坊 邻居。"我家和她家是老~。"

街坊四邻 邻居。"~都处的挺好。"

节下 过节或靠近节日的时候。"大~的，谁家不买点好吃的东西呀！"

结了 争论时赞扬对方的话。"这不~，早这么想，就用不着费这口舌了。"

解饱 即解饿，"解饱""解饿"含义相同。"吃土豆也~。"

解馋 满足馋的欲望。"孩子们一个月回来一次，就包顿饺子解解馋。"

解恨 消除心中的愤恨。"把这个坏人处置了，老百姓都挺~。"

解渴 喝水解渴之外，还借喻经济上或其他某种渴求的解决。"这个报告挺~，把我在果树栽培中的问题解释得清清楚楚。"

解扣儿 比喻解除怨恨。"大伙给说合着，这两人总算解了扣儿。"

解心焦 排解心中烦闷。"在家生气，我就出来走走，~呗！"

解心宽儿 消除愁闷，使之宽慰。"他病了这么长时间，我不乐观点行吗，自己找乐子，～呗！"

姐儿 姐妹。"你们～几个一块儿来串门。"

裙子 小孩尿布。

界壁邻右 周边的邻居。"这些年～老哥老姐们没少帮我。"

借壁儿 隔一道墙紧邻。"他家～就是图书馆。"

借光儿 比喻凭借别人的名声、地位、荣誉而得到好处。"他是借了他当官的老爸的光才得到这份合同的，这算不算腐败？"

借酒盖脸 借着酒劲儿盖住脸面把平时不好说出的话说出来。"我今天～，提出这个要求，你不会生气吧！"

借老劲了 得到非常有力的帮助。"这孩子没白吃饭，干个什么活儿，～！"

借您吉言 借您说的好话，从此走运之意。"您净说好的，～吧！"

借坡下驴 喻指借个台阶。"给个机会，他～，就解决了。"

借仙气儿 比喻借别人的光，自己提高。"他脑子聪明，学习好，我常和他往来，也是要借点仙气儿吧！"

借因由儿 指表面为某事，实为另一目的。"他说是去借书，实际上是～去看她呗！"

借这个百 1.借光。"陪她去看病，～我也看看北京城。" 2.加上这个因素。"小偷给吓了一下，～就没好起来，还一天天重了。"

价 1.助词。用在否定副词后："不～""别～"。2.某些副词之后无实意，只起助词作用："成天～忙""成年～跑外"。

今儿个 今天。"～冷得邪乎。"（《雍正皇帝》中册）

今儿下晚儿 今天晚上。"他～，才能到。"

金糕 山楂糕。

金贵 珍重、贵重。"这戒指是她最～的稀罕物。"

筋道 食物有韧性，耐嚼。"荞面卷子～。"

筋疙瘩 磕、碰、扭伤使体液在皮里肉外，储驻成小包，也叫"筋包儿"一般不疼，有的也疼。

筋筋道道 同"筋道"。

筋头 牛、羊肉中没有肉丝只有筋的部分。

筋头巴脑 统称肉中不精的有筋有皮的部分，一般可炖吃。

禁吃 耐吃。"还是馒头~，我们家一顿一斤馒头吃不了；要是下面条，得二斤！"

禁磕碰儿 原指物件耐用，不怕碰，喻指人老练，禁得起各种考验。"这小青年~啦，不像以前那么毛手毛脚，有点风吹草动就倒下啦！"

禁脏 耐脏。"其实，黑色的衣服更不~。"

紧 1.把整块的肉放在锅里煮。"你要烧肉，得先把肉~个七分熟，然后再切块儿红烧。"2.因病或过累，身体有一种不舒展的感觉也叫"紧"。"这几天也不知道什么原因，全身发~，后背也疼。"

紧帮帮 1.捆得很紧。"一个小行李卷叫他捆得~的。"2.家庭经济困难。"同样赚那些钱，不知为什么他那日子总过得~的。"

紧衬(紧趁) 1.衣服合体。"冬天的衣服~点好。" 2.紧凑。"两位爷住东屋，这么着~妥帖些。"（《乾隆皇帝》五册p.286）

紧出来 节约出来。"这月得~点钱，给孩子买双鞋，他那双鞋都露脚趾头了。"

紧赶慢赶 紧赶。"过春节了，~总算给孩子做了件新衣服。""他就坐刚开走这趟车，~也没赶上送他。"

紧关节要 非常重要的。"这可是~的时候，要准备好功课，还要注意身体啊！"

紧忙 赶快。"我怕出事，~回来了。"（《乾隆皇帝》三册p.256）

紧守 用钱节省。"日子得~着过，不能浪费。"

紧着 可着一方。"新年的礼品，先~离退休的老同志发。"

尽 最。"~上头""~里头""~把边""那条围巾在箱子~底下哪！"

尽管 总是。"有病早点看，~耽误着也不好。"

尽自 老是、总是。"这些日子~下雨。""事情已经过去了，~责备他也没用。"

近便 亲近。"弄点酒喝，我俩~~！"

近乎 接近，亲密。"他总跟我套~，我也不能一点儿也不理他。"

近视眼吃豆包——就看眼前一疙瘩 "豆包"是东北人爱吃的面食，用发面包豆馅作成。此处比喻人眼光短浅，不能长远打算。"这么做我看你就是~。"

近枝儿 血缘较近的。"咱们自己~子侄，自然肥水不流外人田。"（《乾隆皇帝》六册 p.146）

劲儿 词尾表状态。"热~，可受不了。""冷~，可受不了。"

劲劲儿的 有生气。"老头都八十岁了，还活得~。""老头老太太跳舞跳得~，唱歌也唱得~。"

精 1.聪明伶俐。"那孩子可~啦！" 2.特别。"~湿的裤子。""~细的脖子。""~瘦

的两个孩子。""输个~光。"

精气神儿 旺盛的精神、力气。"我瞧着皇上~一点也不见老。"（《乾隆皇帝》五册 p.125）

精神头儿 指精力。"虽然老了，~还够。"

惊醒 睡眠有响动时易醒来。"我睡觉~，有一点动静都知道。"

经过见过 谓经见广泛，阅历深，什么大场面，大势头都经过，不怕吓唬。"什么我没~！还怕你吓唬！"

经手三分肥 过手就占便宜。"旧社会做买卖那是~！"

井拔凉 大井的水特凉，称之为"井拔凉"。

净 老是这样，总是如此。"他~瞎扯。"

净意儿 故意。"把你的碗打了，我可不是~的。"

揪揪 没展开。"你帮她抻一抻，她衣服还~着哪！"

揪揪儿 泥垢经揉搓成小球或细条。"没时间洗澡，身上都能搓出泥~了。"

揪心 令人悲痛、焦虑。"那个老人哭得让人~。""儿女一出去不按时回来,当父母的就~。"

揪心扒肝 太少,太可怜。"我瞅着那娘俩~地吃那点东西,心里挺不是滋味。""你瞅拿这点东西吧,~的!"

揪心吧啦的 心疼,可怜。"瞅着那孩子~,没人管没人理,瘦的像小猴崽子似的,我心里不是滋味。"

纠扯 拉扯,缠绕。"我看见他们~着进了院子。"

酒疯儿 喝醉酒后言语行为失当,出丑。"这个小子,爱喝酒,喝了就要~。"

酒后无德 指醉酒后行为放荡,失却德性。"~的人干脆不该喝酒。"

酒色财气 嗜酒、好色、贪财、逗气,旧称这四事最能祸害人。"那时你叔不学好,~全占了,结果家产全败了,他还闹了个短命。"

酒糟鼻子 一种红鼻子的病,鼻尖出现鲜红斑点,逐渐变暗红,时间长,成小硬结。

韭菜花儿 韭菜长出的花,掐下捣碎成泥,吃肥肉时沾着吃。

久病床前无孝子 一般情况下可定,但很有例外。"都说~,可他对父亲一直耐心照顾。"

久后 以后,很久以后。"这事办得妥不妥,~就清楚了。"

就 进食时吃一种东西,再吃另一种为口味搭配,即佐餐、下酒。"饺子~酒,越吃越有。"

就和 将就。"这衣裳是有点短了,先~着穿吧,开学再做新的吧!""他虽然爱喝点酒,可人本质还挺好的,你就~他一下,慢慢再劝劝他吧!"

就坡儿下驴 给台阶就下,争吵时有人从中劝说,就给个面子不再争吵。"那天他俩吵得厉害,我正赶上劝了几句,他们也就~,拉倒了。"

就势儿 顺便之意。"你来时~把孩子带来。"

就手儿 顺手。"你把门关上,~把灯打开。"

拘 召集,集中,有某种强制之意。"我可把人都~来了,该你说啦!"

拘挛儿 手被冻僵,手指伸展不自如。"天太冷了戴手套也不行,手都冻~了。"

拘着 碍着。"要不是~在场的父亲,他早就甩手走了。"

拘住 拘束住不敢肆意而为。"有局长在席上,大家都~了,谁也不敢先动筷子。"

居易身养移体 地位改变气度,供养改变体质,谓人随着地位待遇的变化而变化。"小刚一结婚,再有个孩子,你就是奶奶婆婆、老太太了,~,你就少操心少嘴碎,享清福吧!"

举动儿 指办喜事、丧事的排场。"他儿子结婚,~不小啊!""又到他爸去世20年了,没听有什么~。"

举架 房屋的高度。"这房子~挺高的哪!"

锯哧 1.割。"这孩子拿个刀上床柜上~什么哪?"2.折磨。"要离就干脆,别用软刀子~人!"

圈 闭门不出。"这孩子在屋~的,脸都白了。"

卷 狠骂。"人家都准备结婚了,他还往人家里跑,哪天让人家给~出来了。"

卷刃儿 刀、剪碰硬物,刀刃伤损,卷边。

卷檐子 被奚落因而难堪,东北土语叫卷檐子。"他去借钱,叫人给~了!""派他去办这事,还不叫人给~了!"

觉乎 感觉。"穿这件羽绒服,还~有点冷呢!"

绝 1.好,顶好。"那高空表演,~了!"2.嘲讽很惹人反感的行为。"专在头顶当间剃出一条沟,这种发式,你说~不~。"

绝户头 骂人语,无子的老头,意指老了断绝了后代,断了香火。"暗骂这个老~。"(《乾隆皇帝》四册p.28)

撅 折断。"把柳枝~折。"

倔巴头 性子直,态度生硬的人。"他是个~,办不好这事,还是让个灵活点的人去办吧!"

倔巴子 性情很倔的人。"他是个~,可没坏心眼。"

倔打 生气的样子。"小姑娘生

气了，~~地走了。"

倔得哄　很倔的样子。"你看他~的，可爱帮助人啦！"

倔拉吧唧　倔。"小三~的，办不好还得砸锅，还是让小二去吧！"

K

喀嚓 1.搜刮钱财。"这不孝的儿女总来~老爹老娘,把个孩子扔给父母,也不给钱,父母的赡养费更甭提了。" 2.刮,削。"把窗框上的油渍~下去了。"

喀嚓点 办事利落、爽快。"要办就~,别慢慢腾腾的,容易节外生枝。"

卡巴儿 树分叉的地方。"小鸦的巢就架在树~上。"

卡巴裆 小肚子下边,两腿之间。

卡壳 遇到障碍。"工程在这~了。"

卡踤了 摔倒。"看住孩子,别让他~了!"

开大朝了 贬指开眼界。"她这回到北京来,可~!"

开弓没有回头箭 喻人办事认定方向,决不反悔。"你爸现在就得向前使劲儿,他是~!"

开锅 借喻喧闹的状态。"听说要去北京调演,一礼堂的人都热烈地鼓起掌来,有的还跳、大声笑,有的高声议论,顿时,礼堂里开了锅。"

开锅儿烂 形容肉、菜很嫩,锅开就好。"这肉食鸡很嫩,~!"

开壶 刚煮沸开水的壶,主要指沸水。"注意你手里的~,别烫了脚。"

开花馒头 一种面中加糖的馒头,顶部切成十字,蒸熟后像盛开的花朵。

开化儿 冬天过去春天来,天暖,冰雪融化。"这些天暖和了,都~了。"

开怀儿 生孩子。

开间 房间的宽度。"现在的新房都大~。"

开胶 木器有用胶粘合的(或胶鞋用胶粘合的)日久裂开,叫"开胶"。

开溜 偷偷走开。"他的讲话让人打瞌睡,有的人~了。"

开瓢儿 头被严重打破、打伤。"快去看看吧，小四儿叫人~啦！"

开气儿 衣服的两侧下摆按直缝所开的短口（现在一般开的较长），有的开在大衣后襟或前襟上。制作时叫"留~"。

开晴 指人生气、发怒后平息，多用于否定语气。"生气这么长时间了，还没~哪！"

开涮 失信、欺骗。"他叫我们五点在这等，现在都七点了，他还不来，这不是拿我们~吗？！"

开线 衣服缝线断裂开。"这衣服做工也太差了，穿了两天就~了。"

开心解闷 心中高兴解除烦闷。"整天陪着大孙子玩，这当爷爷的还不~！""这老了，单位还组织我们各处参观游览，让我们~。"

开言吐语 当众直率地说，不掩藏。"有什么疙瘩可结的，这不，~一说，不都明白了。"

看堆儿 看守货物或指留守人员。"工厂黄了，留一个~的。"

看家的本事 最有特长，最有把握的技能，平时不轻易展示。"这回我可拿出~了，我尽了全力了。"

坎肩儿 东北把凡是套在衣外的不管单、夹、棉的无袖的上衣统叫"坎肩儿"。

坎儿 1.地面上突出的土条条；砖石的突出处。"小河那边有个小土~，他在那坐着哪！"2.人生的厄变——有大病或遭遇祸事。"生活中总要过无数个~，哪有净走平路的。"

侃快 爽快、刚直。"他也是个~的人，合理的要求不会不答应。"

看得过眼 还可以，还行。"他那对象还~。"

看乐子 看笑话。"黑狗们一边~，一边解开皮带赶羊。"

看脸子 因对方不高兴而遭冷淡。"我就不能看人家的脸子。"

看三国掉眼泪——替古人担忧 《三国演义》一书生动感人，有人看过掉泪，但那是古代的事。此处比喻不必为不大相干的事而担忧。"人家小日子过得也可以,你何苦~!"

糠 多指萝卜失去水分,发空了,也指人身体虚弱,不壮实了。"这萝卜~了,不好吃了。""上了岁数,又不注意锻炼,身子骨儿越来越~了。"

糠饽饽儿 体格弱。"那男人~似的一身病,谁敢找他那样儿的呀!"

扛 挺得住。"吃牛肉好,牛肉~时候(禁饿)。"

扛大个儿 旧指装卸工。"他爷爷早年在车站~。"

抗得住 禁得住。"我虽然穿得少,但年轻,身子好,再冷,也~!"

抗灾 当替罪羊。"你闯祸了,叫我给你~!"

炕 在炉边或暖气上放,使之热或去水气。"这花生皮干了,在暖气上~一~。"

炕琴 放在炕上的储衣柜。"他的裤子在~里。"

靠边儿 合乎事实、情理。"他说这话还有点~。"

靠长儿 持久。"这个人干活挺

踏实,人也挺好,不知道他能~干不?"

靠盘儿 工作稳当,有秩序。"她这人干活挺~的,今天干什么,明天干什么有计划,还保证完成。"

靠色 颜色相近。

靠实 靠得住,实在。"家人要个~的跟着。"(《乾隆皇帝》五册p.272)

磕巴 口吃。"呼雨~道:九个,是九个。"(《小说月报》2000年第11期p.11)

磕打牙儿 1.闲唠嗑。"他们几个一没事就在一起闲~。"2.戏弄、开玩笑。"别没事总拿别人~。"

磕磕巴巴 说话不流利。"高中毕业,怎么念个报还~的。"

磕磕绊绊 1.生活中的沟沟坎坎。"人这一辈子难免会有个~的,能吸取教训就好。"2.因路不平或腿不好而走不稳。"他的脑病虽然见好,但走路还是~的。"

磕碰儿 说话做事引起的矛盾、冲突。"谁和谁难免有些~,舌头还碰牙呢！"

磕头虫 原指一种会叩头的小昆虫，借喻人到处致欠、致谢。"我到处想办法，到处磕头，都成~了，才筹集这么点钱，你说怎么办！"

磕膝盖 膝盖。

坷拉 土块。"打土~。"

砢碜 1.恶心、肉麻、难听。"大姑娘在媳妇群里或者男人圈里，什么脏话~话没有！" 2.羞辱、使人出丑。"唉，老萧，你别~我了，我可有什么经验哪，全是他妈的教训！"（浩然《艳阳天》第七二章）3.难看。

砢啦巴碜 同砢碜。

克化 消化食物。"上年岁了，吃肉都~不了啦！"

可 1.全部。"他老父亲去世时，~街的人都出来送葬。" 2.限定某种范围内。"先~着这个屋子住，不够住，再想办法。""先~岁数大的发。"

可不 表示同意。甲说："这几天天气真好，不冷不热。"乙答："~，正好这几天去旅游。"

可不是（可不是吗） 同"可不"，表附和、赞同。甲："老王家娶了个好儿媳妇。"乙："~吗？！"甲："这场雨下得及时呀！"乙："~！"

可倒 同"倒"埋怨语气。"大伙儿都在忙，你~好，跑这抽烟儿来了。"

可丁可卯 正好。"这饭做的一点儿没剩，~！"

可劲儿 死劲。"那个农场活多，粮食充足，工人能~干活，也能~吃饭。""几个孩子到了姑家不客气，冰箱里的东西~吃！"

可怜巴见儿的 可怜。"那孩子找不着他妈，哭得~。"

可哪打油飞 到处流浪，无所事事。"你总得让他有个固定的事做，不要~！"

可钱儿添脾气 官升脾气长。"不就是升了个副科长吗，怎么~，回家啥也不干了？！"

可身儿 合身。

可汤儿下面 在某种范围内安排。"要去旅游的话，也是这些钱，咱们只能~，要求不能太高。"

117

可筒子灌 1.下雨衣裤全湿透。"正赶上大雨,也没带雨衣,这倒好,~!" 2.很多人同时拥进。"那天店里处理小电器,这一下那人,~!"

可惜了 值得惋惜。"刘墨林一个活东方朔,生不逢时,竟成了秋风钝秀才,~的。"(《雍正皇帝》中册p.162)

可以 1.超乎寻常,很厉害。"这天儿,冷得~。" 2.斥责其过分。"你也真够~的,跑到我们家来闹来啦!"

可有宗(可有一宗) 用于转折语气,有言在先之意,前句肯定后句提条件。"你去他家一趟也行,~,你可不许跟他说什么,更不能打架。""我现在不当家了,也不干涉家里的事,~,把这份家产糟蹋了,我不能同意。"

可着屁股裁裤子 意为在可能的条件下安排做事,不超越可能。裤子为小孩尿布。"咱们就来个~,婚礼尽量节约,别超支。"

嗑 咬。"衣服都叫虫子给~了。"

骒马上不了阵 骒马:母马。母马不能上阵打仗,这是旧时的说法。现在妇女半边天,不少男人能干的事,妇女也能干。

剋 1.斥骂。"月考有两门不及格,回家非挨~不可。" 2.抠出来。"小别针掉到地板缝里了,得把它~出来。"

啃青 庄稼未长成就拿来吃,也指牲畜吃青苗。

裉衿儿(肯劲儿) 关键时刻,关键地方。"到了这个~,你还不出面,事情办砸了怎办!""现在正是'扫黄打黑'的~。"

掯 按住。"他要动手,我一下把他~住了。"

坑稀了 坑害到极点、坑坏了。"他有困难,我们借钱给他,借了就不还。他把我们~。"

吭哧 形容做事费力。"这篇文真难做呀!他~了半天也没~出来。"

吭哧瘪肚 十分用力很费劲儿的样子。"游客~地推车,也形成了天池峡谷间一幅罕见的'胜景'。""你瞅你~的,到底咋办哪！"

吭唧 小孩要东西没得到满足，发出的声音。

吭吭唧唧 不断的吭唧。"你总这么~的，多烦人哪！"

空棺材出殡——目（木）中无人 指人骄傲自大，看不起别人。"你还推荐他，他骄傲到什么程度你知道吗？他是~！"

空手套白狼 无本而得利。"办这个蔬菜大棚，他一分钱也没有，就靠老同学帮忙，~一点一点发展起来的。"

空膛儿 物体中间是空的，未装何物。"那屋是~的，既没住人也没东西。"

空得落 显得很空。"他们一搬走，这院~的。"

孔夫子搬家——净是输（书） 讽刺人总失败。"他还总爱打麻将，他老婆说他是~！"

孔夫子的徒弟——净是闲（贤）人 孔夫子是古代著名教育家，弟子都是贤人。"闲"与"贤"谐音，讽刺有的人什么也不干游手好闲。"咱们家呀那可是~！"

空心儿 贴身没穿小衣服。"他~穿棉袄。"

空肚子 指饭前。"这药要~吃。"

空落落 1.空旷冷落。"落"变读。"这小院就我们两家，他们一搬走，就显得~的。"2.肚子饿。"要睡得晚，赶上给小三等门，这肚子里就~的。"

空儿 尚未占用的地方和时间。"这柜子还有点~，你放棉衣吧。""闲~时来我家玩吧！"

抠哧 1.用手指或细小的东西挖。"脸上有个小疙瘩，他总拿手~它。"2.比喻钻研。"这两道题，~了半天，总算弄出来了。"

抠抠唆唆 小气，不大方。"这人办事~的，叫人看不惯。"

抠了巴唧 吝啬，小气，"巴唧"无实体意义，只表示贬义。"这个人~的，你还上他家吃饭！"

抠门儿 吝啬。"这老头儿~，天天喝白水，连茶叶也舍不得买一两。"

抠手 物体微小，不易操作。"这根头发上要刻出多少字来，多~哇！"

抠唆 掏挖、吝啬。"他又从媳妇手里~点钱买烟。""该花的钱就不能~！"

眍喽眼儿 眼皮深陷，是疲劳与虚弱所致。"用功也得掌握好休息，你看，开夜车开得都~了。"

口白 做菜肴的牛舌。

口挪肚攒 从嘴里节约，一点一滴地积攒钱。"这些年她~地存下点钱，不都是为了这孩子上学嘛。"

口头福儿 享用好吃食的运气。"你真有~，今天吃饺子，尝尝你嫂子的手艺！"

口小吃少 担心吃得少。"她那份疼孩子劲儿，吃东西很怕孩子~了。"

扣 陷阱。"这又是他潘五爷作的~！"

扣斗子 翻个儿。"那孩子坐得太危险，小心~摔下来！"

窟窿桥 陷阱，害人的圈套。"他净给你~让你上。""他摆了~，叫你上你就上！"

哭不上溜 哭都不管用。"你现在不把孩子教育好，长大出问题，你哭都哭不上溜了！"

哭黄天 形容哭到极点。"出事~也没用。"（《乾隆皇帝》五册 p.270）

哭咧咧儿 小孩爱哭，小声哭不止。"这个~（爱哭咧咧的小孩）来了！"

苦巴苦曳 苦熬苦做。"没有了你爸，你妈~地把你们养大，现在正该好好孝顺孝顺她了！"

苦不阴儿 有点苦。"这个瓜怎么有点~的。"

苦哈哈 非常困苦的人。"他~的，你还上他那吃饭。"

苦害 伤害，坑害。"你怎么~你姐姐呀，小时候她净抱着你，哄你玩呀！"

苦了巴唧 苦，用"巴唧"表嫌恶之情。"这东西怎么~的，能吃吗？"

裤兜子 裤裆。"那天他肚子不好，把~都弄脏了。"

裤裆里放屁——两岔（岔）了
比喻事情发展出了差头，不尽如人意。"事情怎么办成这样了呢，这不是~吗？"

裤腰带没眼——系（记）不住

歇后语，记性不好。"对不起，你这话我是~！"

库儿　有中空的短管。"你把竹竿插到床边那个竹~里，好往竿上挂蚊帐。"

垮嚓　重物跌落声。"那大箱子~一声掉下来了。"

挎兜　口袋。"~里装着书。"

侉　说话带地方方音，穿着颜色不搭配。"那人说话有点~，让人听不清。""那衣服穿得太~。"

胯兜　东北人称上衣下边和裤子上边的口袋为~。

胯骨轴儿　腰胯间的髋骨。

挎　在胳膊上挎着。"老太太~着个小筐。"

舀　用碗、勺等工具取水。"~水。"

块儿　地方。"我们那~也有超市。"

块头儿　身体胖瘦。"他哥是个大~，二百多斤重。"

筷笼子　放筷子的筒。

筷头　筷子下端。"这小家伙知道滋味了，给他尝尝~。"

宽房大屋　住房宽绰。"现在~住着，和过去的小窄屋比，多享福！"

宽汤儿　汤多。"咱们吃~面，好吧！"

旷花　花钱浪费。"我都是数着钱过日子，哪有~的。"

捆着发麻，吊着发木　意即怎么做都不合适，左右为难。"去看病吧，钱太多；不去看吧，病要发展怎办，真是~！"

亏害　让人吃亏。"咱们不能吃亏，可也不能~别人。"

亏心　有福的反意，意为应得到的而得不到。"你爸真~哪！临死要喝上一碗小米粥都没有，那时谁家不挨饿呀！""妈说，我死了也不~，好吃也吃了，好房子也住了，儿女都孝顺。"

L

拉 闲谈。"闲~话""~家常。"

拉巴 帮助，辛勤抚养。"那时，他爷爷没少~咱们。""我是我姑~大的。"

拉不下脸来 不愿意，碍于情面不便说。"她就是~说他，批评他，所以他才发展到今天这样。"

拉不下屎来怨茅楼 讽喻那些只埋怨客观不注意主观努力的人。"这孩子总说老师教得不好，可班里不一样有学习好的学生吗？这是~！"

拉叉 肢体伸张开。"一不小心，四脚~地跌到地上。"

拉扯 养育。"你父母去世后，这些年你~弟弟妹妹有功啊！"

拉蛋鸡 形容人丢三落四。

拉弓射箭——照直嘣 比喻说话办事直来直去，不绕弯儿。"你就~，直说吧！"

拉钩上吊 孩童用小指相钩，表誓永不反悔此作引申意。"那咱俩可就算~，绝对不能再向外说啊。"（《小说月报》2001年第1期p.56）

拉后抽屉儿 已决定的事情反悔。"你都同意我们去了，怎么又~了？！"

拉开磴 拉开距离，均匀开。"给你带的东西，你~吃。"

拉胯 1.形容累到极点。"我今天跑一趟东陵，骑自行车骑个来回，可把我累~了。" 2.有病、身体极度虚弱。"小三他爸病得不行了，走道儿都~了。"

拉老婆舌头 传闲话，挑拨邻里关系。"你一个小姑娘，怎么也学着~！"

拉偏架 劝架时故意挡住一方，让另一方打。"那些人表面说是劝解，实际是~！"

拉屎攥拳头——瞎使劲儿 比喻干事白费劲儿。"你该上这头来帮忙，在那头那不是~！"

122

拉晚儿　夜间出车。"一台车，白天自己开，请人~。"

拉稀　办不成事情或把事情搞糟。"你交给他办事，他办事净~。"

拉线的　黑话，侦察。"我一眼看出那是个警察，~。"

拉硬　原本无能，硬充有力。"本来他们队输得够惨了，还~，要再比。"

拉硬屎　本来办不到，还逞能。"他都穷得叮当响了，还~，要请人吃饭！"

拉主道　热情接待顾客，使下次再光顾。也比喻人际关系的周与否。"你这么使劲儿灌酒，我下次还敢再来吗，你这是不~呀！"

捌子　祸事。"你别给家惹~了，你爹妈够为你操心的了！""还是小心为好，整出~对谁也不好。"

砬子　山上高丛的大石，东北多处用"砬子"做地名"白石~"。

喇叉　泼辣。"那姑娘~，说这钱就是不能给，小三就没敢胡搅蛮缠。""小媳妇可~，什么话都敢说，男人也斗不过她。"

拉巴　表面不平滑。"这块木头太~，得刨一刨或者拿砂纸打一打。"

拉嘎　为了达到某种目的，而去与人谈话、聊，有找寻商议之意。"他~了半天，也没找到买主。"

拉拉　接连不断地往下滴。"这孩子怎么总~尿，是不是有毛病了？"

拉拉巴巴　同"拉巴"。

拉拉蛋　原指鸡到处下蛋，喻指人到处扔东西。"这扔本书，那扔个裤子，这孩子怎么可哪~！"

拉拉秧　随处可见的一种野生攀附植物的俗称。

拉拉脸　沉着脸，多指生气时。"他整天~，没一点笑容，不知谁惹了他。"

拉破　割破。"手指~，出血了。"

拉忽　大意，不细心。"你们也太~，怎么钥匙没拔就走了。"

拉拉忽忽　见"拉忽"。"这孩子怎么~的，刚才找不着自己的小包了，这会儿又把车钥匙丢了。"

落空 在某方面上欠缺礼节。"他姐姐从国外回来，我怎么就没去看望一下，落了一空！"

腊八醋 腊八儿这天要做"腊八醋"即用醋泡蒜瓣，留春节时吃饺子用。

蜡头不高 借蜡头不高喻年纪不小，余年不多了。"我七十了，这蜡头也不高了！"

辣气 俗指志气、魄力。"他那个人没～！"

辣实 形容人厉害，有手段，不好惹。"那小媳妇～，谁也不敢惹她。"

来不来 动不动。"人不大，～地支使起人来了！"

来劲儿 1.有劲儿。"越干越～。"2.生气、赌气。"动不动就～！"（生气）

裂 扯、撕。"墙上糊的纸都叫这小孩给～下来了。"

勒玄 吹牛，说玄虚的话。"他就好～，没有实话！"

勒大玄 胡编乱造，撒大谎，吹大牛。"你听他～，他连火车都没坐过，还坐飞机上天？！"

赖巴求食 厚着脸皮向人求乞。"没钱，没地方住，～地就在他姐家待着。"

赖不着主儿 找不着可赖的人而硬赖。"你没看见谁碰你，你就说是我碰的，别～！"

癞狗扶不上墙头 形容人不上进，别人帮也不行。"她还想让儿子上大学？她儿子是～，一天就知道吃好的睡懒觉。"

癞狗嚎门 蔑指有人喊唱难听。"他在那扯嗓子唱什么哪，～！"

癞瓜 借指小儿撒娇。"你是个小～！"

癞蛤蟆打哈气——雾不大，口气不小 歇后语，喻指人说话口气大。"这孩子对长辈怎么说话呢，你这是～啊！"

癞蛤蟆蹲马路——硬装小吉普 比喻人不懂装懂。"他哪里是什么专家，他那是～！"

癞蛤蟆掉井里——不懂（扑通） "不懂"与"扑通"谐音。喻人对事情不明白，不懂。"隔行如隔山，这种学问我是～！"

癞蛤蟆带腰刀——忒嘞兵一个
"忒嘞"脏、不整洁。癞蛤蟆脏、丑，再带上古代的兵刀，就是忒嘞兵了。喻人行为拖拉、穿着不整。"穿上不合身的衣裤，背个大包又围上这个长围巾，简直是~！"

癞蛤蟆打苍蝇——将供嘴 癞蛤蟆嘴大，苍蝇体小，所以将供上吃。比喻东西少，将够用。"那些年赚那点工资也就~。"

癞蛤蟆掉灶坑——憋气又窝火
歇后语，指遇事失败而上火。"这事他办砸了，所以他现在是~！"

癞蛤蟆没毛——随根 俏皮话，喻指遗传的准确性。"他爸不到40岁就秃顶了，你看他刚到40，头顶上也没毛了，真是~！"

癞蛤蟆上脚背——不咬人恶心人
比喻使人恶心。"这事办得是~！"

懒散 粗心，不经心，乱放东西。"这个~鬼，帽子刚找着，手套又找不着了。"

拦高兴 委婉地否定。"不是我拦你高兴，最好不坐飞机，一听你坐飞机老妈这觉就睡不着了。"

蓝洼洼 很艳很浓的蓝色。"那湖水~地真好看！"

蓝盈盈 （蓝莹莹）蓝得发亮。"天，~的。"

懒得油瓶倒了都不扶 形容人特懒。"那时他~，现在有媳妇了，可勤快了！"

懒龙 一种面食，和好的面擀成大片，摊上菜馅，后卷成长条，卧在蒸屉里，像条盘龙。因不必一个个捏成包子或饺子，形象又像龙故称~。吃时切成段。

懒驴上磨，屎尿多 比喻人不愿干活或要干活时杂事太多。"要干活了，你上厕所。早干什么来着。真是~。"

烂木头刻戳——不是那块料 歇后语，意为不能成材。"你叫他上大学，他是~！"

烂三 指行为不端，爱和男人乱来的女人。

郎当 1.吊着、摇着。"那衣服，裤子，领带就搁绳子上~着，不洗也不拿下来。"2.挂零。"那小伙子也就二十~岁，还留了两撇小胡。"

狼藏狈掖 把东西隐藏起来，不让人发现。"他妈活着的时候，~地，给了他多少好东西。"

狼犺 吃饭太多太快，吃相不好。"这孩子吃饭太~。"

狼掏了 讥讽人的物件散乱，破烂或被撕烂。"哪有这么干活的，衣裳弄得像~似的。"

狼一群狗一伙 一群一伙，不干正事专算计人的人。"朕深知你的，一是不擅权……也不植党，~的营造势力。"（《乾隆皇帝》六册p.179）

狼抓了 讥讽人怪叫。"你把我吓一跳，怎么像~似的，这个怪声。"

浪 1.指妇女又风骚又放荡。"这女的太~，别招惹她。" 2.逛。"不干正经事，到处去~！"

浪不丢的 有些放荡但又有节制。"这些戏子们拿了扇子手绢那么一扭，~，唱腔那么一甩，得给客栈招来多少人哪！"（《小说月报》2001年第2期p.29）

捞梢 得到机会受益。"在外边累得够呛，回家来~睡了一大觉。"

牢实 牢靠，稳固。"你只管把这个电话记~了。我跑了和尚跑不了庙。"（《小说月报》2001年第1期p.58）

劳金 旧称雇工。"那时我爸还是他们家的~！"

痨病鬼儿 指有病虚弱的人，不一定真有痨病，多含贬义。"她们家有个~，还能好？"

痨病鬼擦胭粉——强打精神 痨病在旧时是致命的病，患者还要擦粉，显然是强打精神。喻人勉强提起精神。"他们的企业已经不行了，现在不过是~！"

痨病腔子 同"痨病鬼儿"，有时专指痨病（即肺结核）。"那是个~，能干什么活！"

老 很多、极多。"赔~了钱了。""去了~了人啦。""帮~忙了。""~好了。"

老八板儿 执拗地遵守旧礼的人。"王奶奶是个~，看不惯有些年轻人的轻浮。"

老半天 较长一段时间。"~坐着，一声没有。"

老帮子 蔑称老年人，或自称自

己年老不行事。"我这个~有时还有点用,是不!"

老报子 正孵蛋的老母鸡。

老鼻子 很多很多。"今年收的果子~啦!"

老鳖放屁——凑(臭)合(河)
老鳖放屁当然河里臭了。意指办事情将就之意。"这个人也不太胜任,先是~吧!"

老财儿 旧指财主、主要指地主。

老成 1.面相老。"他长得~,其实他才三十岁!" 2.办事稳。"这人挺~持重的!"

老倒子 不合潮流,也贬称倒卖货物的人。"这次回来看什么都不认得了,真变成~了!"

老到 老练,办事稳妥周到。"别看他岁数小,人倒挺~的。"

老叼 起重机。

老犊子 骂人语。(对年老的人)"这个~把我吓一跳。"

老儿子娶媳妇——大事完毕
旧时依长幼成婚,老儿子最后结婚。当然是大功告成了。喻某项工程或事完成了。"这个项目历时三年,现在是~了。"

老疙瘩 最小的儿女,对老叔等也称此。"那年他妈41岁,生下这个~!""你们奶奶有病,没见~呢!"(《老叔》)

老赶 对新生的、先进的事物接触少,跟不上形势发展,因而酿出笑话。"穿着打扮,我可是~。"

老胳臂老腿儿 指年老。"这点路,我这~还走得动。"

老哥儿们 1.年纪大的亲朋兄弟间的称呼。"咱们都是~啦,没说的。" 2.嘲讽人时称呼。"咱们可都有个像样儿的家啦,就剩你~一个啦!"

老公公背着儿媳妇——费力不讨好 喻指人做事无功反受责备。"我这是为什么,天天帮你们做饭,还说我不注意休息,我这不是~吗?!"

老姑娘 1.指已逾婚令尚未成婚的女子。 2.女儿中排行最小的。"大姑娘、二姑娘在医院工作,~是小学教师。"

老骨头,老棒的 形容年老。"我这~的,已经禁不起折腾了。"

老古板 守旧的人。"这姑娘有

点~，你不要介意。"

老鸹（老娃子） 乌鸦。

老鸹落在猪身上——只看人家黑不见自己黑 喻人只见别人不足，而不能自我批评。"你别~，也该好好检讨自己。"

老棺材瓢子 谩骂老人之词，老死入棺，即为瓢，此处称老人已死之意，是对老人不敬的下流话。

老好 特别好。"那货卖得~了！"

老虎打盹 老虎很精明，精力充沛，也有困的时候，意为再精明的人也有疏忽。"老虎还有打盹的时候，丢点就丢点，别太埋怨孩子啦。"

老虎吃蚂蚱——不够塞牙缝 老虎体形大，食量也大，吃小小的蚂蚱当然牙缝儿都塞不满。"就准备这点饭哪！老虎吃蚂蚱还不够塞牙缝哪！"

老虎拉车——谁敢（赶） 老虎是很凶猛的动物，上套拉车，谁敢驾驭？形容人不敢去做某件事。"要我去顶撞他？~哪！"

老家贼 （家雀）麻雀。

老街旧邻 多年的老邻居。"咱们都是~，他是我看着长大的。"

老姐妹儿 老年妇女之间多年的友好关系。"我跟张大姐、李二婶儿都是~了，比亲姐们儿还亲。"

老客 旧时到处游走的买卖人。"哎，~，请里头坐，又干净又敞亮，打个尖儿，再走路。"（《康熙皇帝》三册p.258）

老嗑儿 多年前的事物、风俗人情。"老姐姐一来就没完没了地唠起那些~来。"

老抠 很小气。"他是个~！"

老扠 戏称老婆，有时也贬称老女人。

老来俏 指妇女年老仍喜欢打扮。"现在生活好了，上年纪的也喜欢~了。"

老妈猴子 吓唬小孩的一种虚拟的动物，小孩淘气，大人就说："~来了"，使小孩害怕。是一种不良的做法。

老妈妈论儿 老婆婆们的说法。"那些~就得破除了什么八字不对不能结婚，什么鸡猴不到头，这都是迷信。"

老妈子抱孩子——人家的 老妈子是旧时对保姆的称呼。给主人看孩子，显然不是自己的。喻指东西不是自己的。"这件衣服是好看，可惜这是～！"

老猫房上睡一辈传一辈 喻指家风、习俗等辈辈相传。"他爸活着时对老奶奶孝顺，他又对他妈特别好，真是～！"

老没正经（老不正经） 嘲讽年老仍然喜欢开玩笑，特别牵涉男女关系的事。"这老头～，老说些下道儿的话。"

老模喀嚓眼 形容难看的老相，贬人时用。"你们年轻人照吧，我这～的，照出相片来也不好看。"

老母猪跟牛顶架——拉拉脸造 "造"方言，蛮干。"顶架"用角相抵。"拉拉脸"绷着脸。老母猪顶不过牛，只得豁出去。喻指紧急时刻，势不力敌就拼了。"咱们这个队根本不是人家的对手，没办法就～！"

老母猪拱谷瘪子——上当了 "谷瘪子"指没成的谷粒或脱粒后的谷壳。喻指上当受骗。

老母猪供门帘——嘴先进 猪嘴长，拱门帘，嘴先进。喻指人嘴说得好，行动跟不上。"他是～。哪件事他说了就办了的？"

老母猪嚼碗碴子，满嘴净是瓷（词）儿 歇后语，意为会说话。"你这丫头嘴茬子多厉害，真是～！"

老娘 姥姥，外祖母。

老娘婆 旧时称接生婆。

老娘儿们 指妇人，含轻蔑之意。"这些～就是嘴碎！"

老人不死赛过贼 "贼"借用变读，意为老人经历多，有处事办法。"有些事就得和爹妈参考，不是说～吗？"

老人儿 工作多年的人或老邻居。"都是～了，在一起互相了解。"

老实巴交 忠厚纯朴、谨慎胆小。"老张是个～的人。"

老实儿地 老老实实地，重读"实"。"～坐着，别乱动，我去给你做饭！"

老鼠爬秤钩——自己称自己 喻自我吹捧。"他这段讲话全是

~！"

老死凿儿　固执，极端认真的人。"他是个~，什么事你得说清楚他才能办好。"

老太太踩鸡屎——全抿　老太太小脚走路一拧一拧，踩到鸡屎上当然全抿掉了。喻比别人都好。"他家的孩子可说是~！"

老太太穿老头的鞋——甭提了

老太太脚小，老头的鞋大，穿上就不用提鞋了。喻事情不顺，不愿提起。有时也指好得不得了。"那些事都过去了，就~！""那风景好的是~。"

老太太过年——一年不如一年

意为老年人年岁逐年提高，体质逐年下降。"这可应了那句老话：~。"

老太太靠墙喝粥——背壁（卑鄙）无齿（无耻）下流　借用诙谐的语言，喻指社会上有些人的不道德言行。"哎！你别挑他了。这小子一贯是~。"

老太太擤鼻涕——手拿把掐　歇后语，喻指办事有把握。"他干这点活，那不是~！"

老太太擤大鼻涕——甩了你　歇后语，形容被人抛弃。"跟小冯争个脸红脖子粗算什么本事，小冯又没说~。"

老太太钻被窝儿　旧时孩子滑冰时一种动作，滑行后段，双腿向前，上身后仰，坐下去。

老天拔地　老态龙钟。"我~的，还能和你们年轻人比！""~的，也上不了鞍了。"（《乾隆皇帝》二册 p.264）

老天爷饿不死瞎家雀　意为天无绝人之路，只要努力肯定有出路。"~，咱们再多帮帮他，他自己再使使劲儿，情况会好转的。"

老头巴相　喻指年轻人老相。"他长得~的，和我姐可不般配。"

老头儿乐　竹制的搔痒痒的用具。

老小孩儿　年老的人发许多小孩儿的脾气。如爱生气、计较小事、愿意让人说好话等，需子孙像哄小孩一样哄着。"真是~，他还让他孙子哄他！"

老小儿　一般指老儿子。"他是他们家~！"

老爷 外公，外祖父。

老爷儿 太阳。"这~还挺高呢，再走一段。"

老爷们儿 男子。与"老娘们"相对。"一个~动不动就掉眼泪，像话吗？""挺大的~干点什么不能养家糊口！"

老爷子 1.尊称年老的男子。2.对人称自己或对方的年老的父亲。

老油条 处事圆滑的人。"你不用担心他，他是个~了！"

姥姥不疼，舅舅不爱 喻指谁也不喜欢。（连最亲的姥姥、舅舅都不爱，何况别人）"这孩子天生~的孩子。"

老鹞子吃鸡毛——檀肚子
"老鹞子"指鹰，东北的叫法。"檀"填满。吃鸡毛只能填肚不能解饱。喻指人只能聊解饥肠。"那时候（指旧时）各家都是~！"

老远山西 喻指很远处。"我~地把你请来，就为这事。"

老杂毛 骂人语，多是骂老人。"潘五爷这个~，怎么老来搅和！"

老丈人 岳父。

老猪腰子 铁定的主意。"这小子非这么做不可，不是脑子有病就是早有了~！"

唠扯 闲谈。

唠嗑儿 闲谈、聊天。"嗑都唠散了。""边吃酒边听戏~。"（《乾隆皇帝》二册p.140）

落 1.得到。"末后了~了个处分。" 2.栖。"鸽子~在房上。" 3.降或灭。"太阳~了。""粮食~价了。""炉子~了。"

落不是 挨批评。"把我忙活得够呛还落了一身不是。"

落地儿 指脚着地。"坐上飞机心就悬着，飞机~了，这才踏实。"

落架 喻家业败落如房架倒塌。

落脚儿 临时休息，下脚处。"你去昆明，到哪~？"

落开了 沸点的水放一会儿，叫"~"。"这壶水~了，不能沏茶。你要沏碗茶再烧个开儿。"

落炕 病得严重，不能从炕上起来。"她妈~好几年了，就这么姐儿几个侍候着。"

131

落忍 心里过意得去。"老麻烦这孩子,心里不~!"

落埋怨 遭到不满。"这事还让他自己做主,省了事后~。"

落配 败落。"他们家满清时当过大官,以后~了,到国民党时,已经穷得叮当响了。"

落儿 生活出路,维持生活的着落。"他那前儿没~的时候,你帮过他。""没着没~。"

落生 出生。"那小子一~就使劲儿哭,壮得像个小牛犊。"

落头 1.得到好处。"她要没~,她能替他们说话!" 2.利润。"你这小买卖,一年有多少~?"

落桌 众人吃饭,别人大部分吃完,指一两桌仍在吃,叫~。

落子 评剧的旧称。

捞 拽。"两人撕巴起来了,我上去~他一把,没~住,摔了个大跟头。"

捞忙 帮忙。"扎个围裙,你这是给谁~呢?"

捞秧的茄子——没长开 歇后语,形容人发育得不好。"你叔个矮,不就因为当时家境不好,属那~。"

勒得 不利落、不整洁。"你瞧你,衣服也不扣扣,裤子也净褶儿,鞋带也没了,怎这么~呢!"

勒得兵 同"勒得"。"你瞅你们几个人,衣不整,鞋不净的,一群~!"

嘞嘞 1.瞎传话。"你又跟她~啥呢!" 2.没完没了地讲。"王五钱没给他,你看他~没完。"

乐不得儿 非常愿意,恰合心意。"他不让我去,我正~哪。"

乐出鼻涕泡来 比喻高兴的样子。"这小子找这么贤惠的媳妇还不~!""小勇还不知道实验成功,知道了还不~!"

乐颠馅儿了 形容非常高兴的样子。"孙子考上了北京大学,把老头~了!"

乐和 快乐、和谐。"可看着真好,~!"(《小说月报》2001年第2期p.29)

乐子 1.快乐的事。"老年人要想长寿就得自己找~。" 2.值得乐的事。(有点幸灾乐祸)

"一块香蕉皮把好几个人摔了马趴,当这是~,一点同情心也没有。"

勒 搭理。"他爱怎的就怎的,甭~他!"

勒掯 1.尽力节约,硬挤着节省。"不该花的钱一个子儿也不能花,该花的也要~点花。" 2.搜刮。"我都穷得要吃不上饭了,你还~我!"

勒着 节约。"不要让他乱花钱,得~他点。"

累(借用) 瘾。"城里人上这钓鱼,就是有这口~!"

肋 不好。"他那货太~,谁买呀!"

肋巴扇 两肋。"前天骑自行车撞了一下,~疼。"

扔 歉收。"今年一夏一滴雨没有,五亩地全~了!"

冷丁 同下。

冷孤丁 同"冷不丁",没有思想准备,突然。"他正专心看一本小说,~有人推了他一下,把他吓了一跳。"

冷脸溻热脸 用温情去软化硬心肠。"她不答应,我就~地求她,还不是为着孩子的前途吗?!"

冷脸子 不热情,冷淡的脸色。"谁愿意看她那~。"

冷尿热屁 俗语。即冷时多尿,热时多屁。

愣 1.鲁莽、冒失。"~干""~走""~吃"。2.超乎常情。"一封告急信~送不出去。"(《乾隆皇帝》五册 p.166) 3.没成熟。"李子还~着哪。"

愣的乎的 形容一些人的长相和发愣发直的表现。"这是妇科病房,你这人怎么~闯进来了?!"

愣愣瞌瞌 发呆。"他就坐在那~,也不知心里有什么事。"

愣里愣怔 (愣愣怔怔)(愣儿八怔) 刚睡醒时神志不十分清楚的神态。"听到叫门,他~地从床上爬起来。"

愣神儿 发呆。"我一~怎么这东西就没了。"

愣头葱 鲁莽的人。"你这个~,怎么不看看是谁就打。"

愣头瞌脑 呆头呆脑的样子。"他~地闯进来了。"

愣头青 嘲讽鲁莽的人。"你这个~怎么不敲门就闯进来啦。"

里格儿棱 耍滑，玩手段。"你别跟我来这个~，你唬不了我！"

漓漓啦啦 1.液体随走随连续不断地滴。"盆漏，一盆水~洒了一道。""小雨~下了一天。"2.零散的固体随走随掉。"一小筐大豆让这孩子~撒了一地。"3.连绵不断。"嫂嫂~病了两多月。"

哩哩啰啰 说话不清楚且啰唆，也有时指东西多、长。"她~说了不少话，我也没听清几句。""我看她~抱一堆东西往家走。"

离不开身儿 不能离开，脱不开身。"她老伴有病，~，不能去。"

离不开手儿 离不开，多指看护小孩时。"孩子太小，~，哪也不能去。"

离不开眼儿 需要照看，一刻也不能离开。"这孩子太淘，照料不到磕了碰了怎么行，所以一刻也~。"

离股儿 物件接头的粘合裂开，出现缝隙。"这椅子面和靠儿~了，得赶快修修了。"

离怀 幼儿离开母亲。"那时她孩子还没~哪！"

离你八十五丈远 离你很远之意。"她~，怎么说她碰了你呢，你这孩子是不太矫情？！""你总说我住的近搅扰你，这回我~看你还怎么说？！"

离手儿 小孩不再时时需人照料。"孩子也~了，这不，她也想出来干点什么。"

离戏儿 诙谐。"老夫妻俩不时还来个小~，生活得挺有滋味儿的。"

篱笆墙儿 用篱笆（东北一般用细木棍，也有用砖砌成花墙）插（或砌）成的隔障。

里表 清楚、明白。"今天我就把这事整出个~来！"

里勾外连 自家人与外贼勾连。"那贼要不是和小三~，他们家能丢那么多东西。"

里首 里头。"他们家靠~。"

里外不是人儿 几方面都得罪

了。"我一心一意帮他们和好，倒闹得我~！"

里外里 几方面合计。"你给姥爷买了点心，姥爷给你二百元压岁钱，你还得了身新衣服，~还是你合算！"

里一半外一半 什物摆放不利落。"你把这东西装利索，扣上箱子扣，别弄得~的，丢了都不知道。"

立逼索拿 强迫马上就办。"干什么就~，等我腾出手来不行？！"

立刻量 马上、立刻。"一立秋，~就凉快了！"

立愣 因生气或情绪激动说话把眼睛瞪大。"你怎么一说话就~眼睛，改改不行！"

立马 立刻、马上。"我把东西都带来了，你看还缺啥，我打电话让孩子~往这送。"（《小说月报》2001年第1期《教师本是老实人》p.54）

立眉立眼 生气的表情。"谁也没招他惹他，他跟谁~的！"

立事 懂得人情事理。"小甜虽然二十好几了，可还不~！"

厉害 才智超常，褒义。"那大夫~，不管什么病他给抓几服药，吃了立马就好。"

俐手俐脚 没有孩子和家务纠缠，能脱开身。"她现在~的，孩子都大了，就她一个人。"

利索撒脚 同"俐手俐脚"。

力巴 外行。"干这个活儿，~不行。"

力巴头 同"力巴"。"他是个~，还装内行呢！"

连鬓胡子吃炒面——里挑外撅
嘴与鬓角相连的胡须很碍事。喻心术不正之人挑拨惹事。"她上这头说那边坏话，又上那头说这边坏话，是~！"

连补 缝补。"她从柜底下取出撕破的衣衫，低头~起来。"

连个屁屁也没放 埋怨的口气，意为你做了好事，连客气话也没有。也指输理时无言可对。"这家人怎这么不懂事，我们把孩子给他送到家，他~！"

连跑带颠 喻跑得急的样子。"那人~过来了。"

连桥 姐妹丈夫的合称或互称。

连气儿 连续不停地。"他一~

走了六十里,没住脚儿。"

连三并四 接连不断。"不知为什么,她家~地出事。"

连向 紧接着、连忙。"她把菜买回家洗净,~腌进缸里。""他来找,她~就和他去了。"

连宿隔夜 日夜不停地。"一到月末活忙,就~地干。"

脸大 不忸怩、大方。"现在的姑娘都~,看对象主动说话,主动问这问那,一点也不忸怩。"

脸急 容易生气,发火。"你别跟他开玩笑,他~。"

脸皮儿薄 容易害羞,禁不住开玩笑。"她刚参加工作,~,你别介意。"

脸上贴金 装扮自己。"他是什么人谁不清楚,在新来的同志面前他还给自己~。"

脸酸 爱急,爱发火。"这个人,跟他开个小玩笑都不行,这么~。"

脸往哪儿搁 感到羞耻。"你说他净做这些缺德的事,我这当妈的~!"

脸小 难为情、害羞,多指女子。"咱们姑娘~,你别开玩笑。"

脸子 1.不快的脸色。"这个婆婆,天天给儿媳妇~看,儿媳妇都不敢接近她。"2.面容。"她不就仗着~漂亮,勾引男人。"

敛 收起。"昨晚摆的摊子还没~,一会儿我~完,你再擦桌子吧!"

敛巴 随手捡。"这孩子一在家就把玩具扔得可哪都是,我还得给你~!""连小孩的衣服都~走了!"

敛卜 同"敛巴"。"等我有时间~~,不常穿的我就给她!"

敛落 收拢"他早就~饱了!"

恋群 原指牲畜喜欢自己的畜群,也比喻人喜欢和大家在一起。"那孩子也是~,不爱回家。"

练手儿 利用一切可能练习自己的手艺。"她正学理发,拿三姐~。"

凉糕 一种小吃,江米(糯米)面制成中夹豆沙馅。

凉锅帖饼子——溜了 东北人在大锅贴苞米面饼子,等锅水烧热，把和好的面贴锅壁上，锅凉，饼子就溜下去了。喻人偷偷溜走。"会没散他就~。"

凉了半截儿 心冷、失望。"他听说他的建议领导看都没看，心里不由得~。"

凉森儿森儿 清凉的感觉。"喝了冷饮，感到~的。"

两骑马 两耽误。"别这个工作不成，那个工作也吹了，~！"

两把操儿 有能耐，有本事。"车间主任许殿元又一再鼓励我'很有这方面的~'。"

两半儿 破裂，不一定两块平均。"瓶子掉地下，~了。"

两不找 货钱相抵。"你把书给我，我给你计算器，咱们~，行不？"

两岔 1.走的路是不同的两条。"他去迎她，结果走~了，没迎着。"2.误解了对方说话的真实含意。"你听~了，他不是这个意思。"

两掺儿 两种东西混合。"咱们蒸苞米面、白面~的馒头，好吧。"

两凑合 双方凑到一起。"他没爹没娘，到处流浪，她到处讨饭无依无靠，就这样，他和她~走到了一起。"

两夹间儿 两物的中间。"我们的房子正在这个商店和那个商店的~。"

两气夹攻 两方面影响，两方面压力一齐袭来。"这老爷子，老婆儿刚死，儿子又出了这个事，~上哪不倒下！"

两毛钱买个豆杵子——贵贱不是物 豆杵子是豆鼠的俗称，又称大眼贼，是鼠的一种。盗吃粮食，花多少钱买都不合算。喻人品行不好。"你看他表面像个人，实际上是~！"

两嗓子 喊一声或唱几句。"高兴了，他也喊~。""你那~谁还不知道。"（意即不怎么样）

两头儿不见日头 这头儿没见，那头儿也没见。"这孩子怎么还不回来，我打电话问他舅，那边也没去，这~，这孩子到底上哪去了？！"

俩眼一摸黑 任谁也不认识，所有地方都不熟悉。"在这个新地方，我是~，还请您多指教。"

晾 1.冷淡、慢待。"他把我们～在客厅里。"2.外露。"孩子泻肚是晚上肚子～着了。"

蹽了 急速走，偷偷走。"他就怕你来，昨晚儿就～。"

蹽杆子 逃跑。"等官军打上来，咱们早就从这～啦！"

撩儿敲儿 干活不使劲儿。"你瞧你，～的，哪有这么干活的！"

撩哧 挑拨别人，勾起积怨或引起欲念。"我这心刚安稳，你就别～我了！"

撩嫌（撩骚） 挑起事端，招惹别人。"你这孩子，谁也不惹你，你撩什么嫌！""挺大个人，像小孩似的爱～！"

燎锅底 乔迁时亲朋好友看望叫～。"乔迁之喜，我们给你～来了！"

钌吊儿 在门窗屋内一面按上的，关闭门窗的装置，用铁制成。

蓼花（冰蓼花） 一种甜点心，江米面油炸，中空，短棒形，外沾白糖。

尥蹶子 原指骡马等跳起来用后蹄踢人，借指人耍脾气使倔。

"小张干活还行，就是谁要惹了他，他就给你～。"

撂脖儿 稍微。"您～等一会儿，我去邻居家找找他。"

撂荒 不种的荒地。"那时候，好地都～了！"

撂跤 摔跤。

咧咧 1.乱说，乱讲。"瞎～什么。"2.小孩哭。"别在这～了，快走吧。"

裂裂着 不整齐的敞开。"穿着的上衣，领子～着。"

咧歪 嘴角向两边伸展。"张抱丁～嘴怪笑。"（《小说月报》2000年第11期p.12）

劣巴 难看。"这孩子怎么长～了！"

林子大什么鸟都有 世界之大无奇不有，惊叹什么坏现象都有。"还有装神弄鬼的，这可是～！"

论 1.按规定讲。"买鸡蛋～斤不～个儿。"2.排辈。"按她娘家嫂子～，她还得叫我姑奶哪！"3.比较。"～长相，小冯比小马好，～个头，小马比小冯高。"

零唧咕儿 零付，不总付。"给这点奖钱本来是好事，五百块一次买点像样儿的东西，可他不一块给，～，一次给五十，给八十，随着就花了，还能买啥。"

零揪儿 同"零唧咕儿"。零零碎碎地。

零碎儿 附带的东西，附带的话。"这件衣服怎么还有这么多～。""说话利索点，哪那么多～！"（口头语）

零头碎码 钱或物的零头。"～的就不要了，你就给个整（钱）吧！"

零嘴 零食，即饭食之外的零星小吃。"你去小卖店买点～吃吧。"（《小说月报》2000年第11期《边地民谣》）

灵泛 灵活，轻便。"七十多了，走道还那么～。""这把刀使着挺～。"

溜 指溜须拍马。"这种人专会～。"

溜薄的 很薄，很少。"我说银子放出去，就是一分利～，一年也收回五十刃。"（《乾隆皇帝》六册p.166）

溜边儿 乘人不觉，偷偷走到一边，或指靠边。"咱那口子，遇着吃请的事就～。"

溜边儿溜沿儿 1.液体装得很满。"这汤怎么盛的～的。" 2.站边沿处。"这孩子怎么～的，一会儿摔下去。"

溜哒 黑话，临时住。"他是吃～，还是舵窑基（入伙）？"

溜干二净 精光，一点不剩。"那俩小伙，一会儿工夫，把砖都搬走了，还把地扫得～！"

溜沟子 钻营、奉承。

溜光 非常光滑，或一点不剩。"他把头剃得～。"

溜光水滑 很整洁，干净。"我不能穿得～的，肚子里却是一包草。"（《小说月报》2000年第11期《边地民谣》）

溜尖 很尖。"这锥子～的。"

溜溜丘丘 轻手轻脚、躲躲闪闪的样子。"他～进来靠墙角坐下。"

溜溜儿地 1.整整地。"我们～地等了他一下午。" 2.害怕的样子。"见着他妈，就～地，一声不吭。"

溜平 光滑而平。"冰场~。"

溜须 谄媚，奉承。"他这人就会给领导打~。"

溜圆 很圆。"~的脑袋。"

溜直 笔直。"孩子们在队列里个个站得~。"

镏子 戒指的俗称。

流脓淌水儿 患处有脓水。"这伤口总这么~，你还不上医院好好看看。"

留个尾巴儿 干活不利落，没干完。"这小伙子干活不利索，~，别人还替他干！"

留心眼儿 处事有保留。"待人处事，自己要留个心眼，多听，少说，多想，想好了再说。"

溜肩膀儿 指人的肩窄且向下歪，不平。

六 表拒绝的用语，意思为"别想"。孩子："妈，我也跟你上广州出差。"妈："~！你还上外国呢，出差哪有带小孩的。"孩子："妈，咱也去吃满汉全席。"妈："~！那是咱这个条件能吃得起的吗？"

六够 足够，过头。"他都玩~了，怎么还不回来！"

六指儿抠鼻子——出了岔头 歇后语，六指人抠鼻子，多的一指翘起，说是出了岔头，即出了意外情况。"可在等待吃喜糖的日子里，事情偏就~。"

遛 1.慢走。"脚摔了，起来~~，看什么毛病？" 2.闲走、闲逛。"咱们到街上~~。" 3.练嗓子。"她天天早晨到河边~嗓。" 4.被诓骗走冤枉路。"说准了，我先去，你一定去，别~我。"

遛食儿 吃过饭散散步。"这些天消化不太好，这不，晚上出来~！"

溜 说话顺畅。"那孩子说话真~。"

溜缝儿 1.把缝隙堵住。"冬天来了，赶快溜窗户缝。""吃完干粮，喝小米粥~。" 2.插入说话空隙作补充。"别人说话，他爱~。"

绺子 黑话，指土匪。"这~越闹越邪乎。"

龙多靠，龙少涝 人多互相推脱，人少了倒出活。"有的人家孩子多了也不好，~，都指望别人承担赡养义务。"

聋三拐四 聋，爱打岔。"他~的还总好打听这打听那。"

拢火 在炉、灶火坑里烧火叫~。"把炕的火拢着，热乎点。""你~，我做饭。"

拢音 使声音不分散。"没料到斋堂这么~。"（《小说月报》2200年第11期《边地民谣》）

拢账 结算账目。"爸爸白天卖货，晚上~。"

搂 用算盘计算。"~一~，看还剩多钱？"

搂把 1.聚拢。"随便~点柴火就够烧一顿饭的。"2.搜刮。"他一上任就使劲~，上哪不犯事！"

搂不住火 极容易发火、生气、闹事。"我怕他~，我跟他来了。"

搂草打兔子——顺便 喻指办一件事，捎带办了另一件事。"咱们~，去调查，顺便玩儿了"！

瞜 稍看一眼。"是不是宝物，让他~一眼就知道了。"

搂拉 贪婪地敛入。"公家的东西他没少~，这不，进去了！（指入狱）"

搂头一杠子 迎头一棒，指沉重一击。"我想干一番事业，没想他~，打消了我的雄心。"

娄 瓜内过熟而腐烂。"这个香瓜~了。"

漏 说走了嘴。想说假话。不小心，把真情说出来。"他说~了，才知道真情。"

漏兜 泄露了秘密。"他们背后干的那事，让他给说~了。"

撸 1.批评、斥责。"回家让他爸给~了一顿。"2.从工作岗位上拿下来。"他这次犯错误影响挺大，工作都给~了。"

撸胳膊挽袖子 马上动手打架的姿势。"听他下令，便都~踊了出去。"

撸子 小手枪。

炉灰渣子 煤烧过后剩下的块状的渣子。

卤水点豆腐——一物降一物 "点"指少量地滴进。"降"指治服。卤水虽少，能使豆浆凝成豆腐。指一种人能治服另一种人。"他谁也不怕，就怕他哥。

141

这就叫~。"

缕缕行行 一群人（或动物）成群行动。"~地来了不少人。""蚂蚁~地在地上爬。"

驴 骂人不懂道理，混。"我这脾气怎这么~！"（《小说月报》2002年第3期《妹妹》）

驴脸刮搭 耷拉着脸，不喜悦，不高兴，冷淡的神色。"谁爱看她~的样儿？！所以谁也不上她家去！"

驴年马月 不可知的年月。"你去找他要，还不把你支到~！"

驴皮影儿 皮影戏，因用驴皮制作，故名。

虑论 讨论、议论。"买房子的事，得好好~~。"

绿不莹 发绿的颜色。"这块布~的，不太好看"。

乱乎 又乱又热闹。"孙子、外孙女都来了，~了一天。"

乱糊 汁液浓稠。"这粥挺~。"

乱了营 比喻秩序混乱。"一听这坏消息，马上就~！"

乱马七糟 即乱七八糟，形容混乱的样子。"他家的东西也不收拾利整点，总是~的。"

乱马莹花 乱得使人易错眼。"这街上~地，别把孩子丢了。还是你们俩自己看灯，我看小宝吧！"

抡打 搡、推、不耐心、粗暴地对待。"那孩子都叫她~傻了。"

罗锅上山——钱（前）紧 罗锅指驼背。"钱"与"前"谐音。喻经济拮据。"我什么也不买，现在~！"

罗乱 祸事。"这事这么做，早晚都是~！""谁惹下的~，谁搪！"

罗圈儿架 打架的对象很复杂，甲跟乙打，乙又跟丙打等。

萝卜快了不洗泥 指货物卖得快，不计较分量，不保质量。

骡子驾辕马拉套，老娘们当家就乱套 让骡子主要拉车，让马帮套，妇女当家会混乱，这是轻视妇女的观点，应批判。

落草（落生）婴儿出生。"孩子刚~，她就不行了。"

落落儿 重叠起来。"他家一~的书，可多啦。"

骆驼鞍儿 旧时一种棉鞋的样式，鞋帮有像骆驼样儿的隆起。

M

抹 1.用手往下抚。"他把护耳往下~，就推门出去了。"2.形容人故意厚着脸皮装不明白。"听说小芳要结婚，道个喜，然后一~脸儿就走了。"

摩醭 说不好的话。"那孩子娇惯的，不让~！"

抹搭 眼皮故意向下垂的动作，显示不喜欢不满意。"她刚要伸手去拿，看姐拿眼皮一~，就赶快把手缩回来。"

抹下脸 脸突然由温和变严厉。"听他这么说话，她马上~来。"

麻麻亮 天刚刚有点亮。"他每天天~就出去锻炼了。"

摩挲 1.用手轻轻地边按边连续移动的动作。"~~后背。""~~衣服。""~一把脸。" 2.安慰，说好话。"他是个顺毛驴，你~~他。"

蚂螂 蜻蜓。

蚂蟥 水蛭。

妈妈论儿 "论儿"读成lìnr。民间流传的俗谚或老规矩。此处有蔑视这些老规矩之意。"现在谁还信那些~呀！"

麻边儿麻沿儿 紧靠边儿沿儿。"你看那碗搁的~的，还不掉下来摔了！""这孩子怎么坐的~的，看掉下来！"

麻刀 同石灰和在一起抹墙用的碎麻。

麻嘎 用花言巧语瞒哄甚至糟蹋，奸污。"那女的让人~了。"

麻秆儿 原指苎麻的秆，细又不坚，用以比喻人瘦弱的身体。"瘦得像~似的。"

麻秆儿打狼——两头害怕 歇后语。麻秆儿不吃劲儿，打不了狼，而狼又以为麻秆是棍棒而害怕，形容办事两方面都担心。"这边怕不给钱，那边怕不付货，这不是~，什么也办不成嘛！"

麻猴子 传说中一种可怕的动

物，小而淘气，不肯入睡，有人用此词吓唬孩子，是一种不正确的方法。

麻花儿 借喻衣服穿久磨损成将破未破的样子。"这袖子都~了，得补上一块了。"

麻雷子 打嘴巴。"就因为他嘴欠，惹事，他哥给了他个~！"

麻利 动作迅速、利落。"这个姑娘干活~。"

麻溜 1.干活快，利落，效率高。"他干活~快。" 2.急速。"你们家来客了，你妈让你~回家。"

麻麻约约 表面不平整，不光滑。"你这脸怎么~的，是不起什么了？"

麻约人 密密麻麻的让人看了不舒服的现象。"这虫子太多了~！"

麻爪儿 原指手脚不听使唤，喻手足无措。"往驾驶座上一坐，她就麻了爪。"（《小说月报》p.18）

麻子不叫麻子——坑人 麻子脸上有坑。此处喻损害人。"借一大笔钱，还赖着不还。这不是~

吗？！"

马蜂窝 比喻难于对付的人或麻烦棘手的事。"他就爱捅这个~，结果他自己还对付不了。"

马虎眼 蒙混骗人的手段。"你别跟我打这个~！"

马甲 背心。

马架 小窝棚。

马嚼子 为了便于驾驭马，在马口中放置的铁环。

马蔺根刷子 马蔺根做的刷子，很硬、很结实。

马蔺桶子大雨 形容雨大且暴。"大哥结婚那天，~下了一天。"

马路牙子 公路边上用水泥或石块砌的边。"骑车的人倒了，头部正磕在~上。"

马蛇子 壁虎。

马王爷三只眼 传说中很厉害的人物，有三只眼，很聪明，有本事。"我要不给他点厉害瞧瞧，他也不知道~！"

马牙子 俗称婴儿口腔里的白色斑点。

蚂蚱 蝗虫。

骂个底儿掉 骂得彻底，骂得痛

快。"她把他~,他也没敢吭一声。"

埋了巴汰 即"埋汰",脏。"这孩子怎么弄得~的,怎不给他洗洗脸。"

埋汰 1.肮脏,不干净。"你甭管人家小时是什么~样子,人家现在是大干部,还没忘了你这个修破车子的。"(《小说月报》2001年第3期)2.用恶言语或无端的事实污蔑人。"不隔几日,就要到他铺子门上~一番。"(《康熙皇帝》二册p.127)

买得起马,备得起鞍 意即花钱多的主件都买了,花钱少的配件就能买。"那些破玩意儿卖了,还能值几个钱?既买得起马就备得起鞍。"(《小说月报》2001年第1期《教师本是老实人》p.70)

买逢 用小物件收买、讨好。"她这是~你,叫你听她的。"

买哄 收买诱骗。

卖大炕 旧称卖淫。

卖呆儿 1.呆呆地看。2.看热闹。"你怎么还在这~,还不去干活!"

卖了 摔碎。"我一套好茶具,都叫孙子一个个地给~了。"

卖缺儿 出售缺少的货物,要高价。"哪值这些钱?你这是~呀!"

卖山音 有话不直说,旁敲侧击。"你没听她那天~,意思是她孩子不学好是别人勾引的。"

颟 愚钝,偏——性子直,态度生硬,好生闷气。"这孩子性子挺直,干活也勤快,就是有点~。"

瞒 覆盖。"那时代挺有讲究,爹妈去世要用白布~鞋,~帽子。"

满满当当 形容装得很满的样子。"大盆炸货、腊肉、冷肉都在屋里囤得~。"(《乾隆皇帝》五册p.344)

满脸花 因跌倒或被打,脸摔破出血的样子。"他叫人打的~看他还惹事不。"

满世界 到处。"这种花,~都有。""不要闹得~都知道了。"

满顺溜 见"顺溜",满,意为"很"。"他一个外国人,说起东北土语来还~。"

满应满许 满口答应。"那时

候，他是～，现在怎么都出溜了。"

满嘴跑火车 说话随便，说大话，夸张。"你还信他的话？那是个～的手！"

满嘴跑舌头 随便说谎。"他～，你别信他。"

满嘴喷粪 骂人语，指说话人说话不文明，肮脏、下流。

漫荒野地 无人居住的野外。"我不住自己家，还能住到～去！"

漫天要价，就地还钱 卖者要价高，买者给价低，卖者操此语，意为可让步。"我要的价高？不是说～嘛，你诚心买给个价吧！"

慢工儿 工作质量要求高，做的工作时间长。"雕刻玉器，这可是个～活。"

慢回身 旧时红、白喜事，帮忙端菜的人托着方盘在人、桌间穿行，常喊的一句话，意为手中有汤、菜等，警示人不要碰撞。

牤牛水 喻指山间很迅猛的河流涨水。"这雨很大，一会儿～就下来了！"

忙叨人 使人紧张，忙乱。"这孩子太闹，～！"

忙得脚打后脑勺 形容人非常忙。"一个休息日，我妈又要洗衣服，又要买菜、做饭，有时还要特意给我们改善改善，～！"

忙活 （忙合）1.热情招待客人。"别叫他～了。"（《乾隆皇帝》二册）2.忙碌。"他们～了一早上了。"3.急着做事。"要搬家，这几天正～着哪！"

忙忙叨叨 形容急急忙忙的样子。"一天～的，又是工作，又是孩子，又是家务，也累得不行。"

忙索和脚 很匆忙的样子。"她总也不来，来了没待一会儿～地就走了！"

忙针儿 指秒针。因钟表的秒针走得最快。

盲流 指无业游民。"说不定跑哪当～去了呢。"

猫 藏。"我到处都找不着你，你原来～在这！"

猫冬 猫：动词，躲藏。北方冬天寒冷，冬天躲藏在较暖和的屋里不去劳作叫猫冬。"其他的秋

冬春三季，他则像北方农民似的~。"（《小说月报》2001年第1期p.65）

猫盖屎 形容办事不彻底，只顾表面的作风。"你让他干活？他净给你~！"

猫尿 指酒，表厌恶，也贬指眼泪。"少喝点~，多干点活，多好！"

猫食儿 喻指吃得少。"这姑娘怎么吃~，减肥吧！"

猫眼儿 原指一种宝石，现指楼房住户在外门上装上的小圆镜儿，能窥视外来人。

猫腰 向前弯腰。"大家~进洞。"

猫咬吹泡——空欢喜 "泡"指鱼泡，猫以为是肉，所以空欢喜一场。"她以为能让她去，结果是~！"

猫一天，狗一天 好一时，坏一时。"这孩子真是~，前儿晚睡了一宿，一点儿也没闹，昨儿晚就闹了一晚上。"

猫月子 坐月子。"他媳妇正在~。"

毛 1.惊慌。"把他吓~了。" 2.像小绒毛那么一点点。"说给钱，连个~也没见。" 3.货币贬值。"国民党撤退时，钱可~了！"

毛碴儿 粗糙的表面或边。"这裤子怎么还有~呢！"

毛道 农村某些人为抄近道而踩出的田间小路。踩~影响收成，多被制止。

毛孩子 年岁小，未涉世的小孩子。"他是个~，你别跟他一般见识！"

毛焦火燎 形容酷热，也形容人心焦躁。"儿子没按时回来，母亲的心~的。"

毛愣 发愣、鲁莽。"这孩子睡~了，半夜起来直叫唤。""小伙子就有点~，干活挺好。"

毛毛愣愣 做事粗心不细致。"这小伙子心眼挺好，就是做事~的。"

毛衫儿 "毛"读重音。刚生的婴儿穿的无领无纽扣的小衫。

毛头竖尾 惊恐害怕的样子。"大厅里灯光挺暗，还嘎嘎直响，像起棺材盖的声音，弄得人~的。"

毛丫头 戏称（有时有蔑视之意）未成年小姑娘。

毛嗑 葵花籽。

茅坑里睡觉——离屎（死）不远了 "屎"与"死"谐音。喻指人离危险很近了。"你跟这种人打连连（常在一起）你这是~！"

茅楼 厕所。

茅楼坑儿 厕所里的粪坑。

茅楼砖头——又臭又硬 此为歇后语，意为没有能力却又硬气。"我劝他向他哥借点钱，做个小买卖，有个收入，他可倒好，~！"

角儿八七 喻钱很少。"~的，还值得一提！"

冒咕喧天 冒失、唐突。"谁也没请他，他怎么~地来了！""也没问人家结婚没，~地就要和人家搞对象。"

冒坏水儿 出坏主意。"这个人时不时就冒点坏水，小心他！"

冒猛儿 冷不丁，贸然，事先不通知。"那天他是~去的，所以她没准备。""咱们~去，不先通知他一声儿好吗？"

冒炮 瞎说，乱说。"这个人好

显摆，没做的事就先~。"

冒儿咕咚 贸然、鲁莽。"那天不知怎的~地管我叫了一声大姐，其实他应该叫我姨奶呢！"

冒傻气 太傻、太呆气。"他现在恨不得一刀杀了你，你还要去说服他，给他讲大道理，你是不是~呀！"

冒失鬼 举动鲁莽轻率的人。"那是个~，小三结婚那天，他把小三他爷爷抹了个大黑脸，还说三天不分大小，有他这么不知好歹的吗？！"

冒烟咕咚 烟气很浓的样子。"炉子也不好烧，屋里~的进不去人。"

帽儿 最优秀，出类拔萃的尖子。"他把咱们家姑娘中的~娶到家了，他还不满足！"

帽子底下找人 指帽子太大。"你说小五思想颓废不上进，你真正了解他吗，你是不是~！"

磨磨唧唧 说话办事不利落。"这人怎么~的。"

没熬过来 病了很长时间，最终死亡。"大妈还是~！"

没把门的 保不住密。"他这个

人嘴~，说不定什么时候说出去。"

没褒崽儿 褒崽儿原指瓷器残破之处。比喻人没可挑的毛病。"咱们姑娘你放心，~！"

没边儿 说话行事过分夸张，没人敢信。"他说得都~了，一棵树长到七层楼高？！"

没边儿没沿儿 形容水面宽阔或喻指人说话过分玄虚。"你别听他讲话，他讲话~。"

没病没灾 指很健康。"~，皮打海摔，小丫蛋也像那万人踏、众人踩顽强的马蔺。"

没第二份儿 顶好或顶坏的。"那孩子那聪明劲，~！"

没短地 没少。"为咱家这点事儿，他~跑！""咱们~麻烦他。"

没断顿儿 一顿也没间断，连续的。"这些天，天天给他好的吃，~。"

没多大脓水儿 没多大劲儿。"他们也不过如此，~，别害怕。"

没份儿 没有份额。"男的~！"

没干没净 不讲究卫生。"~，就容易闹病。"

没根儿没襻儿 借指人没有社会上的攀附。"现在实行任人唯贤，~有学问有能力，照样儿干大事。"

没孩没崽 指没有负担，不单指没孩子。"~的，就缺个电视闹哄哪！"

没好脸儿 脸上冷淡不悦。"他在外犯了错误，回家他媳妇也~给他。"

没好气儿 不高兴，生气。"盼你回家，你回家却~。"

没好儿 表现得再好、成绩再突出也得不到赞赏。"在这种人手底下，你干出天大的成绩也~。"

没黑日没白日 夜以继日。"快高考了，这孩子~地看哪，脸瘦了一圈。"

没红过脸儿 没有吵闹过。"她们婆媳相处这么多年~。"

没话儿搭拉话儿 （没话儿找话儿）本没话，找些话说。"见面不太熟，只好~。"

没魂儿 无精打采，无所事事。

"那姑娘和他吹了，他就~似的。"

没鸡蛋还做不了槽子糕　槽子糕即蛋糕，用面、鸡蛋做成。此意为没有某人也照样能成事。"他爱参加不参加，我们照样儿活动，没他鸡蛋还做不了槽子糕了！？"

没讲究儿　没说道，不需要更多礼节。"咱俩家世交，~的。"

没尽藏　贪吃。"这孩子早晨吃那么多，晌午又使劲吃，~！"

没脉　比喻害怕得要命。"他们当时就动刀了，把我吓得差点~，幸亏警察来了，拉开了。"

没门儿　1.没路子。"买点出口转内销的衣裳，~呀！" 2.休想。"你让我当你的走狗，~！" 3.事情未办成。"你让我在附近帮你找个房子现在还~哪！"

没命　拼命。"我当时吓得~地跑。"

没末儿　头脑不灵活，不能随机应变。"你怎么这么~，没有车你不会走着去吗？"

没模样儿　姿容平平，也用以形容不成样子。"新媳妇没啥模样，但很勤快。"

没囊劲儿　没有气力。"干了一天活，身上都~了。"

没脑袋，没屁股　1.不顾头不顾脚。"孩子一考不及格，他就~地把孩子打一顿，结果什么问题也没解决。" 2.干活不顾头脚，有些颠倒。"他也不讲卫生，洗脸盆也拿来洗脚，饭盆里也洗手，~！"

没跑儿　肯定，没问题。"我那天看见的就是他，~。"

没皮没脸　不知廉耻。"已经要去不少钱，还~地要。"

没偏没向　不偏不倚。"所有的都是我的学生，我~。"

没起色　没好转。"我看他的病情还是~。"

没气儿　死了。"那小狗刚才还活蹦乱跳的，怎么这会儿~了。"

没人勒　没人理。"他做那些缺德事，谁都瞧不起他，他来了，~他！"

没日子　有限的时间将到。"眼看要结婚了，你还不准备，~

了。""他是～吃了，又是肉，又是鱼，又是烧鸡，又是酒。"

没深沉 不拘小节，没有礼节，不知道该如何根据境况正确去行事。"这人就是～，专门赶在人家吃饭时来串门，还坐下不走。""这人也够～的，认识人家几天就朝人家借钱，还借大数。"

没深拉浅 说话没有分寸。"这人说话～的，人家都不高兴了。"

没事人儿 以为与己无关，置身事外。"家里都火上房了，他怎么还～似的。"

没时没响 没选好时间。"你串门也要找准时间，深更半夜还在人家那待着，～！"

没事儿找事儿 无事生非。"你这不是～吗，谁也没惹着你呀！"

没收没管 没管教。"你这一走，他就～更自由了。"

没说的 不必客气，应该的。"我俩谁和谁呀，就出这么点力，～！"

没算计 没合理的计划。"过日子，就有限这点钱，～行吗？"

没调教 未受过很好的家庭教育。"这姑娘怎么这么～，不像大宅门出来的。"

没挑儿 无可挑剔。"这婚事办得这么好，～。"

没头儿 无止境。"这件事你要管的话，～。"

没心 不过心。"家里发生天大的事，他也不管，～。""那是个大～的，什么事他也不着急上火。"

没心肠儿 提不起兴趣。"孩子病成这样，我～打扮。"

没心没肺 事不过心，粗率。"刚挨了顿臭骂，吃饭吃了三大碗，什么也不耽误，～。"

没羞没臊 不知羞耻。"人家不欠你钱，你赖着要钱干什么，～。"

没牙根 "根"轻声，没办法对付。"孩子脾气大，还不是大人～！"

没样儿 不讲礼貌，言行随意。"你看那孩子吃饭～，就像多少年没吃东西似的。"

没瘾 不愿意，不迷恋。"大雪

天，上外头海逛，我可没这个瘾！"

没影儿 1.没有的事，无根据。"我那天在家待得好好的，他怎么说我也去了，这不是~的事！" 2.走了，没见到。"我去的时候，他早~了。" "我新买的书放在这，怎么~了。"

没有不透风的墙 秘密保不住。"这个事你保不住密。~。"

没有的话 不相信。"~，昨晚上我看他还好好的哪，怎么今天早晨就不行了。" "~，小妹可不是轻浮的人，你别造谣。"

没有过不去的火焰山 意为没有克服不了的困难。"只要大家齐心协力，~！"

没有弯弯肚就不能吃镰刀头 镰刀头是弯的，要吃下它必须肚肠是弯的，意指没有条件和能力就不能接受相关的特殊的任务。"就咱村那点水平还想搞高科技？~！"

没站住 指婴儿没有存活。"她生过几个孩子，都没~。"

没着没落 1.没依靠。"老伴死了，她一个人~的，也挺可怜。" 2.无聊，无寄托，闲得难受。"上班时忙得要命，一退休~的。"

没正形儿 诙谐，喜欢恶作剧。"都五十岁的人了，还~。"

没指望儿 没希望。"他也不学好，还等他养老？~了。" "所有能看的医院都去了，不行，~了！"

没滋辣味 不香。"那天饭吃得~的！"

没咒念 指没法子可想，没有能挽救自己的办法。"于力凡听得眼睛有些发直，喃喃说：'市里招生办主任都~了'……"
（《小说月报》2001年第1期p.65）

没准稿子 没有一定的计划、主意。"他办事~。"

没做亏心事不怕鬼叫门 没做坑人的勾当，不担心害怕。"他爱怎么瞎编就编，我是~！"

没接头 没碰面，没联系。"这事儿，我跟他~，还不知道他什么意见。"

没容分说 不等说什么。"不知她在哪惹的气，来了，~抱起孩子就走。"

没须会 未感觉到，没注意到。"他们说那次来那个姑娘就是他妹妹，我～。""他刚才还在这，啥时走的，我～！"

没有那金刚钻，别揽那瓷器活 意为没有那种能力就不要做不胜任的事情。"常说～，要量力而行，慢慢来！"

美 高兴，光彩。"当了模范，得了奖，他可～呢！""你瞅把他～的！"

美出大鼻涕泡 美出牛气。"你看他～来了！"

媚气 秀气，妩媚。"那个小女孩长得挺～。"

昧良心 违背良心。"咱们谁也不能干～的事。"

闷 1.声音不响亮。"他说话～声～气的。" 2.密闭煮。"～饭""肉太硬盖锅～一～"。

闷咔 不说话，不张扬。"你看他～～地，还挺有劲儿！"

闷头 脓疮。"这孩子脑袋上又起个～！"

门划棍儿 开关门窗的小插销。

门脸儿 城门附近的地方或商店的门面。

门砸 旧时两扇大门下的横木，用以拦挡门扇以便锁住门。

闷儿 逗小孩时常说的词儿，把脸捂上，然后突然张开说"～"，以逗孩子笑。

闷嘴葫芦 心中有数，但说不出来。"老大是～，只知道傻干，不说出来。"

幕儿 硬币有字的一面为"字儿"，有图案的一面为"～"。多用来抓阄或赌什么用。

蒙登 迷糊，头脑昏乱。"他站起来发了几句言，批评我，当时还真把我弄～了！"

蒙松雨儿 很细很细的小雨星星。"外边是小～，不用穿雨衣了。"

懵头转向 迷糊得不认方向。"沈阳这么大城市，我一来就～！""当时他被几个人打得～，哪看清脸啦！"

蒙儿 一层掩挡物。"感觉眼睛有一层～。"

蒙头跳井——死要面子 歇后语，喻指临死还顾脸面。

猛古丁 突然。"他～地想起来

他还有一个重要事情要办,马上又重开灯,穿上衣服推门出来。"

猛住 一时想不起来或认不出来。"咱们刚见面时,他还有点~了。毕竟是二十多年没见面了。"

暮生儿 父亲死后才出生的子女。

眯 1.小睡。"我太困了,我先~一会儿。"2.不言语。"会上争论挺厉害,就他在墙角~着,不说话。"3.躲藏。"欠人家钱还不起,~起来了。"

眯愣 闭眼养息。"~一会儿,~着了!"

眯一觉(眯一会儿) 打盹,小睡。"有的头枕锄扛~。"(《小说月报》2000年第11期p.13)

迷瞪 迷糊。"我看他有点喝~了,净说醉话。"

迷糊儿 糊涂。"他是个小~,他能知道什么!"

迷魂圈 比喻能使人迷惑的圈套。"我看他是上了骗子的~,怎么就非得信这玩意儿呢!"

迷迷瞪瞪 神志不清醒。"小三把他叫醒,看他~抱个枕头出去了。"

密稠马练 稠密,杂乱的样子。"展馆门前~地挤着人,自行车、汽车甚至还有农村赶来的马车和推着孩子的儿童车,真是'盛况空前'哪!""这块小纸单上~地写满了字,横的、竖的,一串的、单个的,有的已经看不清。"

幂 私自截留。"这钱你不能~下了!"

棉 分量不足。"这小袋米五斤~一点。"

棉花瓜儿 絮棉被的散棉花,售时一团一团的,一团叫一瓜,此处比喻又白又软的样子。"那点心挺甜,到嘴就化,像~似的。"

棉花瓢子 棉花飞絮,"瓢"变调。"你看,做个褥子飞了满屋~。"

棉花胎儿 用棉花纤维做成的可以续被褥的胎。

棉花套子 棉絮。

棉花团儿 借喻身体柔软。"演杂技那小姑娘,小腰小腿像~似的。"

绵软 指性格温顺，与世无争。"你性格这么~，该下去磕打磕打了。"

勉（有的用"抿"字） 把衣裤拉紧，后一头向一边儿紧紧掖住。"~着裤腰。""~着裤角。"

面 食品烂糊，作形容词用。"这地瓜又甜又~。""老窝瓜最~。"

面矮 不大方，好难为情，不好意思，见人脸红。"这孩子没出过家门，~！"

面的慌儿 似曾相识。"我怎么瞅你~的！"

面咕坉(儿) 吃的食物又软又烂的感觉，有贬义。"煮的红果~的，不大好吃。""这香瓜面拉咕坉的不好吃。"

面瓜 好说话、好欺侮的人。

面和心不和 表面团结，实际上互相有意见。"他们俩是~，表面上看不出，实际互相斗得可厉害了。"

面糊 食物纤维少，柔软。

面剂儿 做面食——如馒头、包子、饺子、饼时，需先和面，把面揉成长条，再揪成小块，即是面剂儿。"小老头忙活着又用心做~。"（《乾隆皇帝》六册p.539）"到包饺子时，弟弟和面，擀皮，老妈揪~，揪得可匀哪！"

面嫩 长相年轻。"五十多岁了，还那么~！"

面起子（起子） 发面的小苏打，俗称起子。"用一点~，就发起来了。"

面子事儿 意为靠情面帮帮忙。"~，你替我去取一趟，我实在走不动了。"

明儿 明天。

明儿个 明天。

明儿早 第二天早晨。"她说~就来。"

抿子 一件事、一笔钱有时叫一~。"你就别管他那~事了。""这钱又出去一~！"

明灯蜡烛 灯火明亮的情景。"国庆节的晚上，到处都是~的。"

明镜儿 比喻了解得十分清楚。"他为什么要走，她心里~似的。"

明抢暗夺 公开拿、暗中拿。"她们家现在都乱透了，~地都往自己这一房里划拉。"

明情理儿 道理明摆着。"~是该叫他回去一趟。好长时间没回去了，爹又有病，可这儿实在离不开呀！"

明面儿上 显现在外的、表面上的。"她~对他不好，暗地里却在帮他。"

明睁眼漏 意为一眼就看清楚、十分明了。"~，他是指着让你花这钱！""买你的好，~是图借你的光嘛！"

命中八尺难寻一丈 命中注定之意，这是宿命论，迷信之言，应批判。

磨人 小孩吵闹，折磨大人。"这孩子太~，可能上火了。"

磨牙 麻烦、费口舌。"你什么人行？借钱痛快，让你还钱，还得~！"

磨洋工 故意怠工。"这也不是给日本人干活，为我们自己过好日子，怎么会~！"

磨砖对缝 旧时精美的平房讲究砖磨光滑，砖缝严密不露灰迹。

魔魔怔怔 同"魔怔"，形容人举动不正常。"她爸出事后，她妈也有点~的，家里负担挺重。"

魔头 纠缠不休、惹不起的人。

磨叨 不止一次地说。"我也和你娘~过了。"

磨磨叨叨 翻来覆去地说。"就这么点事，你~地，不嫌絮烦哪！"

磨叽 1.说话啰唆，重复。"谁爱听她~个没完。" 2.软磨。"这不，他和你爸~哪，就是要借俩钱呗！" 3.不利落。"这活怎么干得这么~！"

末后尾儿 最后。"他们呛呛了半天，~不欢而散。"

末末了儿 最后。"他们俩争论了一辈子，~不争了，却在同一年死去。"

末枝儿 嫡亲兄弟排行最后的。"我们家族中，我爷爷我父亲还有我都是'老小'，属于~。"

沫沫丢丢 太絮烦，啰唆，没完没了地纠缠。"他来了好长时间了，这不，为他那点事，~地不走！"

抹不开 不好意思。"我在这洗澡，你弄个小姑娘站着，我也~呀！"

抹头 扭头。"说完这句话，他~就走。"

暮浴（借用） 年老无牙的老人，食物在口中转动，而不能咀嚼的样子。"我看那老太太吃进一个小饺子在嘴里~着。"

母们 我们。

母儿 雌性的，多指禽类、昆虫。有时也用以骂人。

母猪上树——大有进步 歇后语，母猪不会上树，所以是进步，喻不可想象的进步。"这几天能看书了，这真是~！"

木个张 麻木的感觉。"看书时间长了，脑子就~的，是得注意劳逸结合。"

木刻愣 贬指人麻木、不懂眼色。"你找了个~来，眼里没活儿。"

木头疙瘩 不机灵。

木头眼镜——没看透 木头眼镜不透明。喻指某事看不透实质。有时反用之，表示不服气某人或事时常用之。"这事你能办？！我~！"

木木胀胀 麻木。"于力凡软软地躺在床上，只觉脑袋仍~的。"（《小说月报》2001年第1期p.58）

木头柞子 本意为木头碎末碎块，此处比喻食物无味。"这几天上火了，吃什么都像嚼~。"

N

拿把 刁难、摆架子。"这个事早就该你做,你还跟谁~!"

拿不出手 感到价值轻微,不好意思拿出去。"也没条件买贵东西,家里有的也实在~!"

拿不起来 1.能力不能胜任。"这个任务太重,我怕~,影响工作。"2.不能掌握。"他还要当大厨师,现在连熬粥、炒一般菜还~呢!"

拿不上个 指身体极度疲惫、软弱、衰老。"现在可真是不行了,休息这天,洗洗衣服,擦擦玻璃,又做了顿饭,晚上就~了!"

拿大 骄傲自大、摆架子。"你还要去求他,他更得~了!"

拿大顶 倒立。

拿得出手 礼物可以。"现在农村随礼,~至少也得一百块钱,随礼多就是个负担。"

拿得住 能掌握住。"行,他能~这个调皮蛋。"

拿方 给别人出难题。"她说接受任务行,得先付奖金,这不是~人吗?!"

拿蛤蟆 指水积存过多。"蹚了一天水,这鞋里都~了!"

拿捏 以为自己有特殊技能而要挟别人。"别理他,不干让别人干,省得他~人!"

拿搪 装腔作势,摆架子。"人家当到那么大的官,还没忘了你这个修破车子的,你反倒拿起搪来了!"

拿鸭子 走了,也叫挠鸭子。"你寻思他等你哪?他早~了。"

拿鸭子上架 强人所难。"他只会唱歌跳舞,你硬叫他去教学生数学,这不是~吗?!"

拿一把 同"拿方"。

哪不 哪怕的意思。"~让他吃苞米面窝窝头呢,他也不吃大米饭,他不吃米。"

哪儿跟哪儿 辩解误会常用的一

句,意为有的事情不能乱牵扯。"人家是记者,来采访咱们村的,我跟人家闲逛什么,这是~呀!"

哪儿罕儿 什么地方。"~有卖这药的呀?"

哪旮 哪地方,什么地方。"你家在~?"

哪么 哪怕。"只要他能把妈的病治好,~我给他磕仨响头呢!"

哪庙没有屈死的鬼 意即极易有冤情。"你就不用解释了,大家心里明白就行了,~!"

哪儿和哪儿 同"哪儿跟哪儿",反驳和指责对方错了的常用语。"这是~呀,咱们说的是地名,您说的是水果,您别打岔了!"

哪儿哪儿 1.指某一处。"~怎么裁,~怎么做,她都能告诉你。"2.指各处。"~都疼。"

哪说哪了 说到我们这儿就不要往外传了。"我跟你说这事,咱们~!"

哪一门子(哪门子) 哪里的,意为无来由的。"谁也没惹你,

你生的~气呀!""他是~亲戚呀!"

那旮达 那地方。

那啥 一时想不出对方的称呼或一时没想好要说的话,用此搪塞一下。"~——我看你们看着办吧!"

奶膀子 乳房。

耐烦儿 耐心。"他挺有~的,跟孩子玩,给他们讲故事。"

耐心烦儿 有耐性,不厌烦。"我耐着心烦儿地劝他,给他讲道理,他还是不听!""这孩子才有~呢,给她有病的老娘洗、涮,一句怨言也没有。"

男女 夫妻的旧称。

难说话儿 不易相处。"他太~了,没法再和他接触了!"

难心 心里为难,难办。"老的病才见好,小的又来病了,总有~的事!"

难心丸 比喻使人忧虑不安的事情。"他爸住院没钱,他又考上了大学,这~我怎么吃?"

囊 人懦弱,东西不结实。"人软货~。"

囊囊踹 指猪肉中最不好的部

位,喻指懦弱无能。"三四层是里脊,要加百分之十五,二五层是腰条,加的就少些,一层和顶层就成了血脖~,走基本价。""他是个~,扶不起来!"

囊了咕叽 虚,不实在。"这果子~的,不好吃!"

囊劲儿 周身的气力。"干了一天的累活,身上一点~也没有了。"

曩哧 鼻子不通气引起说话的变音。"你怎么说话~~的,感冒了?"

曩斥 抢白。"呼雨说:'胡子干的。'张抱丁~他:'你就知道胡子。'"

馕塞(馕掾） 1.拼命往嘴里塞食物,无节制地吃。指恶劣的吃相或对吃的蔑称。"他吃了两大碗米饭,还吃了三个馒头,一下子~饱了。""在后头鲜菜肥肉~着。"2.无节制地大把地装。"并没有想着~自己腰包。"

孬 不好,懦怯。"这人太~,骑他脑门上拉屎他都不吱声。""给工头干活,饭食不好,干仨月一个子儿没给,他就走了,这人太~!"

孬种 贬称胆小怕事、性格懦弱的人。"他是个~,你白替他争口袋(说好话)!"

挠儿 婴儿伸手抓挠的动作,大人说"挠一个",婴儿做了以后,大人说"好挠儿好挠儿"。

挠 1.抓。"这孩子~人,你让小孙子离她远点。""给我~~后背。"2.得到。"你今天~着了,吃了好嚼谷还得到一百大块压岁钱!"3.逃走。"你现在才想起来?!他早~了!"

挠肯 指没沾着油水或相关东西。

挠鸭子 逃跑。"他怕你灌酒,早~了!"

脑崩儿 与人赌输赢,输者被赢者在前额轻弹几下叫弹~。

脑袋 指人的品行、能力等。"就凭你这~还要上北京创业!?"

脑袋臭 健忘。"我这人~,怕误事,才准备了这个小本,算备忘吧!"

脑袋掉了碗大个疤 有不怕死

之意。"~，这是亡命徒说的话！"

脑袋瓜子 贬指脑袋，褒义叫"脑袋瓜儿"。

脑瓜顶 头顶。"她~上顶了一摞碗。""从~换到脚底板儿（指全身换新装）。"

脑瓜子长在自个肩膀上 喻指办事要自己拿主意。"参加不参加你老问人家干什么，~，你自己说了算！"

脑浆子 脑髓，泛指脑袋。"天天装修，电钻震得~疼。"

脑门子 前额。

脑仁儿（脑仁子） 指头。"听他的大报告，听得~疼。"

脑勺子 头的后部分。

闹 得到某种结果。"最后~个得罪人。""~块蛋糕吃。"

闹扯 搅扰。"挺好的戏，叫你~得大伙儿都没看好。"

闹得慌（闹腾） 1.吵闹得很。"上边住户下边歌厅，后半夜还在跳唱，太~了！" 2.身体不适。"吃完午饭，就觉得胃里~，不知哪口吃不对了！"

闹肚子 腹泻。

闹个底儿掉 形容闹得很厉害。"因为遗产问题，几个人~！"

闹哄 欢闹。"昨天她们~了一天。"

闹了归齐 原来、结果。"~，他是为他自己，咱们都瞎忙活呀！"

闹了齐开六不够 闹了很长时间，闹了好大动静。"~，他什么也没得到呀，就是瞎闹、胡闹呀！"

闹耳底 中耳炎。

闹天头 指天气要变——下雨或下雪。"天阴得厉害，我看要~，你先别走了。"

闹心吧啦 同"闹心"。"也难为这孩子，就差几分没考上，成天~地在家待着。"

哪位 用讽刺的口气指斥对方摆正自己的位置。"你算~呀，你还要去！"

哪一出 毫不相干的事。"人家结婚，你这是忙的~啊！"

那程子 那段时间。"~她常来。"

那会儿 指过去或将来。

那块溜 那一带。"她就在菜行

~住。"

那晚儿 很多年以前。"~，会骑自行车的还挺少呢，戴手表的更少。"

那阵子 那时，一个相当时期。"~，几乎所有的副食品都凭票供应。"

内里 内情、内幕。"你知道人家~怎回事，你跟着瞎咧咧！"

恁么 哪里。"到市府广场往~走？""咱们这是往~走？"

恁 那么，那样。"~大胆。""~有劲儿。""要不了~多。"

嫩 见识少、不老练。"他呀，还太~，不是我的对手！"

嫩绰 嫩。"这菜挺~的！"

嫩绰绰 鲜嫩。"这孩子的小脸~的，都能掐出水儿似的。"

能事儿 能力、力气。"爹年纪大了，没~了！"

能咋的 能怎么样。"张抱丁嫌他们咋呼，说：'~！'"

能走能撂 喻很健壮："我这~的，干点啥还行。"

哝叽 小孩向父母要东西，没给，就一个劲儿地小声咕哝，似哭似怨，没完没了。"她要什么快给她，别让她在这~，烦死人！"

脓塞子 伤口化脓，含有凝结的脓条叫~。

脓水儿 能耐。"他有多大~，我还不知道！"

农村 东北某些地方把"nóng"说成"néng"。

弄强 逞强。"干不了非要~干，看，累着了吧！"

弄塞 逞能，重音在"塞"。"这孩子越有人他越~！""你这人，那么大岁数了，不能骑这独轮车，别~了。"

弄 1."弄"的土音。"别把衣服~脏了！""还想再~点货。"
2.做。"先~点饭吃。"

弄半天 开始没明白，后来弄清楚。"~是个疯子。"

弄砸 办糟了。"和人家好好说，别~了。"

泥醭津儿 由于脏，泥与死皮经搓形成的泥球球。"这孩子在外边疯跑一天，不洗澡身上就能搓出~来！"

泥古干秋 很脏的样子。"我一

回家，不知那孩子怎么疯的，~的。"

泥拉吧唧 用"吧唧"形容某种状态很糟。"泥拉吧唧"是泥滚得很多；"酸拉吧唧"是指很酸，还有"咸拉吧唧""臭拉吧唧"等。"~的，这会子还练什么把式！"

泥头拐污 肮脏、周身沾上土、泥的样子。"刚砌完墙，~的，我就不进屋了！""刚参加完劳动，这~的，不洗洗，怎么出门呀！"

你等着 "你等着瞧"的意思，多在俩人吵架，一方暂赢，另一方结束战斗时说"你等着"，意即这事没完，你等着我想别的办法治你。

你讲话 引用对方的话，顺延对方的意思来说明自己的想法，这是常用的土语习惯。"~，我们哥们都是一个娘肚子里爬出来的，谁能不帮谁，只是眼前我摊上了这点事，眼时顾不了，没办法。"

你老 尊称对方，"您"之意，东北多用此。"~今年多大岁数？""~慢点走！"

你瞧 让第三者证明自己的话正确。"~，他怎么这么小气，咱们请他行，让他请吃一顿就说家里有事！""~，就他这德性，还摆架子呢！"

泥糊儿 稀糊状。"这脚下连泥带水的，都~了！"

腻了咕拽 吃肥肉或油腻过多，胃里不舒服的感觉。"这顿肉吃得~的。"

蔫巴儿 花草蔬菜失掉水分而枯萎，人与小动物精神萎靡也用此词。"买来菜就赶快吃，不然就~了。""小三不知怎的，这几天~。"

蔫巴出溜儿 情绪低落精神委顿。"他被批评一顿之后，~地走了。"

蔫不得儿的 悄悄地，不声不响地。"老大做点什么咋儿呼喊的，老二就不一样，~把什么都干得妥妥帖帖的。"

蔫不唧 形容人精神不振、不爱说话的样子。"他就~地靠墙坐着，也不发言。"

蔫不唧儿 1.背后偷偷地。

"饭后，小张~地又去练投弹了。"2.不声不响地。"小芳~的就知道干活。"

蔫拱 暗中使坏。"他明着装得像个人儿，净在背后~！"

蔫坏 暗中使坏。"这个人表面看不出什么，其实~！"

蔫了巴唧 沉默寡言。"你看小王~的，不显山不露水，肚子里可有学问哪！"

蔫了咕叽 同"蔫不唧"。

蔫萝卜辣心 外表很蔫，实质很辣（泼辣或坏）。"他外表看着挺老实。我感觉他怕是~！"

蔫儿蔫儿地 不声不响地、悄悄地。"他都是~自己干。"

蔫么悄悄 不声不响地。"她谁也没惊动，~地把事儿办了。"

蔫捅 指背后唆使别人做坏事，表面看不出。"这个人好~，什么事不愿意摆在桌面上。"

蔫准 胸中有主意但从不多说，说出来就是好主意。"小王会上没发言，可他是个~，说不定心中已经有主意了。"

黏 离不开手。"这孩子这几天叫她妈给带~了。"

黏包赖 黏着赖上。"这孩子，她爸点个头她就~了！"

黏不头续不尾 说话啰唆，办事拖拉，不爽利。"她说起话来~地，弄得谁都不耐烦了！"

黏缠 生病不易好。"这个病~，慢慢养，会好的。"

黏扯 耽搁。"你可别~，快点回来。"

黏糊 1.烂而黏。"这饭水大了，像粥那么~了。"2.男女之间关系暧昧或刻意亲密。"他没事就上她那~去。"

黏黏糊糊 1.形容人行动缓慢，性格不爽利。"这人叫李全喜，大耳朵、厚嘴唇，~的，闷着头不大吭声。"2.对烂而软的东西厌烦。"他刚糊完窗户，弄得~一手糨子。"3.对不正当男女关系的蔑视。"两人~地，让人看不惯。"

黏嫌 说话啰唆、重复，行事不利落，与"黏扯"相近。"她这个人~，都这么晚了还不走，孩子还在家等着呢！"

黏涎儿 食物腐败后生成的丝状物。"这蛋糕不能吃了，都起~

了!"

黏涎子 呕吐出来的痰与口水的混合物。

年底下 接近春节。

年根底下 更近春节。

撵得杠烟起 形容追人的急切情景。"你腿怎么这么快,小张说你在前边,我们几个就撵你,~也没看见你的影儿!"

念叨 说。"把开会的情况和你们~~。"

念三七 晾话给人听,即念叨别人好影射另外一些人不好。"她没事坐在炕上~,什么她有病谁来看她啦,她姑娘结婚谁送多少礼啦,然后就不点名说有人没良心,忘恩负义!"

念秧儿 希望别人帮助却不直截了当提而是反复提及,让对方意识到。"你买这件新衣服,她说她也没衣服穿,这是~给你听哪!"

念想儿 纪念。"这次走不知多久能回来,把这把琴留给你,做个~。"

娘儿们 妻子。"我~可贤惠啦,对我父母比我还孝顺。"

鸟儿悄的 悄悄的。"她怎么~地就结婚了,谁也不知道。"

鸟鸟悄悄 同"鸟儿悄的"。

尿罐子镶金边——嘴好 歇后语,意为不办实事,只要嘴。"我看你是~,你多做点实事不行!"

尿盆儿升豆芽——都张了嘴了 歇后语,意为都开口讲话了。"这是我自己的事,我自己做主张,你们干吗~!"

尿性 泛指人有骨气。"那人有~,让人佩服!"

捏巴死 弄死。"你小子(指坏蛋)要是敢再起屁,看我~你!"

捏咕 捏,做。"张老六会捏泥人,~~就是一个。"

捏窝窝 几人暗中使坏编排人。"这还不是那几个人~做的坏事!"

捏着鼻子 强忍受。"他不愿意去,你非让他去不可,他只能~去。"

苶大胆儿 平时不张扬却能做出胆大之事。"谁也不敢黑下从这走,小刚就走了一回,他是个

拧扯 扭，揉搓。"你看这孩子不老实地让你抱着，在你怀里~，~得我胳膊疼。"

拧扯 用手胡乱地拧。"那么好的小录音机，就叫他给~坏了！"

拧 1.犟。"你怎么这么~，谁也说不动你了。"2.抗拒。"他是跟我~上了！"

宁吃鲜桃一口不吃烂杏一筐 喻宁缺毋滥。"咱们就要最好的~！"

拧死刽子手 形容人死拧。"他像他爹，~！"

拧种 很犟很倔的人。"他是个~，不撞南墙不死心。"

牛屄 骂人语，喻指人很牛气，自高自大。"摆开了~的架势，对无虑县这个风云人物也不在话下。"

牛哄哄 喻指人自高自大，瞧不起人。"有俩钱就~地不认人了！"

牛了吧唧 骄傲，自以为是。"据说那人水平不咋的还~的。"

牛魔王的扇子——远点煽着 此喻让不喜欢的人离远点。"煽"方言。"我心里不顺啊！你~吧！"

牛屁股后的苍蝇——瞎起哄 牛不断摆尾，所以说~。"他跟着掺和什么，~！"

牛舌头饼 长圆形饼，有油盐、麻酱，烙吃；另一种甜点心，上有白砂糖也叫~，俗称"鞋底儿"。

扭头别棒 很别扭、很不高兴的样子。"谁也没惹她，成天就这么~的！"

弄耸 摆弄、鼓捣。"你不会收拾，就别动了，别~坏了。"

努努着 凸出。"小胸脯~，站得溜直。"

努着 用劲儿过度。"搬个床，把腰~了。"

暖洞儿 喻居室温暖。"屋小，但生着火，~似的。"

挪臊窝儿 婴儿出生后百天离开自家，抱到姥姥家叫~。

挪窝儿 挪地方。"那老头儿回到故乡十年一直到死，再不肯~。"

女大十八变 指女孩长大变化很大。"~,越变越好看。"

女里女气 男子言行打扮像女人。"他一个大男人,怎么~的。"

女娘子 女人,常用来讽刺男人。"那人说话怎么像个~似的。"

O

呕 腻。"这东西孩子都吃~了!"

欧粒儿 一种味如李子,但粒小如樱桃的水果,色紫红,味酸涩,有核。

怄火 1.小孩点火玩。"别让小孩子~玩,容易引起火灾。"
2.惹人生气。"你别没事干,~他的火。"

沤烟 火燃不炽烈,浓烟冒出。"你这是点火生炉子,还是~熏蚊子呀?!"

怄 1.逗引作弄。"你去做你的作业去,别~他,让他哭个没完。"
2.惹人生气,不愉快。"今天上午又~了一肚子气。"

P

趴窗户 在窗户外偷听。"咱们在这说话，~的都听去了。"

趴蛋 躺倒，不能动弹。"像他那么使牲口，还不都把牲口累~了！"

趴架 形容人因病或累而身体不行。"为这个家，他都累~了。"

趴啦 瓷器、陶器有破裂处，敲击时的闷声。"你听这瓦盆~~的，肯定漏了。"

趴窝 因劳累或怄气而躺倒不干。"那破汽车三天两头~！""哪个领导批评他了，哪个'刺头'顶撞他啦，都成为他~的理由。"

趴下 指孕妇生孩子，坐月子。

扒搂 1.用筷子把饭连续地划到嘴里。"他急忙~两口饭就骑车走了。" 2.用手或工具把东西归拢一起。"他把吃剩的渣子~一起扔到垃圾袋里，拍拍前襟才应声出去。"

爬犁 雪橇。

爬梯子上高儿 指小孩子淘气。"这小小子儿，整天~没一点老实气儿！"

怕尿炕别睡觉 借喻不能因噎废食。"咱们不能怕出事就不干了，那不是~了吗？！"

怕尿炕睡筛子 借喻不能怕出事就走极端。"你怕出事呀，那不就~！"

怕钱咬手 怕钱多。"让咱村致富的事咱就大胆干，谁还~！"

拍花 旧称用迷药拐骗儿童叫~。孩童吵闹时，大人用"~的来啦！"吓唬孩童，是一种不良的教育方法。

拍目 外貌、神态。"你看那孩子那~，多像老李家人！"

拍手打掌 兴奋激动时的动作。"听了这话，他马上情绪激烈~地骂起来。"

排叉儿 1.屋内简陋的隔断。2.牛羊屠宰后带脊椎骨的胸腔部分。

排揎 数落、斥责。"平日受尽张家~。"(《乾隆皇帝》一册p.388)"你不用诉苦,等他来我好好~~他。"

排 旧时做成的布鞋小,夹脚,就把鞋帮沾湿,撑上鞋楦,打一打,叫"排"。"这鞋夹脚,你~一~就好了。"

派不是 指责错处。"这人就是这样不好,你给他忙了一大气,到后尾儿他还派你的不是。"

派儿 1.有气派。"现在的年轻人都讲究~。"2.思想、风格。"咱们这~跟不上形势了。"

膀眉肿眼 因病引起脸面浮肿。"小王这几天瞅着~的应该上医院看看。"

旁边喇 旁边。"你找的那个书店就在中医院的~。"

旁不相干 没有任何关系。"这老头就是好管闲事,~的事,他也管。"

旁喇(旁边喇) 近旁。"那次照相,她就在我~。"

耪地 用锄头松土,也指务农。

胖胖大大 赞美体形胖强壮。"这小子长得~的。"

胖揍 打得狠,打得重。"哥几个,你们先给我把他~几顿,圈几天饿瘦他再说。"(《小说月报》1996年第9期《沈阳啊,沈阳》)

泡 1.量词,用于屎、尿、眼泪。"一~屎""一~尿""两~眼泪"。2.虚而松软。"这面包太~,不禁饿。"

泡囊 虚、软,水分多。"这馒头让汽蒸得都~了。"

泡泡囊囊 虚大、松软的样子。"这大棉被~地怎么拿呀!"

抛费 抛撒,浪费。"这种菜~太大。"

刨 1.减去,扣除。"一百块~去往返路费还剩四十块。"2.探究。"别往下~了,再~,说出什么不好听的,倒不好。"

刨躁 因热而感觉难受。"今天天热,我有点穿多了,~的慌。"

跑哧 到处奔走,给人帮忙。"我哥的事多亏二叔帮着~,不然还办不成哪!"

跑道儿 1.时间搭在路上。"这一天,我找回他,又去找你,净

~了。"2.跑腿打杂。"这事，不用你们~，我来办。"

跑肚拉稀 腹泻。"就你卖那果汁，孩子喝了~还没跟你算账呢！"

跑反 旧时因战乱或匪患而逃亡。"小三就是他妈在~的道上生的。"

跑了和尚跑不了庙 比喻一时躲掉，有无法摆脱的牵累，还是无法脱身。"你只管把这个电话记牢实了，我~。"（《小说月报》2001年第1期p.58）

跑马 指遗精。

跑跑搭搭 奔走，奔忙。"他一天~的也不容易呀。"

跑屁腾 不住地来来回回折腾。"你要同意就告诉他，不同意也告诉他，别让他来回~。"

跑腿学舌 指专门干琐细事情，不能做主。"我是~的，有什么意见跟咱们老板说去。"

跑细了腿 为办事各处走很辛苦。"为她的婚事，我妈~，还有什么对不起她的。"

泡子 下雨后在低洼处形成的小水塘。

泡 不办正事（含欺骗的意思）。"他净~人，没让我去，她偏说有我。""我让你办的事，你给我办了吗？到现在没动静，你~我呢？"

泡汤 落空。"要钱的事真得抓紧，不然就~了！"

炮打灯儿 一种焰火，在地面响一声后就有双灯飞向天空。

破车揽载 能力不行，还想多做。"他没这个能耐，还~！"

赔钱货 旧时对女孩子的贬称，因出嫁时娘家要准备送嫁妆。

喷哧 蔑指乱说话。"她到她姐家都~了啥，她姐夫跟我那么发火！"

喷粪 骂人胡说瞎说。"他净满嘴~！"

喷儿 量词，最旺盛的一段时间。"这一~，鱼、虾又多又便宜。"

喷儿香 很香。"妈做的面条~~的。"

蓬儿 用吹风或梳理，让头发凸起叫。

朋情儿 一般的交情。"咱们是~，没深交。"

捧臭脚 讽喻拍马屁，阿谀奉

承的行为。"他专会溜须拍马~！"

捧圣 原指捧着神像祭祀，此处借指过分尊崇。"你看他们把个孩子惯的像~似的。"

捧着个屁股当嘴——不知香臭 不分好坏、不知好歹。"你别搭理他，他是个~的货！"

碰大运 希望凑巧成功。"他买奖券就是~，好发财呀！"

碰劲儿 碰巧，凑巧。"~她在家，就能看见她。"

碰上 1.偶尔遇见。"我在商店~她了。"2.正好赶上。"咱们单位开运动会又~下雨。"

碰时气 碰运气。

碰头好儿 演员出场迎头得到观众叫好。

碰头嗑脑 指经常见面，非常熟悉。"这一带人我都熟悉，~地不好说话，还是你们去办比较合适。"

坯子 材料，指少年人的才力、品质。"这孩子是块好~，应该好好培养。"

披头疯子 指有的妇女不梳洗蓬头垢面的样子。"她早晨起来不梳不洗，~似的可院子串门。"

劈 声音嘶哑。"他连着唱了几支歌，嗓子都~了。"

劈哧啪嚓 象声词。"俩人没说几句，~就打起来了！"

劈雷火闪 比喻人发泄怒气。"一看见他就~一顿发作。"

劈儿 把细长或薄片状的东西分开，一部分叫一~。"把这个竹竿分成两~。"

劈儿片儿的 东西很乱的样子。多指衣服、布类。"我去的时候，她屋里~的，很乱的。"

噼里啪啦 言其很乱、很棘手的事儿，没个好交代。"他一拍屁股走了，~扔下这烂摊子，谁收拾？！"

劈里噗噜 喻声音。"有人经过时，河边那些小青蛙全都~钻进水里。"

皮打海摔 经历坎坷，度过艰难险阻。"这一辈子沟沟坎坎的不容易，~地也过来了！"

皮艮 坚韧而不脆。"这炒豆搁~了，咬不动了。""这花生搁~了。"

皮拉 指人能适应环境。"新来

的这些人差不多都闹过病，就他~。"

皮了嘎叽 顽皮、调皮在沈阳一带的俗称。"你少跟我~地……。"（《小说月报》1996年第9期《沈阳啊，沈阳》）

皮勒扑噜 长而拖地，影响走路的样子。"我穿这么长的裙子，~的怎么走路啊！"

皮脸皮痴 1.不知羞耻，满不在乎。"这孩子~的，你说他，他还那样。"2.有时戏斥晚辈涎脸。"你别~的啊，你哄我，我也不给你这东西。"

皮皮拉拉 1.指肉中筋、皮之类的东西。"你切肉注意把~的都剔出来。"2.指人的身体健壮。"这孩子从小就~的，没人照顾，也长这么壮实啦。"

皮皮实实 健壮的样子。"这孩子长得~的，不爱闹病。"

皮子紧 即肉紧，需松一松，喻该挨打了。"你是不是~了！"

屁崩 比喻特少。"于力凡想了想，摇头说，就这~的俩钱，还想买新房？"（《小说月报》2001年第1期p.61《教师本是老实人》）

屁大（屁大点儿） 形容不大，不值得一说。"~事，你就这么折腾！"

屁颠儿屁颠儿 受到大人物恩赐，欣喜若狂的神态。"给了几个小钱，就把他乐得~的！"

屁股沉 嘲讽客人坐很长时间也不肯走。"这人就是~，没啥事一坐就是半天。"

屁股蛋子（屁股蛋儿） 指臀部肥厚的肉。

屁股墩儿 跌倒，屁股重重地墩到地上的姿态。"他脚下一滑没站稳，摔了个~。"

屁股后挂铜锣——随便打了 歇后语。比喻处境尴尬。"他不给老百姓办事，那不是~，谁不给他提意见！"

屁股上的火疖子，捂也冒高，不捂也冒高 意为隐藏不住，一准暴露。"这事早晚得露馅，~"

屁股眼拔罐子——捉死（屎） 喻指人自找危险，自讨苦吃。"这么冷的天，你穿裙子，你这不是~吗？"

屁户 即屁股。

屁户帘儿 小孩冷天时开裆裤上系的方形布，挡住屁股保温。

屁户门儿 肛门。

屁嗑 胡说，没用的话。"~，当初你不也同意了吗？！"

屁驴子 摩托车，因启动时坐下嘟嘟作响如放屁得名。

屁屁溜溜 顽皮，诙谐。"都那么大的人啦，眼看都当爸爸啦，怎么还~的。"

屁水寡淡 菜饭无滋味。"这菜怎么~的，一点滋味也没有。"

啪啪 走路拖沓的声音。

谝 嘲讽，挖苦，贬低。"他的嘴太损，把小李~的一钱不值。"

啪叽 儿童玩物。用纸壳剪成圆形上印人物图案，在地上扇，图像翻转即赢。

偏厦 正房边上盖的小棚子。

偏了 客气话。二人对话，一方为表示已吃过饭就说"偏了"或"偏过"，意思是自己先偏得了。

骗腿儿 单腿一跃。"他一~，骑上车走了。"

飘轻儿 很轻，没分量。"这孩子怎么~！"

瓢朝天碗朝地 比喻家中什物凌乱不堪。"她一来就把咱这折腾得~的，乱得没地方下脚。"

瓢儿 脑袋。"快来人啊，小三叫人开~了！"

漂儿 鱼漂。

撇 1.平着扔出。"她真是个疯子，你给她吃的，她也顺手~出去了。" 2.撇嘴：用嘴表示鄙夷不以为然的表情。"他~着嘴，不服气。" 3.双脚走路向外。"他走道脚向外~。"

撇嘴拉嘴 下唇向前伸，嘴角朝下，表示轻蔑狂傲不可一世的神态。"这人有点学问，就是~的样儿谁也看不上。"

撇儿咧儿的 瞧不起别人，唯我独高的样子。"瞧她那样~的，谁也不如她似的。"

撇清 辩白，开脱。"雍正都是……想当皇帝的……但他如今要~。"（《雍正皇帝》中册 p.168）

拼死拼活 拼出全力、拼命。"那会儿，~的一年也顾不上嘴。"

贫 1.絮烦可厌。"老提这事儿，多~哪！" 2.小气。"你说多~，吃一碗馄饨他还让我掏钱，我还是他的客人。"

贫极无奈　穷到极点没有办法。"是小的~，拿了这碗想出去变几个钱还债。"（《康熙皇帝》一册p.233）

贫拉嘎叽　指说话过多，让人讨厌。"这人怎么~的，让人讨厌！"

贫嘴呱哒舌　说话多且庸俗、刻薄、油腔滑调。"你还有工夫听他~地胡诌！"

品　观察。"我~了好几天了，他就这时出去。"

乒乓五四　形容动作急迅。"两个人一进屋，~地，不一会儿就把会场布置好了。"

平头百姓　一般老百姓，平民。"你打扮得再像个公子，这东西也是幌子——~谁敢用这颜色！"（《康熙皇帝》三册p.367）"~就是这么过日子，还想怎的？"

凭什么　1.因为什么。"~非得我去！"2.依据什么。"他们要不让我进门，我~让他们相信我必须参加这个会议。"

婆婆丁　一种很皮实的野生草本植物。"他就像在通化遍地生长

的~！"

破　不顾脸面。"~上我这老脸，我去说。"

破被叠起来了　意指人不怎么样，拿起架子来了："看上你让你干，你破被倒叠起来了！"

破茶壶——没嘴（准）　歇后语，喻指人办事没准主意"一回一个样儿，你怎么~呢！"

破财　意外地损失钱。"今天~，刚买的笔就丢了。""买菜丢了五块钱，也算破了个小财。"

破车揽载　没有能力还给自己增加负担。"你自己的孩子还顾不过来，还又揽个孩子带，你这不是~！"

破大家儿　原指败落的有钱人家，借指家不整洁，东西凌乱。"他家的院大，屋大，东西也多，就是乱七八糟的像个~。"

破货　指乱搞男女关系的轻薄女人。"那女人是个~。"

破家值万贯　东西虽然破旧，但用着方便，因而价值很高。"你别小瞧我这些破烂儿，~，买一套锅碗瓢勺也不少钱。"

破裤子缠腿　喻指有人纠缠，矛

盾难解决，没完没了。"你要欠他钱，就赶快还他，别让他~整天守在咱家。"

破烂儿 借指那些不正派的（特别是生活作风有问题）人。

破狼破虎 形容很破烂的样子。"那屋子~的，很脏很乱。"

破马张飞 很泼辣，无所顾忌的、张狂的样子。"你惹她干什么，叫她~地谁都骂！"

破闷儿 猜谜。"给你主子~，他不错嘛。"（《乾隆皇帝》三册p.493）

破身子 失去处女身。"俩人住一铺炕，那不~啦！"

破事 麻烦的、不好的事。"就你整这~！"

破鞋烂袜 蔑指一群不正派（特别是生活作风）的人。"你跟那些~打连连，你不也学坏了吗？！"

破鞋撒袜 指衣帽不整不洁。"你不能这么~地去见你丈人，得洗洗，换件好衣裳。""你干吗这么~的，你真是穷得没辙了吗？"

破衣罗嗦 衣帽不整的样子。

"那人~的像个要饭花子。"

噗哧 瞎说、乱说。"她一天没事，可哪瞎~去。"

扑打 扇动翅膀。"那鸡放了血，还在~。"

扑灯蛾子 夏夜扑灯的飞蛾。

扑囊 软而烂。"煮好的面都泡~了，快吃吧！"

扑扇 扑棱。"那鸟~着翅膀飞了。"

扑腾 活动。"这人挺能~的。"

铺陈 又旧又破的布块。"这些~洗巴洗巴打袼褙吧！"

铺炕 东北睡火炕，晚上把被褥铺开睡觉叫~。

铺排大身 形容女子身材高、壮。"那女人~的，一定能生孩子能干活。"

堡子 东北的村子也叫~。"他是咱~人。"

欺 接近、遮盖、使不舒展。又指贪。"你看这草把花~的，都不开花了。""这前边楼~的，咱这屋一点阳光没有，潮乎乎的。""他买东西太~，不管适用不适用。"

Q

欺乎 靠近、挨近。"你们都~我跟前干什么,这夏天怪热的。"

七碟子八碗 形容菜肴很多。"不一会儿,~摆了一桌,手真快呀!"

七股肠子八下拧 牵挂很多,形容很分心。"多儿多女多冤家,我这就是,今天他这事,明天她那事,~!"

喊里咔嚓 喻指办事决断。"他上任以后~把事情解决了。"

七溜出溜 1.几个一起滑下的样子。"几个人都没站稳,~地一起滑进水里。"2.动作很快。"前屋的问话没完,后屋那几个人~都顺后门走了。"

七扭八歪 歪斜不正。"他那两笔字~的,看不清呀!"

七寸 原指蛇的要害部位,此处指人或单位的要害。"我一下子就抓住他们家的~!"

凄惶 悲伤,困苦。"苏麻喇姑是个信佛好善的人,听他说得~,不觉动容。"(《康熙皇帝》一册p.233)"瞧我们一家在河神庙檐底下~,爷赏我们一家子吃饭,还问了奴才几句话。"(《雍正皇帝》中册p.309)

蹊跷古怪 少见、奇怪。"这些日子咱们这总出些~的事儿,什么原因呢?"

七个不服,八个不愤 形容不认错,还很强硬的态度。"你说他,他~地在那等着你哪!"

七事八节 形容事情很多。"我这一天脚不沾地,~的都等着我干哪!"

齐呼啦 很多人一齐的。"我家有难,大家~地帮我。"

齐整 齐全。"大姑是个老太太,六十多岁了,精力不济,手脚也不大利索,做点过年饭啥的都做不~。"

齐头齐脑儿 整个的、完全的,一点不剩地。"他把这块肚领儿

~地切下来给我了。"

骑脖梗拉屎 喻指欺人太甚。

骑嗑着 没有成也没说不成地等着。"她不说黄，也没说成，就这么~，叫我们等到什么时候呢！"

骑脑瓜顶拉屎 同"骑脖梗拉屎"。

骑着赶着 追着撵着。"这孩子怎么这样，我们躲着你，你还~地打咱们。"

起打 自从，指时间。"~得了那场病，爸的身体就不如每常那么好了。"

起坟 挪坟。"那年给爸~，哥还去了呢。"

起高调 出馊主意。"别人都认真地干活，就他~！"

起个大早，赶个晚集 指动手早，却落在别人后边。"我早就来了，以为在学校集合，谁知你们都到宾馆来了，真是~！"

起根儿（起先） 最开始。"这个事儿，~我就不同意。"

起根儿发觉 事情的开始、发展、缘由，即从头至尾。"别人问起这事时，他就~地叙说一遍。"

起孤丁 出坏主意。"这个孩子没事就~，大雨天逛什么公园！"

起汉 长途不坐车，步行。"那时火车不通，都~来的。"

起火冒烟 形容吵得很激烈。"我和马村长~地吵了一场！"

起急 心中急躁并以急躁态度对人。"你别老跟孩子~，你听听他怎么说，然后再说他。"

起肩 把重物扛上肩。"这东西太大太沉，拿不了，大家扛着吧，来，~！"

起开 命令别人离开、让开。"你~，你没听壶开了吗，我去续水。""你~，我出去。"

起炕 1.起床。"我早早就去找他，他还没~，就叫我把他抻起来。"2.病愈。"我这一病，一个多月没~，工作让你们受累了。"

起毛 棉毛织物因摩擦而起小球球。"这种衣料不好，爱~！"

起猛了 有的人睡醒后马上起床有头晕、心跳等不适的感觉叫~。"以后你早晨醒了，再躺一会儿，别~，就好了。"

起腻 赖着不走，闲坐闲谈，无所事事。"你们别在这~，该干什么干什么去，我还有事要办呢！"

起屁 惹是生非。"这个事我来管，谁也别想~。"

起誓发愿 明誓。"听了这话，他拍手打掌，~地骂起来。"

起五更，爬半夜 喻指辛劳。"做这点买卖也不容易，天天~，累坏了。"

起小儿 从小，自幼。"~，我爹就教我，做个好人。""我们都是~的朋友。"

起幺蛾子 同"起孤丁"。"玩得好好的，你又起什么幺蛾子，大冷的天，上外头干啥！"

起夜 夜间起来方便。"过去一觉天亮，现在~一、两次。"

起子 指小苏打。"面没发，放点~也行。"

气不愤儿 不服气。"对他这么不公平，不说他自己有意见，我们大家都~。"

气不公 为不公平生气。"其实跟我一点关系也没有，我是~。"

气堵囊塞 不服气又恼恨。"他妈骂了他一顿，他~地走了，也没和谁打个招呼。"

气怀 小孩见自己亲近的人抱别人家孩子而不高兴、哭叫。"这孩子这么点就知道~！"

气迷 装糊涂。"你是真的不懂还是故意装~？"

气嗓 气管。

气上得的 生气得的病。"他妈这病是~，家里不省心哪！"

掐 1.打架。"快去拉架，俩人~起来了！" 2.打断。"没交电话费，电话叫人给~了！"

掐巴 用力紧紧把握，比喻束缚箝制。"那时工资少，日子得~着过。"

掐架 打架。"这两只鸡总好~！"

掐监入狱 犯罪入狱。"那个坏蛋早就~了，不然这么太平！"

掐腰儿 缝衣服时将腰部缝得稍瘦叫缝~。

迁兑 挪借。"那时，接近开工资那几天，家里就没钱买粮了，就得到邻居家~几块钱。"

鸽叨 1.禽类用喙啄同类。

"那个小雏一探头，大鸟就~它！"2.数落。"这孩子让她给~坏了！"

牵着不走，打着倒退 没有主动性，不进性。"青年人如果不能自己努力向上，总是~，那就跟不上时代的潮流。"

千里眼 望远镜的旧称。

千顷地一棵苗 犹言珍贵。"他们几支儿就这一个男孩，可是~啊，珍贵着哪！"

千算万算不如埋锅造饭 意为自己开伙节省。"总吃饭店浪费，我看~！"

前半晌 上午。

前后脚儿 前后相继，隔很短时间。"我们俩~到的。"

前晌儿 上午。

前晚儿 前天晚上。"我~去的。"

前影儿 从前边看人的形貌，叫前影儿，从后边看人的形貌，叫后影儿。"那天我进来她刚走，没看见她~。"

前一窝后一块 指以前有的孩子和后来又有的孩子。"她父亲结了几次婚，~地不少个孩子。"

钱紧 经济困难。"这些日子~，有钱时再买吧！"

钱毛 钱不值钱（货币贬值）"1948年钱毛得一大捆金圆券只买三斤高粱米。"

钱毛儿 很少很少的钱。"他说月月给妈生活费，可是谁看见他的~了！"

钱实 钱值钱（货币保值或升值）"那时~，一元钱能买许多东西。"

钳子（耳钳子） 旧称耳环，现在还通用。

浅拉碟儿 形容地方小。"那屋像~似的，能住下二十人？！"

欠 言行有过失，说刻薄话讽刺人叫嘴~，故意弄坏别人东西叫手~。

欠情儿 恩情未报。"老张头对我们家有恩，我们也没机会报啊，我们欠人家的情儿啊！"

欠儿灯 比喻有人不合时宜地办事，惹得别人厌烦。"就他好给领导打溜须，故意装~！"

欠儿，欠儿 现代流行土语。比喻人显示自己、出头办别人不喜欢的事儿、逢迎阿谀之态。"张总一来，她抢着上前，又是开车门又是倒水，点头哈腰~的样儿，真讨厌。"

欠嘴 也称嘴欠，指人不当的说话。欠嘴是名词。"别学着打小报告，~讨厌！"

戗碴儿 1.不是顺着生长方向长而是逆着长。"你再~把胡子刮刮。" 2.说话行事不顺着对方，使之生气。"他那个人不会说顺情话，一开口就~。"

戗风 逆风，顶风。"孩子刚吃完奶，出去把嘴遮上，别戗了风儿。"

戗风可冷的 顶着风吸入冷气。"刚吃完饭，~，先别忙着走。"

戗戗 1.吵嘴。"为这事，他俩~起来了。" 2.热烈的议论。"大家~了半天，也没找出妥善的解决办法。"

戗戗来戗戗去 激烈的争论。"说和副总们连夜开会研究了，戗戗来戗戗去的结果，决定把整个集团这个月的工资都停下来，先还债。"（《小说月报》2001年第1期p.63）

戗毛 毛逆着直立或毛杂乱的样子。"大黄狗可能有病了，你看都~了。"

戗毛戗翅 1.毛发直立或逆着，杂乱。"小黄狗又跟别家的狗咬架了，你看~的。" 2.人毛发蓬乱、精神疲惫的样子。"姐夫这几天怎么啦，怎么~的？！"

强努儿 勉强使出全部力量。"我这体格，你还不知道，干这重活，真是~。"

强死不拉活 很勉强，很费力的。"她那场病啊，~地抢救过来！"

强扎挣 勉强地坚持。"为了带个好头，他~干哪！"

抢话 几人对话，一人不礼貌地抢着插话，不给别人发言机会叫~。"要耐心地听别人讲话，不要老~。"

戗不住劲儿 支撑不住。"厂子里麻烦太多，他有点~了！"

悄甲儿的 干活不泼辣。"你看他干活~的，又怕脏了鞋，又怕脏了裤子的。"

翘棱 木板纸张受潮再干不平正了叫~。"这块木板~了，不能用了！"

翘奇 娇气。"这姑娘太~，一进门就嫌屋黑，又嫌炕埋汰，水碗不干净，水也不喝，站了一会儿就走了。"

瞧病 看病。"妈带小弟~去了。"

瞧人 看望亲友。"我去~，带了二斤点心。"

瞧渗路儿 看看情势。"你先去，瞧瞧渗路儿，再决定怎么说。"

巧劲儿 碰巧。"那天也是个~，一进门就碰见了她。"

雀蒙眼 夜盲症。

俏 做菜时除主菜外加一些陪衬的东西（增加滋味和色泽）叫~。"炒木耳~些胡萝卜。"

茄包儿 长得不好的小茄子。"用小~做蒜茄子，挺好吃的。"

茄艮借用 讽刺、揭短、揶揄。"自从那次喝点酒黑夜骑车掉进沟里以后，他总拿这事~我，说我迷糊。"

茄皮子色 形容被批的人尴尬的脸色。"马村长把我批得~！"

客 客人。"你们家来~啦！""你看他坐在那，像个~儿似的。"

亲戚里道 都是亲戚。"虽然都是~的，可也得秉公办事呀！"

亲戚远来香，邻居高打墙 旧时语，指旧时鸡犬相闻老死不相往来的状况，现时代不能这样。

勤谨 勤快、勤劳。"他工作挺~。""他~耐劳，人品不错的人。"（《乾隆皇帝》三册 p.106）

青得愣 水果未熟还是青色的。"别吃那个~，酸！"

青筋暴流 生气或用力时，脖颈静脉血管凸起。"把老爸气得~地，伸手要打。"

青棵子 一般指野草。"后操场上长着很多~。"

清锅冷灶 厨房里没有造厨的东西，用以形容清冷。"那时，我去家里，~的，晌午了娘儿仨还没吃早饭呢！"

清水脸儿 指妇女不化妆素洁的脸。"那媳妇儿老是~，干干净净的。"

清汤寡水儿 没油水的菜。"今天这菜怎么~的！"

清堂瓦舍 赞扬房屋整洁、宽敞。"梦里的~也不如现在的楼房好啊！"

清早儿 清晨，一大早。

轻省 轻松。"她身体不好，往这调工作是图家近，工作也~点。"

轻容易 很不容易。"她~也不来一次。"

擎不住 承受不了。"别好日子才开始，就~了！"

擎等着 不劳动不付代价地等着，即坐享、坐等。"男人们身不动膀不摇，盘腿大坐地扯闲篇儿，~吃现成的。"

擎功受赏 擎受功劳，得到赏赐。"我也不为~，你们只要知道我尽心了就行。"

擎好儿 有信心办成事情，等着好结果。"这个事都交给我办，您就~吧！"

擎受 承受。"我也用不着你孝顺，我可~不了你的这份情！"

擎着 等待接受（罪责或不好的结果）"这不~等死吗？！"。

亲老儿 姻亲结亲家，子女对对方新人父亲的称呼。

亲娘 姻亲，子女对对方新人母亲的称呼。

穷 极端，厌恶的语气。"她一天总~逛。""他还~横。""没钱还要~打扮。"

穷凑乎 勉强对付地办。"都是~的，自己搬个行李卷儿，买个牙缸、贴个喜字就完了。"

穷大方 指虽然条件差但不吝啬。"他自己都舍不得买件新衣裳，还资助别人。我是赞成他的，可有人却说他~！"

穷得叮当响 很穷。"那时家里~啊，哪有钱买书。"

穷得叮啷当啷的 同"穷得叮当响"。

穷汉得了狗头金 没钱的人得了宝贝、发了财，喻人发迹就张狂。"赚了一笔小钱，娶了个漂亮小媳妇，你看他~似的，张狂得不得了。"

穷欢乐 穷中找乐。"那时穷，但也想法~。"

穷极无聊 生活困厄或极端烦闷，无所事事。"小人们在这过得苦寒，~穷昏了头。"（乾隆皇帝六册p.271）

穷家富路 在家从俭，外出宜多备盘缠。"这次出去要多带点钱，~嘛！"

穷蘑菇 "蘑菇"谓耽搁时间，穷有极端轻蔑之意。"老爷身有要事，不和你小子~。""大家都走了，就你一个人~。"

穷嫌富不要 指物品质差价高。"这种东西是~，就得降价处理。"

秋皮钉儿 一种小短钉，钉鞋用。

秋傻子 指秋天连日酷热或连日下雨不晴。"这可真是~了，那几天热得不行，这几天雨又下个没完。"

求爷爷，告奶奶 到处苦求，和人说好话。"这是我~弄来的，你们可要节约使用。"

糗 1.饭与面烂而黏成糊状。"这粥都~了！"2.小火多煮或闭火不起锅。"这粥多~一会儿，能黏乎点儿。"3.在家闲居。"你这么在家~着也不行啊，得出去找点活儿干哪！"

朽 烂了。"这木头都~了，当劈柴烧吧！"

取 意同"取"。"我和图书馆打好招呼了，你去把书~来就可以了。"

屈待 不是以礼相待。"你在这也没人~你呀，你为什么要走？"

屈赖 无理的认定。"我根本没进你那屋怎么能拿你的东西，你这不是~吗？！"

区区 小声私下议论。"你俩~啥哪？"

蛐蛐儿 蟋蟀。

取灯儿 火柴的旧称。

取和儿 求得和睦。"和老姐妹多唠唠嗑，~吗？！"

曲里拐弯 形容弯弯曲曲的样子。"~地走了挺远才到他家。"

曲麻菜 一种野菜。东北人春天爱去大地里捡拾，回来蘸酱吃。

娶媳妇坐抬筐——缺轿（觉） 娶媳妇不坐轿而坐抬筐显然是没轿。"觉"与"轿"谐音。意为睡眠不足。"这些天累得要死，我是~。"

趣青 青黑色。"头顶剃得~。"

趣湿 很湿。"地下~的。"

（《乾隆皇帝》四册p.46）

圈护 设法留住、约束住。"小时候，母亲~住我，讲述'门'和'窗'的故事。"

圈弄 设下套让人上。"这孩子耳根子软，受人~才这样的。"

全闭 最厉害、最好。比谁都强。"咱这节目那天在场子里是~。"

全科 样样都有。"新开的大超市，东西可~哪！"

全科人 称父母、夫（或妻）、儿女俱在的人。旧时认为这种人有福，婚嫁请这样人主持。"我们是~人。"（《乾隆皇帝》四册p.28）

全抵绝对闭 最好的，把别的都胜过。"这活干的，~！"

全须全尾儿 斗蛐蛐须蛐蛐没伤残叫~，借喻人很安全健康。"我把他带走，五年后我~地还你儿子，再加上一个名牌学士文凭！"

缺八辈儿德 骂人语，很缺德。

缺德带冒烟 言其行为很不文明、下流。"人家姑娘不喜欢你，你却到处宣扬人家姑娘不贞气，你是不有点~！"

缺心少肺 事不过心，大大咧咧。"他们家发生这么些事他还照玩不误，我看这人是不~！"

缺心眼 形容没有心计、办傻事。"人家两人好了好几年了，眼看要结婚了，他这时候插一杠子，这不是~吗？！"

瘸老病瞎 对残疾人的贬称或指老弱的人群。"她把好的都挑走了，弄些~给我们！"

瘸了巴唧 贬称瘸。"那人~的，可有能耐。"

瘸子打围——坐着喊 "打围"即打猎。瘸子参加只能坐着喊。喻指某些人只说不干。"咱们当领导的得事事以身作则，不能~！"

R

攘 抛、扬。"这孩子怎么拿土乱~。"

攘名打鼓 到处说。"他和他媳妇那点事他~地和谁都讲,他媳妇能愿意吗?"

饶 白白地。"你~着给他办事,还得看他的脸子。"

饶街 可街、所有地方。"孩子没有了,她~找啊,后来才知道一个邻居给看着哪。"

绕世界 满世界、到处。"这孩子你不看着,他就~跑。""他就领着记者~走。"

绕脖子 不直截了当。"你把话说明白点,别跟我~!"

绕搭 哄骗。"他变着法子到底把我的钱~走了!"

绕腾 说话办事不直截了当,来回转圈子。"他~了半天,原来是想和我换房子。"

惹娄子 惹祸。"这几天他怎么蔫了,是不是在外边~了!"

热咕冬 感觉温度高,有些贬义。"这屋你总也不开窗吧,~的,快换换气吧!"

热乎 1.食物做熟未冷却。"这包子还~呢,快吃吧!" 2.形容亲热。"俩人处的还挺~呢!"

热呼呼 1.热度高。"摸他脑袋~的,一定发烧了。" 2.心中激动。"听了他这番话,心中感到~的。" 3.儿化,表温暖。"她那小手总是热呼呼儿的。"

热乎劲儿 大家都关心、注意、感兴趣。"现在提倡这个服装样式,趁着~你也买一套穿穿。"

热忽喇 脸发烫,不好意思。"他这一说,我倒有点不好意思,脸上~的。"

热炕 东北气温低,用砖搭炕洞,冬天烧火,砖导热,即为~。

热土难离 比喻不舍故土的深挚之情。"我曾几次让爸妈来国外,可他们是~!"

热窜 形容争吵得特别激烈。"吵得~似的,谁也压服不住。"

热着 指中暑。"天热这屋又不开窗,这孩子是不~啦!"

人比人死,货比货扔 从字面解释为:境遇不好的人与境遇好的人相比,前者就得去死;次货与俏货相比,前者就得被抛弃。喻指不同景况的人与货不能比,相比就无法存在了。"咱们小学没毕业能与人家大学高才生相比吗,那不是~!"

人不可貌相,海水不可斗量 喻不能以貌取人。"~,别看人家又瘦又小,可有能耐了。"

人倒霉喝凉水都塞牙 俗语,喻指祸不单行。"她爸车祸,她又病倒了~!"

人灯 形容因病或其他变故憔悴的样子。"经过这个变故,我去看他时,他瘦得简直成了~。"

人高马大 形容人体格高大健壮。"这孩子像他爹妈,长得~的。"

人活一张脸,树活一张皮 喻指人要脸树要皮。"~,人要没脸没皮还活什么劲儿!"

人精 人中的精灵,极为精明的人。"那么点的孩子什么都懂,简直成了~!"

人来疯 在客人面前胡闹。"这孩子是~,你也不怕客人笑话!"

人马刀枪 喻指人员的状况,一般贬指。"不是我说自暴自弃的话,猪八戒耍耙子,你就看看咱们厂的这些~!"(《小说月报》2001年第1期)

人模狗样儿 平时不讲究仪表、举止,偶与外人接触讲究起来,有讽刺赞扬之意。"二狗子看对象,这回也打扮得~的啦!"

人脑袋打出狗脑袋 形容打架的混乱情况。"劝你不听,将来你~来也没人管你。"

人前一面,人后一面 表里不一。"这个人专门是~,你得小心他。"

人情礼往 亲友间往来应酬。"这~也搞得她头疼。"

人穷志短马瘦毛长 俗语,指特殊情况下人的心态。有的人穷志不短。"我们不能~,越穷越要有志脱贫。"

人儿 指人的行为仪表。"他人

儿挺不错的。"

人儿似的 同"人模狗样儿"。

人软货囊 人与货俱不佳，喻指做人无能为。

人抬人高自尊自贵 别人尊重你，你也要自己尊重自己、谨慎做人。"~，你不尊重别人，别人也就瞧不起你呀！"

人五人六 表面体面像样儿。"场面上~的，背后办的是人事吗？！"

人嫌狗不理 人品不好使人厌恶。"你叔不学好，~的谁来看他！"

人行 人的品行，人缘，多贬指。"这人在邻里没~。"

人样儿 人的身份、品位。"不混出~不回来见你！""你还是哥哥呢，怎么没一点儿~！"

人在人情在 人在位亲友来往帮助，人不在位一般人也冷淡了。"~，老赵一退下来什么事都没人关照了。"

人嘴两层皮 任凭人们说好说坏。"~，你能管住谁，爱说什么就说去，你该怎么做还怎么做！"

仁义 1.慈善、优待。"你以为他不打我就是对我~？！"2.性情和蔼，通达情理。"那小伙儿可~哪！"3.指猫狗等比较懂事。"这小狗可~哪，一点儿也不祸害人！"

认 认同、愿意买。"这种东西南方认它、都买，咱们这不~。""一种产品还得宣传，让群众了解了才能~你。"

认到 认识，"到"读轻声。"~这个地方""~她。"

认道儿 认识道路。"我就不~，有的地方去了几次也不敢一个人再去。""她的特点就是~，只要去一次再去她准能找着地方。"

认脚儿 鞋左右两只不能换着穿叫~。

认亲 对亲戚热情招待不冷淡。"这个小媳妇心眼好，~，穷亲戚来也不慢待。"

认人儿 1.病人病重情况下神志还清能认识亲友。"老头病得不行了，不~了！"2.婴儿成长过程中能辨认人。"小宝~了，见着妈妈张着手让抱。"

认生 小孩子不让生人抱。"这孩子~，谁也不让抱。"

认死理儿 固执、不灵活。"他这个人~，你再说也白搭。"

认头 不情愿也承认了，多贬义。"这条河的污染，他们也~了！"

认字儿 识字。"那个挺老的老太太也~。"

纫针 把线穿过针鼻（针孔）以备缝纫。"已是看得怔了，一手拈针一手捏线，也忘了~。"

扔崩四十里 扔下远走，不承担责任了。"人家还等他拿主意哪，他可倒好，~，走了，不管了！"

扔打 随意乱扔乱放。"你们家就是不爱惜东西，二十块钱买的小娃娃乱~，腿都掉了，多浪费！"

扔了 指小孩夭折。"她妈在她之前生了两个孩子都~。"

日日地（借用） 形容速度快。"那老爷子快八十岁了骑车还~！"

日色好 阳光晴朗。"今儿个~，让他出来晒晒太阳。"

日头 太阳。

日头秧儿 暖和的阳光。"一些老头靠着墙在那晒~。"

容人 对人宽厚。"她的性子好，几个姐妹中她最~了。"

茸儿 鸡蛋黄中白色细绒绒的胚。

荣养 保养。"兄弟们我自然要照应。您老只管宽心~。"

氄刺 细而软的小刺。"我这手指扎了个小~，你帮我拨出来。"

揉蹭 同"磨蹭"，指拖延时间。"你小姨真能~，说马上下来，这都半个点了！"

揉搓 1.衣物弄出皱褶。"这新衣服在火车站一~都不像样儿了。"2.小孩子在亲人怀里蹭。"这孩子就在我怀里~，快自己玩去！"3.折磨。"把个尤氏~成一个面团儿，衣服上全是眼泪、鼻涕。"

肉 1.干活迟慢不爽利。"这媳妇干活太~，人家半天能干完她一天也干不完。"2.瓜果不脆生。"这瓜太~，不脆生。"

肉包子打狗——一去不回 歇

后语，肉包子让狗吃掉，有去无回。"你干吗给他那么多钱，那不是~！"

肉不唧 1.动作迟慢。"他干什么都~的，没个爽快劲儿。"2.瓜果软。"这种苹果~的不好吃。"

肉不唧儿 称赞人的性格温柔。"小媳妇~的，家务活干得有条有理的。"

肉咕囊 软、胖。"这个大虫子~的，真怕人！""这孩子~的一身胖肉。"

肉滚儿 比喻身子胖。"那鱼~似的。"

肉拉咕唧 同"肉不唧"。"那~的，你还支使她干？多时能干完！"

肉烂在锅里 好事没外流。"把房子要回来，不管谁住都是自家的财产，~。"

肉囊 同"肉"，指干活慢。"这点活干得~人！"

肉皮儿 指人的皮肤。"那姑娘~又嫩又白又细。"

肉皮子和 伤口愈合得快、不易感染。"我的~，割个口很快就好。"

肉肉头头 见"肉头"。

肉丝儿大过米粒儿 喻指吃肉耐饿。"还是炖点肉给他吃，~，禁饿！"

肉头 1.食物入口柔软有嚼头，"头"读轻声。"这饭做得挺~。"2.软弱无能，傻瓜。"不就因为他是个大~，她才敢欺负他吗？"

肉腥 指鱼肉等荤腥食物。"日子过得俭省，一个月也见不了一点~。"

肉眼泡儿 指上眼皮有些肿胀的样子。

入 1.瞎披乱塞。"那个存折也不知~到哪儿了！"2.偷偷地给。"老太太趁没人，把个存折~给儿子。"3.不慎伸进。"天黢黑的，不小心我一脚~到烂泥里。"

入操 乱塞乱藏。"找这没有，找那没有，你一天净瞎~！"

软蛋 骂人语，指没骨气没气节的人。"本想朱开山给咱出个头，没承想他也是个~！"

软蛋包 同"软蛋"。

软刀子锯 使人在不知不觉中受

害。"我倒不怕他当面申斥，就怕他~！"

软咕囊 绵软得让人生厌。"这孩子就爱拿那~的虫子玩。"

软乎 软，有亲昵之意。"我的手感到他那只小胖手像一只刚刚孵出的小鸡，又~又温暖。"（《小说月报》2001年第3期）

软和话儿 柔和的话或指求情讨好的话。"你就不能向你爸说句~！"

软拉咕唧 软的感觉。"~的，什么虫子呀！"

软山 建筑行业语，与"硬山"相对而言。"山"指平房山墙。"软山"就是有柁、檩、梁、柱大木架结构的山墙，此种结构的山墙因在大柱夹持之中，上有房柁，负重不大，故称"软"；"硬山"则为无柁无柱之山墙，只仗墙的挺立支持檩子与屋顶的重量，故称"硬"。

若干若 许许多多。"他这次出国，钱花了~，可他学了什么？"

S

撒村 说粗鲁下流话，说脏话。"不许~，要语言美。""他一张嘴，不是骂爹就是骂娘，再不就是些不堪入耳的脏话，好像他不~活不了似的。"

撒大村 用最难听的脏话骂人。"姑娘家家，怎么~！"

撒欢儿 因兴奋而连跑带跳（主要指动物）。"这小狗，见着你来就~。"

撒谎撂屁儿 扯谎，不办正事。"好人得说真话，办实事，不能~。"

撒泡尿照照 贬斥人不自量力。

撒鸭子（撒丫子） 撒腿跑了，"鸭子"即脚，脚俗称"脚丫子"。"那个小偷，见了民警，~就跑。"

杀猪攮屁股——各有一招 不按正常程序，各有自己的做法。"他那种解法就叫作~！"

仨瓜俩枣儿 形容极细微的事情或极少的东西。"那些~的事，咱们就不在会上议论了。"

仨亲两厚 指偏爱，特殊照顾。"她为啥不排队却能先买，咋，还有~？"

撒目 瞬间向周围看。"我从窗户向外一~，确实进来十几个人。"

洒洒瓜瓜 有汤、水的东西一路淋漓。"老头~地端进来一碗汤。"

三家对案 几个人对质。"这事好办，你不承认你拿了，咱们~，当时在场的好几个人哪！"

三片嘴、两片舌 乱传话、挑拨是非。"他再正，也架不住他老婆那~地挑拨。"

三七儿 说闲话、惹是生非。"她没事就念~，给谁听哪！"

三七疙瘩话 发牢骚，说怪话。"不爱干就别干，哪那些~！"

三孙子 受人欺压，还俯首帖耳的人。"他那样人就爱给别人当~，谁还可怜他！"

三条腿的蛤蟆不好找，两条腿的人有的是　喻指人员好找。"你不要拿把，不愿干你走人，~！"

三头二百　指钱少。"借个~的谁还没个穿换，可他一开口就是上万，谁有这份闲钱放到那，供他呀！"

三只手　指小偷。

三岁娶媳妇——差半辈子　喻指人差距很大。"你和人家教授比，那不是~吗？"

散打散晃　没有约束，自行活动、随便。"对于这些~惯了的小家伙，这次要他们集体生活，集中行动，这无疑是个大考验。"

散堆破垛　堆放不整齐，乱。"仓库里~的，管理很不好。"

散桄子　指线轴上的线散了，也喻指包装散了。"这孩子怎包的，都~了！""这把椅子都要~了，你还坐！"

散架　指房屋年久失修，要倒塌。借指人过度劳累。"干了一天的活，这全身都~了。"

散落　食品松软适口。"这炒面挺~的，做得好吃。"

散生日　不是整数生日而是如六十二、七十四等的散数。"我妈说~不用过，你们都挺忙的，别耽误工夫了。"

散摊儿　公司、商店或其他组织（有的是临时聚集的团伙）解散了。"要不，他那个家早就~了，哪还能挨到今天一双儿女都成材有出息。"

丧棒　说话粗鲁，口气生硬，用难听的话顶撞人。"那偲老头子太~，你别理他。哪句话没顺他劲儿，又~你一顿。"

操　言语斥责。"他又拿君子爱人以德什么的大道理~了我一顿。"

丧荡游魂　失魂落魄、颓废的样子。"你看他~那个样儿，他还能给你办什么事儿！"

丧良心　丧失了良心，不公正。"她过去吃不上饭时，大伙帮她，现在叫她拿点钱帮别人，她不愿拿了，真~！"

臊白　羞辱、戏弄。"娘，你看他~我！"

臊不搭　羞愧的样子。"她也感

193

到那天闹得太过分,见着我们有点~的。"

扫听 探询,从旁打听。"这事我回去~~再说。"

啬刻 吝啬。"该走的礼数也得走,虽然条件不好,但也别太~了。"

塞 挤进缝隙里。"一张纸条从门缝~进来。"

塞咕 向细缝、小洞里硬挤进东西。"那抽屉都让你~满了,还往这个小地方~什么。"

塞牙 食物残渣塞进牙缝而不舒服,借指斥责人说话不得体。"你这么说话也不怕~!"(意思是你该为这么说而感到羞愧,不该说。)

塞牙缝儿 少,极少。"你给这点钱,还不够~的!""一只鸡二十个人吃,还不够~的!"

沙肝儿 牛羊猪的脾脏食用时叫~。

砂锅捣蒜——一锤子买卖 用砂锅捣蒜,只一下锅就碎了,喻指只能做一次。"你不能坑人,不能~,要诚信。"

沙棱 爽口的感觉。

沙沙棱棱 不爽滑、粗糙。"这饭碗怎么~的。"

沙燕儿 一种风筝,形如燕子。

煞下心 把心收回来。"暑假也过完了,得~来看书了!"

杀得慌 药水或盐水刺激伤口感觉疼痛。

杀口甜 多指特甜的西瓜。

杀冷儿 指天气刚冷。"这孩子身子弱,一~你就得给他穿上棉衣。"

杀人不过头点地 指做事不要过分,太狠。"~,他服软了,你就别再没完没了了。"

啥 什么。"有~说~呗!""~时候再来?"

啥的 在语尾,相当于干点什么等等之意。"你来给我做个饭,倒个水~。""帮你扫个地、擦擦玻璃、端个饭~,不都需要人。"

啥前儿 什么时候。"这是~的事,还提!"

啥玩意儿 1.什么东西。"这是~?"2.不满意的口吻。"这是~!"(重音在玩意儿)"你还不知道他是~!"(什么坏东西)

傻半憨子 傻，没心眼，贬义。"那小子是个～。"

傻不傻苶不苶 神志不正常。"摔了以后就～！"

傻吃闷喝苶睡觉 形容某些人无所事事、醉生梦死的样子，也形容某些失意人的麻木状态。"他呀，一天啥也不寻思，就知道～！"

傻大个儿 身材高大的人，有戏谑之意。"我儿子将来肯定长个～，像他爸一样。"

傻大黑粗 指人或物品大而粗糙。"老张家来个～的小伙子，说是张婶的娘家侄儿。""苏联出的产品结实是结实，就是有点不精致，～！"

傻呵呵（傻得呵） 形容人单纯不过心，也指痴呆的人。"这孩子也没心眼儿，一天～的。"

傻乎乎 傻，贬指。"李婶的小儿子～的，是不是有点毛病？"

傻拉巴唧（傻拉瓜唧） 愚笨的样子。

傻老爷们儿 取笑糊涂而马虎的人。"你让这～跟你上哪去？回家他跟他媳妇没法交代！"

傻帽儿 嘲笑思想简单、阅历少的人。

傻狍子 喻指人很傻。"二哥能跟我似的，～一个？"

傻透了腔 特傻之意。"没路可走的人也不会做出那种～的事。"

傻样儿 双方（特别是两性间女方对男方）调侃时常用的戏弄语，意为呆头呆脑，脑子不灵活。"～，还瞅什么，还不赶快叫妈！"

傻子睡凉炕——全凭火力壮 比喻做事本不行，但运气好，收效好。"他那儿子有什么能力？真是～，挡不住运气好。"

煞 虫子等嗑、咬。"羊毛衫上净是眼，叫虫子～了。"

煞后儿 故意靠后不抢在前头。"你们先走，我～等他们。"

霎一霎 米里有沙子，设法（用水或簸）弄出来叫霎。用水霎：传统的是用葫芦瓢把米水放于其中，慢慢晃着向盆里倒，倒几次，米出，沙子留在瓢里。用簸：不断地颠摇簸中的米，米出沙留。

霎剩。"那么些人都挑走了，就~下他一个。"

色赖 蠢样儿、熊样儿。"瞅你那~吧，还想发财？天天干活都得你媳妇催你！"

色赖样儿 讥讽人品条件太差。"就他那~想娶小莉这天仙女，他也不撒泡尿照照！"

色迷 嘲讽贪恋女色的男人。

色子块儿 小方块。"先把土豆切成~，再加牛肉一块做。"

晒台 撂挑子的意思。"这段大家辛苦点，这是个大任务，可别到时候有病的有事的，给我晒了台！"

晒阳阳儿 晒太阳——冬天在阳光处歇着取暖。"一些老头、小孩儿在太阳底下~！"

扇 手、脚或脸部皮肤被寒冷的风吹过，皮肤轻度开裂，有疼的感觉。"出一趟门，没穿棉鞋，没戴手套，手、脚都~了。"

扇风耳 大耳轮、两只耳朵竖立，向前张开像在扇风。

扇啪叽 小男孩常玩的一种游戏。"啪叽"是圆形硬纸剪成，上贴有戏剧人物，玩家各出几张，一叠放在地上，用"头"（较硬的一张）扇，翻过几张就赢几张，反则为输。

山旮旯儿 偏僻的山区。

山老鸹似的 喻指人爱吵嚷。"这小媳妇~——哇哇叫！"

山高水远 意外，闪失。"孩子出去有个~，我对他父母不好交代。"

山羊胡子 指人的上唇没留胡须，只在下颏留了长长的须，如山羊一样。

山药豆儿 "山药藤上所结的'零余子'（植物学名词，指生于叶腋之肉芽）略呈圆形，小如葡萄，皮灰黄，肉白，煮熟可食，味同山药"。东北也用竹签穿制成"糖葫芦"。

讪 1.尴尬、难为情。"这人脸皮也够厚的，这么拿他取笑，他也不觉~得慌。" 2.羞辱。"人家小媳妇议论怎么避孕，他一个老爷们往跟前凑，叫人家给~了一顿。"

讪得咧 贬义词，很难堪的样子。"你不戒赌，每次~去借钱，不丢人？"

讪了巴唧 自取没趣、自取尴尬。

讪人 使人难为情。"小三子这样不好，爱～。那天取笑二嘎子，我这旁观者都磨不开了。"

闪 1.倾斜。"这偏厦有些往外～了，可得注意呀，别砸了谁！" 2.甩下，丢下。"她妈一死，把这个姑娘～了。"

闪了舌头 即扭伤了舌头，意即不该插言。"你跟着起什么哄，不怕～！"

闪腰岔气 偶然有个迅猛动作或抬重物而扭伤腰或使两肋岔气。"干活，特别是抬重东西，可千万要注意，别～，那就麻烦了。"

善茬子 一般为贬义，意为不好对付。"他可不是个～，你要注意。"

善财难舍 形容做了好事不一定被人理解。

善乎 不粗暴、和善，一般为贬义。"这场雪可不～，这么厚。这小房不结实的可受不了。""这小伙子，能说出这番话来可不～！"

讪不搭 尴尬、不好意思。"小芳拒绝了小张的要求，两人再见面都有点～的。"

讪脸 小孩子在大人面前嬉皮笑脸。"这孩子一看你喜欢他，就～了。"

伤财 失去钱或物。"新买的大衣不小心丢了，真是～。"

伤财惹气 失去钱财还招来生气。"都是因为他才～！"

伤筋动骨 1.原指筋骨受撞击。"～一百天。" 2.借指财物损失影响很大。"他赔了那些钱也没～。"

伤众 伤害了大家，惹多数人反感。"不能～，谁错了就批评谁或者处分谁，就一个人，不能连累大伙儿。"

晌午 中午。

晌午头儿 正午。"大～的，还往外跑！""到～了，到我家吃饭吧！"

晌饭 中午饭。

晌觉 午睡。"这孩子天天睡～。"

上板儿 意为停止营业。旧时商店门面有门板，早晨开业把门板

197

摘下开业叫"下板儿",晚上闭店把门板上上,叫~,也叫"关板儿"。

上打租 预收租金。

上大冻 冬天最冷时,冰冻实。"~时,冰太厚,不好凿冰。就等到冰薄时再破冰弄鱼了。"

上灯 指天黑、点灯时。旧时没有电灯,点油灯,天黑才点灯。"~时走的。"

上房揭瓦 得寸进尺,闹得加剧。"再不治他朱开山,他要~啊!"

上赶着 主动地、积极热情地为他人办事。也指趋炎附势。"他不要她的礼物,她~非给不可。""局长的手还没抬起来,他~送上一杯水。"

上高儿 登高。指建筑或电工的高空作业。"~的工作,现在不能做了,老了。"

上晃 晃动、摇动。指直立的垛物品,太高不稳。"你码得太高了,有点~了,别往上搁了,另起一垛吧!"

上火 发怒、着急。"让你妈别着急~,事情好解决。"

上街 上街去。

上肩 扛到肩上。重物手提提不动,只好扛到肩上。"这个袋子你拿不动,来我帮你一把,~吧!"

上脚 用脚踢打。"咱先说下,摔着玩,可不许~。"

上脚儿 新鞋刚刚穿上。"这双鞋我还没~,你喜欢就拿走吧!"

上紧儿 用力、加快速度。"我求你那个事,你上点紧儿,头年能办完最好!"

上劲儿 1.感兴趣、高兴。"这活越干越~!" 2.妓女献媚。3.给钟表上发条。

上炕 坐月子、生孩子。"我媳妇快~了。"暗指发生性关系。"没结婚就~!"

上脸 同"上头上脸"。"你这孩子,越喜欢你,你就越蹬鼻子~。"

上门儿 1.登门。"上次吵架之后,他就没~。" 2.指入赘。"他妈就这一个闺女,想找个~的。"

上脑儿 牛羊脊背上的瘦肉。

上气儿 蒸食品时蒸笼里热气足，笼里有气蒸腾出来。

上前儿 走近。"这群人有拿锹的，拿镐的，使砖头的，谁也不敢~拉架。"

上秋 孟秋，指七月。

上人儿 群众集中的场所人陆续来，叫~。"这时，剧场才陆陆续续~。"

上身儿 1.身体的上半部。2.上衣（上身儿）。"他~穿件黑中山装，下身儿却是一条运动裤。"

上手儿 1.打架动手。"没说几句就~了。" 2.座位的上席（上首）"张老师坐在他的~。"

上头上脸 小辈对长辈或地位低对地位较高的人开玩笑、诙谐等不恭的表现。"纪昀见他拍胸搭肩~地往上凑，心里厌恶。"（《乾隆皇帝》六册p.264）

上外头 上厕所。

上屋 正房。厢房叫"下屋"。

上心 用心。"求你这事，你得~办哪！"

上眼 入眼。"那孩子挺~的。"

上眼皮 喻指不好惹。"好好和人家处，别当~！"

上眼药儿 指惹出祸事或暗中使坏。"你来了就三天两头地打架，你哪是帮我，你是给我~哪！"

上嘴唇下嘴唇一碰 喻指说时简单。"话好说，~；做就不那么容易了！"

烧 意外地得到某种收益，而使自己不知所以，行为也不正常。"买彩票得了个小奖，看把他~的，这几天什么也不干，就在家喝酒。""过两天好日子~的。"

烧包 同"烧"。"钱没到手就~了（电视剧《大雪无痕》）。""有了点钱，把他烧的，今天请人下馆子，明天和人跳舞，~抖完了，还能干什么。"

烧高香 大好的事。"人家能嫁给他，那可是~了。"

烧心 有些人吃过甜食后，胃里不舒服，俗称烧心。还指闹心。"我一吃地瓜就~，还得就点咸菜。""出了这样的事，我能不~吗？"

捎带脚儿 做主要事情时，顺便又做了另一件事。"我每次取工资，～就给她的那份领出来了。"

勺 1.打。"这次没考好，回家他爸又～了他几下子。" 2.楞。"这小孩太～，你离他远点，别让他碰坏你哪儿！"

勺道 没深浅、没分寸、粗鲁。"你别让她带小孩，她比哪个小孩都～。"

勺了晃叽 同"勺道"。

勺勺道道 同"勺道"。

少日日 少说点、贬义。"这里没你说话的份儿，你趁早给我～！"

捎 1.往后退，多指牲畜，用于人，贬义。"这儿没你的事，你往后～。" 2.从狭缝吹出的强劲的风。"她站在墙边和他唠嗑，让风～的脑袋疼。" 3.皴裂。"他那脚让风～了，大冬天的怎不疼。"

捎色 1.褪色，指纺织品经日晒风吹日久颜色变浅。"这件衣服一～就挺难看了。" 2.丢人、掉价。"你净做这些见不得人的事，多～呀！"

奢列 很随便地自然地张开。"你看你，～着领子，衣帽不整的样子，哪像个要当爸爸的人！"

折手 不借劲。"瑞莲不在家，真～。"

舍不出孩子套不住狼 没有一定的付出就不会有收获。"干什么没一点儿损失不可能，～！"

舍哥儿 没人可怜、没人管的人。"谁也不管咱孩子了，成了小～啦！"

舍家撇业 家业都抛弃不顾。"你说他～地到西藏去还不是为了支援大西北吗？！"

舍脸 不顾脸面、身份去求人。"还得我舍了老脸去求他。"

舍脸打巴掌 同"舍脸"。"你自己的事你总也办不好，还得别人帮你～地到处作揖。"

舍命不舍财 命可以不要，财不能丢掉。"他是～，劫匪那么打他他也没把钱交出来！"

设赌抽红 在自家设赌局，从中得钱。"天天在你家打麻将，你这～的罪名能脱开吗？这是犯法呀！"

谁和谁 显示关系不一般的用语。"帮助你的孩子不跟帮助我的孩子一样吗,咱俩~呀!"

谁谁 某某之意,起替代所指的人的作用。"让我写上都有~去了。"

深一脚、浅一脚 1.形容黑天走路看不清而行走困难。"都天黑了,妈还是~地带小宝去看病。" 2.形容道路难走。"老爷子~地走半个小城来看我,使我很感动。"

伸大拇哥 表示称赞、佩服。"你们办的这几件实事,老百姓都~。"

身板儿 身体、体格。"这老爷子,~真结实。"

身板不利索 意指女子怀孕或残疾。"她~还来看你,不错了,你得知足。"

身不动、膀不摇 显示力量大。"那人力气真大,四个大小伙子去扳他,他却是~!"

身大力不亏 身材高大,也有力气。"那当然,~,一米八几的大个儿,这点活儿还干不了?!"

身亭儿 身材高低。"~,比你姐夫高点。"

身子骨儿 体格、身板儿。"您老在病中,儿子有什么不对只管批评,千万别气坏了您的~。""这老爷子身子骨还那么硬朗。"

神 超乎寻常、让人惊异,或过于玄虚。"那魔术真~,空箱子里生生就出来个大活人!""那广告打得也够~的,那药吃一次不会走的马上就能走了!有这事吗?!"

神神叨叨 超于常情,似乎疯疯癫癫的行为。"那老婆子一天~地,这家串到那家,说些没头没脑的话。"

什么玩意儿 骂人话,意为"什么东西"。"这人,说话不算数,~!"

什么呀 指责对方说的不对。"~,他是我同学的未婚妻,你想到哪儿去啦!"

婶儿妈 婶。

渗 等着看、不吱声。"大家都掏钱了,你怎么还~着哪!"

渗路儿 审视情况看是否有作为。"到那你看看~,行就说,不行就别说。"

瘆人毛 使人畏惧的威严。"我身上又没～，你怕我干什么！"

慎眼 眼睛看不到的私密之处。"这屋就这么大块地方，连个～的地方都没有。"

生扯活拉 生生地。"那小猫～地让他给鼓捣死了！"

生葫芦头 瓜类不熟。"这个香瓜是个～！"

生荒子 原指未开垦的荒地，喻指未经世故未经磨炼的小青年。"一发生这类情况，许殿元就很烦躁地对我说，'快去摩挲摩挲，这些～呀！'"

生儿 指幼儿周岁生日。"小丽有一～了吧！"

生生儿的 无端的。"他爸～叫他给气死了。"

生疼 很疼。"我在自己的大腿上拧了一把，～，才知道不是做梦。"

生性 不讲人性，野蛮。"这胡子（土匪）多～啊！"

省俭 俭省。"她从来都～着过日子。"

失惊打怪 把虚惊夸大。"别人都没害怕，她自己先～的。"

虱子袄儿 难办的事，难缠的处境。"你就现在想离开，也难脱这个～！"

虱子多了不咬，饥荒多了不愁 民间俗语，自我解嘲。一种阿Q精神。旧时常用此语宽慰。

虱子是双眼皮的 讽刺人自认连最微小的东西都是最美的。"得，得，别吹了，你什么都好，你家的～！"

实诚 1.实在、真诚。"这个人干活、办事都挺～的。" 2.钱多，物品丰厚。"他们家自从老头儿有病以后，也不那么～了。""她给我盛了冒尖一碗饭，又压得挺～。"

实打实凿(实打实) 实实在在，不偷闲。"这个小伙子干什么都～不偷懒。"

实嗑 实话。

实落 价钱无谎。"给你个～价，十块钱，怎么样？"

实冷 特冷。"到～的时候，就得穿皮大衣了。"

实拍拍 实实地。"那块大板子那天～地砸在我身上了。"

实心眼儿 实在、认真。"你可真~，他的话你也信哪！"

实在 扎实。"他干活~。"

实在亲戚 亲缘(或姻缘)很近的亲戚。"咱们都是~，还用客气！"

识把 婴幼儿便溺时，大人把住孩子双腿，婴幼儿即可便出叫~；反之孩子哭闹，不便，叫不~。

十不全儿 指多处病残的人。"眼睛没好，腿上又长个疖子，你成了~了。"

十个头儿 最好的、最高的。"她对你，那可说是~的了。"

十里八村 附近。"这~的谁不知道你家最厚实呀！"

十停里一停 总数分成几份，其中一份叫一停。"你用膳花的银子不及先帝~。"

十字街头贴告示——众所周知 在十字街头路口贴告示，谁都能看见。喻某事广为人知。"他那些所谓秘密事，其实是十字街头贴告示，早就众所周知了！"

石砬子 地面上突起的巨大的岩石。

石头壳蹦的 从石头中生出来的，不是娘养的。在东北常用此语谴责儿女不孝。"她不听她妈话，她没有妈，她是~！"

石头儿 指宝石。"她带个白金戒指，上边镶个~。"

拾 向前摔倒。"她坐得高高遥遥的，你扶着她点，想一会儿~下来。"

拾不起个儿来 1.物品（或食品）因为又软又烂，不能整个儿拿起来，"这饺子蒸得太软了，都~。" 2.身子疲惫、瘫软。"搬了一天砖，累得~。"

时不时地 时常。"~她会接济孩子一点儿。"

时令 时令病。"现在又闹~了。"

时气 一时运气。"他不走~。要了个孩子，又没了。"

时兴 指说了算，被信任。"我们一个锅里搅马勺好几年呢，不会瞧着你不~了，就跟着那些马屁精作践你。"（《康熙皇帝》三册）

食困 吃过饭就困倦、打盹。"我老爱~，吃完饭就得眯个眈。"

食亲财黑 贪婪自私、爱占便宜。"他那人呀，~的！帮我卖废铁的十几块钱也揣他腰包了。"

食儿 指鸡、狗的吃食。

使绊儿 本指摔跤时下绊儿，现指对人暗中使坏。"这个人净暗中~，你得小心点儿。"

使唤人（使唤） 自己不做，让别人替。"她净巧~！"

使钱 行贿。"那时，使上钱就行。"

屎到屁户门 喻指事情紧急，不能拖延。"出了这么大事儿，不及时找我们，~才来找！"

屎壳郎 蜣螂。

屎壳郎戴花——臭美 屎壳郎滚粪球就臭，戴上花是又臭又美。喻人丑而爱打扮或指人脸皮厚不知羞耻。"就他那品行，还想找媳妇，让他~吧！"

屎壳郎搬家——滚球子 屎壳郎常把粪滚成球运走。这里比喻让人滚蛋。"不学习又不好好在这干，别怪我让你们~！"

屎壳郎撞火车——自不量力 歇后语，自不量力。"你和这些人碰，那不是~吗？！"

屎盆子 指罪名、错处。"那些人就是要往你头上扣~，你还不明白！"

试巴 试一试。"伸胳膊撂腿地~了一下。"（《小说月报》2000年第7期）

试着步儿 逐渐试探着干。"你先~别着急，不能一下子就出成果。"

世界 到处。"小孙子满~跑了。""这点豆子叫你洒了绕~都是。""瓜子皮嗑了一~。"

事不过三 做错事不能超过三次，意即要吸取教训。"~，你这是第二次，再犯一次这样的错儿，你就找别的活儿干吧！"

事儿 对爱提意见爱管闲事的人的贬称。"小三子就是~，每次他都有意见！"

事儿不祥 事情不妙。"当时他一看~，扭头就跑。"

事儿妈 事儿多的意思，要求高或者讲究、礼数多等。"我们邻居就有个~，一会儿说谁往她门口倒水了，一会儿又说见她不说话了，不知哪那些事儿！"

事由儿 工作、活儿。"你总得有个～吧，不能总在家待着呀！"

势派儿 排场、气派。"他们家可有～哪，每顿饭都要七碟八碗，都要坐固定的位置。"

是凡 凡是。"～她的事，你就不用管。"

是非母子 挑动是非的祸根。"那是个～，你还敢惹她！"

是亲三分向 对亲属多少都有偏向。"我当时以为～，他一定先提拔他小舅子，可是我错了。"

收破烂儿 收废旧物。"找个～的，把这些废物都卖了吧！"

收汤 红烧、煮炖，到最后加火，让汤汁变浓，水吃到菜和肉里，叫～。

熟分 食物熟透。"这梨～～再吃好吃。"

熟腾 食物近于腐烂。"西瓜都～了。""这苹果都叫他揉搓～了。"

守活寡 女人的丈夫没死但不能尽丈夫责任，俗称守活寡。"哪个女人愿意嫁个汉子～！"

守家在地 在家乡本地，诸事方便，关系熟络。"你～的再不肯多拿出点时间多做工作，而攀外地的就不对了。"

守着骆驼不说牛 说大话。"你真是～啊！"

手巴掌 手套——一种只有拇指，其他四指并拢的粗制手套，旧时使用。也泛指一切手套。

手背朝下 指向人讨要。"人总不能老～让人帮助。"

手不稳 指有偷窃行为。"那个孩子～，你加点小心。"

手臭 运气不好。"一玩你就输，谁让你～啊！"

手脚不识闲儿 勤快、干活不休息。"她一天～，家里一切都井井有条的。"

手扣子 手铐。

手榴弹扔进粪坑里——激起民愤（粪） 比喻某事犯众怒。"这个工头，欠一年工资不给，这就～了。"

手闷子 棉手套。

手拿把掐 很有把握、很自信。"他是木匠高手，打一个小书柜，那还不是～！"

手黏 小偷小摸。"这孩子品行不好，~。"

手捧子 旧称手铐。

手欠 喜欢动别人的东西，甚至弄坏。"这孩子就是~，说他多少回，就是不改。"

手指头卷煎饼——自个儿吃自个儿 歇后语，多用于吃请时，意即自己掏钱请自己吃饭。"就为的多年的老同学在一起聚一聚，咱也没搞特殊风，吃饭是~！一人掏一百块钱，包括照相。"

受看 耐看。"那小媳妇还挺~的。"

受气文儿 受气委屈的样子。"那小媳妇怎么总像~似的，家里不是都对她挺好吗？"

瘦叽咯啦 瘦且有些单薄的样子。"那小伙子长得~的，还挺精神。"

瘦溜儿 形好，窄、瘦，也指身形瘦而细。"她的脚~，好买鞋。"

瘦驴拉硬屎 比喻人没能力承受还硬逞。"他也给这些钱，就他那个条件，这不是~吗？！他是不是不好意思呀！"

兽头 指琉璃瓦屋顶脊一端的鸱吻等。

疏神 照顾不周出了差错。"稍一~，那孩子就给你出点事。"

输嘴 自己认错。"这孩子不~的毛病真得叫他改。"

舒心 没有烦恼的事。"老太太现在过得挺~！"

书底儿 文化程度。"那老头儿瞅着不起眼，可有老~。"

秫秸帘儿 用高粱秸做的厨具，可以摆放馒头、饺子等。

熟头巴脑 很熟识的样子。"他跟谁都~的。""行里的人~的，谁也不抢谁的活，自觉遵守规矩。"

熟透的瓜 喻指人年老不行了。"奶奶都九十多岁了，~了，哪能总那么壮实呀！"

数叨 数落。

数数叨叨 小声不断地说。"小三一到家，他妈就~地不知说什么，不知是说小三的不对，还是说自己的无能。"

鼠疮脖子 脖颈上的淋巴结核。

鼠眯 不闹腾、老实了、蔫了。"瞧他那~样儿，钱输光了不闹扯了，这回可~啦！"

漱口盂儿 漱口杯。

树根不动，树梢白摇 拿大主意的人不动，别人也动不了。"~，你爸不点头，谁张罗也没用。"

树卡巴儿 树的枝杈处。

树棵子 矮树树丛。

树林里放屁——凑巧（臭雀） "凑巧"与"臭雀"谐音。喻事物巧合。"他怎么就遇上她了。真是~！"

树木狼林 荒野的树木林子。"那一片~里有许许多多的鸟。"

树趟子 一溜一溜的树。

树栽子 树苗。

竖尖冒溜 东西装的丰满、上尖儿。"老姐~地给我盛了一碗饭。"

竖蜻蜓 倒立。

刷子 能力、办法。"你真有把~，这事还真办成了！"

刷帚 厨房里用来刷锅、刷碗的炊帚。

耍 1.只少数人干，别人旁观。"你们都闲着，就~我一人啊！" 2.要钱的简说，怠工的简称。

耍叉 故意胡闹，找事。"这小子又跟他妈~了。"

耍单 1.一般指冷天穿衣少。"这么冷的天，你怎么~啊！" 2.指一个人干，不和别人合伙。3.戏指单身。"我现在~。"

耍光棍儿 无赖，显示自己能耐。"你放着生意不做，跑这~来了！"

耍猴 把人当猴耍笑。"我们不能让他们把我们当~的。"

耍欢儿 高兴得手舞足蹈。"这小孩见着父母也~哪！看高兴的！"

耍奸头 耍滑，即耍手段使自己不费力气不负责任。"他为什么不去？他~！让别人受累，他自己轻闲。"

耍颟 愚钝，不开通，有时不通情理。"又没什么要紧事，那还是山路，下这么大雨，他非要去不可，这不是~么！"

耍贫嘴 一个劲儿地说些无用或不着边际的话，使人厌烦。"他就会~，还能干什么有用点的事。"

耍钱 赌博。"她男的总~,她和孩子都很生气。"

耍硬刚 硬充刚强。"你看,本来姐答应借他钱把这套书买下来,他还不要,~。"

耍着玩儿 捉弄,戏弄人。"他跟你~呢,你还当真!"

摔鼻子摔脸 给脸色看(指不好的脸色)。"我什么地方惹着他了,他这么~的。"

摔耙子 撂挑子。"这个人才没涵养呢!动不动用~来吓唬人。"

甩搭 胳膊甩动的样子。"小芳~~地走了。"

甩大鞋 不认真工作,散漫、随便。"这个人的特点是热火劲儿过去就开始~,不然怎么没人愿意要他呢!"

甩剂子 因生气甩手而去。"那天他俩几句话不对,小三~走了,我也没得问他妈病好没!"

甩开腮帮子 张大口,使劲儿大吃大嚼。"这些小伙子再无顾忌~大吃起来。"

甩瓢子 黑话,指大便。

甩手儿 什么事也不管,袖手旁观。"你一天是~自在王,家里什么事也不管。"

甩手自在王 什么事也不管,自由自在。"她在家啥事也不管,~!""你不也是这家的人嘛,总不能当~吧!"

甩子 昆虫、鱼类产卵。"缸里的金鱼儿又~了。"

拴扣儿 挑拨,使双方结仇。"他净在两边~,他好从中得利。"

涮 答应的事情没执行,别人以为是要笑人家,或者起哄拿一人开玩笑。"说好八点,九点了他还不到,这不是~人吗?""哎,该说快说,该吃快吃,别拿我开~!"

霜打了 经霜的树叶、庄稼都枯萎不堪,借喻人遇失败或祸事而精神不振。"遭逢一次失败你就像~似的,那哪行,得振作起来,再干!"

霜打的苞米棒子——没成 歇后语,经霜打的苞米没结粒,喻指事没成。"他们俩的婚事是~!"

双大料 同样的两份。"我每次买东西都是~，给我女儿一份，给她女儿一份。"

双身板儿 指怀孕妇女。"她现在是~，需要照顾。"

爽神 不用操心、省事。"赶上时间紧，就用大锅上边蒸馒头，下边炖菜，一锅熟儿，~！"

爽手 小孩不需照应。"孩子也~了，我就想出去干点什么。"

水 1.布料、衣裤的边缘经纬散开。"这个裤腿儿都~边了，赶快扦上裤角吧。""这种布料，边~得厉害。" 2.质量差，能力不行，表现不好。"那小厂子产品太~。""那小子太~，胜任不了这活儿。"

水饱儿 吃汤汁多的食物如粥、汤面等，吃的当时不能再吃，但过一会儿就饿叫~。"粥是喝了不少，可这是~，一会儿就饿。"

水膘儿 新生儿刚下生显胖，许多人称这为~。"这孩子七斤，过两天还得瘦，得塌~。"

水葱儿似的 形容小姑娘长得漂亮。"小姑娘长得~好看！"

水裆尿裤 不整齐、不整洁。"外人来咱堡参观，都弄整齐点，别~的！"

水饭 米饭做熟后经水捞过叫~。"夏天吃高粱米~小葱儿蘸酱，绝对好吃。"

水过地皮湿 形容经手都要沾一点。"不说经手三分肥，~吗，一经手都要赚点，商人嘛！"

水鸡子 被雨淋后像落汤鸡一样的情景。"那天，正赶上大雨，把她浇得~似的。"

水啦吧唧 水分很多。"你买的这是什么水果，~，一点甜味儿也没有。"

水拉拉的 水从洗过物品上流下的样子。"这被单~的，淋得到处都是。"

水灵 鲜、嫩、有光泽。"水果一搁就不~了，快吃吧。""那姑娘长得可~哪！"

水铃铛儿 1.比喻阴天快下雨，湿度很大的情景。"这天阴得~似的，马上要下雨了。" 2.比喻眼睛哭肿。"那小姑娘哭得眼睛像~似的。"

水米没打牙 喻指什么也没吃。

"我早晨到现在～就先来看你。"

水泡子 一定面积的积水坑。

水皮儿 水面。

水瓢 舀水用具，以前北方多使用剖开的葫芦的一半。

水筲 大水桶，一般铁制。

水汤 不利落，不振作。"这人怎么水水汤汤的，没个精气神儿！"

睡婆婆觉儿 婴儿睡眠中有时翻眼睛或微睁着眼睛，有时嘴咧一下，叫～。

睡悟迷了 睡眠中突然惊起，神志不太清醒的状态。

损（损色） 丑、蠢，多用于调侃时。母："你哥当了模范，要到北京参观。"小弟："妈，我也去！"母："你瞅你那～！"（有时也说～样！～！意为你又丑又蠢，你能去？可又不明指，只用此字嘲笑一下）

顺 靠着横放。"把这几根棍子～到墙根去。"

顺把 和谐。"这几个人在一起干活不～。"

顺竿儿爬 善于逢迎，借对方的讲话顺着讲，求得好感。"妈刚才说糖吃多了不好，他就马上说吃糖会发胖，～。"

顺溜儿 1.毛发平整不乱。"头发梳得挺～。"2.流畅不涩。"这篇小文写得很～。"

顺毛驴儿 顺着性子就能办成事情，否则将一事无成，这样的人叫～。"那小伙子是个～，什么事得顺着他就好办事。"

顺情说好话 顺着对方的意思说好听的话。"他那个人，圆滑得很，专会～。"

顺色 颜色搭配得不好看。"土黄色的衣服穿上个灰不啦叽的裤子，太～了！"

说 娶、找的旧称。"老张最近又～了一个老伴。"

说白了 1.抛开表面说实质。"什么叫客户部管理员？～就是个搬运工！"2.词语的俗称。"什么是乌龟，～就是王八。"

说出大天来 无论怎么说也没用。"今天你～这个钱我也不能给你！"

说出天花来 指说得天花乱坠，非常动听之意。"你～来我也不卖给你，国家要，我给国家。"

说答拉话儿 随便说说，没有承诺的话。"我那天就是随便～，谁准说要娶他们家闺女啦！"

说大话，使小钱 说得好听，实际行动跟不上。"他说给灾区捐一百万元，可到现在只拿了不到五万元，他这是～！"

说道 指规矩。"我怎么没注意，这个数字还有～？"(《小说月报》2000年第1期p.63)"我刚来此地，不知道办这样的事还有什么～，希望指教。"

说道说道 即评评理。"你若是这么不讲道理，那还真得找个地方～～！"

说风就是雨 说什么就是什么，想起来什么就去做什么。"你别～啦，人家有条件可以到任何地方去考察，你的条件在哪，你就在家门口把书钻研好就行了。"

说和人 出面调解的人。"这个事后来闹大了，还动了～。"

说话就 马上、立刻、时间很短。"这点活～完。"

说绝了 把话说到顶点，没有转圜的余地。"你不能把话～，总

要留个退身步吧！"

说开了 说明白了，说清楚了。"把事情～，大家心里也就舒畅了！"

说了归齐 说到最后结论。"～，你还非去不可呀！"

说了一六七三遭 说了半天，说了很多遍。"～也没说动她。""～你还没明白呀！"

说你胖你就喘上了 喻指人一夸就骄。"夸你几句，～！"

嗦啰 吮吸。"牙口不好，你就～～味。"

说走了嘴 说话不小心，道出实底。"那回他～，回去叫他们老总把他好一顿批。"

说破了嘴 反复细致地说，最后也是白说。"你～他没听进去一句。"

说破无毒 朋友间有误会，把事情讲开，解除误会，而互相谅解。"什么事～，误会解除了，今后我们还是好朋友。"

说死了 1.无论如何。"～我也不同意这门亲事。" 2.确定。"时间已经～，不能再改。"

说闲话 1.闲说话。"我们俩没

事~夸你们小军学习那么好，赶明儿让我们小宝向他学学怎么学的。"2.说对别人不满的话。"她没事儿三七六五的~，没根儿没襻儿的，她怎么不检讨自己！"

说一千道一万 说了很多，还得如此办。"~还得靠你自己努力才能考上大学。"

说一是一 说话算数，不改变。"这老头说话可是~没有商量余地。"

撕巴 交手打架。"两人说着说着就~起来了。"

撕掳 弄清，调理。"这些乱事，他得~一阵子。""这个事非~清白了不可。"

撕破脸 因发生矛盾而友情破裂。"可别~，以后还怎么走亲戚。"

私孩子 私生子。

咝溜 喝，动词。用喝的声音代替喝。"一壶~完了，又去灌了一壶。"

咝咝呵呵 象声词。冬季因寒冷嘴上发出的声音，表示很冷之意。"张抱丁嘴里~地说。"

（《小说月报》2000年第11期 p.10）

丝丝拉拉 一阵一阵有点疼的感觉。"没吃饭时，肚子就有点~地疼。"

死沉 人言死人沉重，此处比喻特重。"我说怎么~~的，原来是装的书啊！"

死催的 骂人的话，该死之意。"你这么骂人、打人、折腾人、是~啊！"

死等 相约后坚持等候。"反正咱俩约好了，我就在这~。"

死规矩儿 不可改变的老例，矩重读变调。"哪年去就必让孩子们给他磕头，这是~啦！"

死葫芦头儿 比喻固执。"他是个~，没有活泛的时候。"

死胡同儿 原指只能由一边进入而不能从另一边走出的小胡同，此处喻人钻牛角尖。"你还夸他活泛哪，他可净钻~。"

死话儿活说 对定死的事儿也要考虑具体情况的变化。"咱们~，她是肯定要来的，但是万一临时有点什么急事，那就保证不了了。"

死抠儿 1.吝啬。"她这人有点~（小抠儿），该花的钱也舍不得花。" 2.死心眼儿。"你辩论他真有病假有病干吗，你去看看他不就明白了，真~！"

死卯子 抓住一点不放，没有灵活性。"你这个人哪，就是找~，她说她远处去不了，你就在近处给她找点活干不就得了。"

死眉瞪眼 形容死板，没眼力见，精神萎靡难看的样子。"一天没个精神劲儿，总那么~的，叫人看了心烦。""也不找活干，~地就待着。"

死脑瓜骨 死脑筋，认死理儿。"我呀，就是~，她不愿意叫我去，打发孩子去看看，不也走了这个礼儿了吗，何况两个孩子关系挺不错的。"

死皮赖脸 死缠，不要脸面。"他~地求我，我不给他办不行。"

死乞白赖 纠缠不休、执意去做。"一天到晚，白毛风~地刮。"
（小说月报2000期第12期）

死丧在地 家中正处理丧事。"人家~的，你就别这时候再多说什么了。"

死塌塌 食物不松软。"这馒头怎么蒸得~的。"

死性 不活泛，死板。"你该去看看你继母，虽然她过去对你不算好，可现在她年纪大了，平常没少念叨你，应该去看看她，也别太~。"

死羊眼 神态呆板，也借指不机灵。"成天像~，谁愿意看她！""你个~，我忙得这样还不搭个手儿！"

死样儿 骂人语，该死之意。"瞧她那~，就像谁欠她什么似的。"恋爱男女调侃时也常用此。

死要面子活受罪 为了面子好看而遭罪。"为着体面好看穿了这么点衣服，冻感冒了不是，这就叫~！"

死凿儿 只认准一点。"你没到别处看看有没有，怎么就认准一个地方，~！"

死猪不怕开水烫 任凭怎样也不改变的顽固态度。"你怎么批评、教育、他还那样，~！""要找出原因，对症下药，转变他那~的态度。"

213

四脖子汗流 满头大汗，流湿脖颈。"这孩子真卖力气，干得~！"

四不靠 房屋四周不和任何建筑连接。"这房子~。"

四不像儿 叫不准名称、属性、类别、什么也不像、不伦不类的东西。"我看你画的是~！又不是牛又不是马。"

适称 1.体格匀称。"这孩子虽然胖点，可是挺~。"2.布置得合适。"这屋子和这套家具挺~。"

四脚儿拉叉 仰面躺倒，四肢伸开。"你这么~地躺在这儿，人来人往的，既不方便又不文明。"

四角儿齐 指事情完美。"什么事不一定都等~，差不多就行了。"

四楞子木头，没搁圆眼儿走 借喻人没经世面，没有历练。"你呀，是~，看什么都像会，干什么都不行！"

四邻不安 邻居不得安宁。"夫妇俩和睦过日子才对，一吵架弄得~的，多不好。"

四六不懂 不懂好赖。"人家对你那么好你还骂人家，你怎么~呢！"

四马攒蹄 形容把人手脚捆住。"把他~地拖了出来。"

四眼齐 周全。"干什么不能等~才干吧！"

松泛 身体感到松弛、舒服。"看书累了，也出去~~。"

松塔儿 松球。

松子儿 松仁儿。

㧙哒 一边呵斥一边推。"她没事总~孩子，弄得孩子都不知怎么做对了，这哪是教育！"

送菜儿送饭儿 风筝放起后，再由这根风筝线送上一条长带或其他如碗状的纸片随风上升叫~。

擞火 用炉钩子从炉下向上捅，把炉灰捅下来，使炉子通风，炉火更旺。这种行动叫~。

素鸡 一种豆制品。

素目搭眼 落寞的样子。"孩子们节后都走了，就我们老两口，~的没意思，出来走走。"

诉委屈 倾诉自己的苦处。"她经常上我这来，诉诉委屈。"

酸不唧 酸的不好闻或有点酸。

"这东西~的不好吃。"

酸不唧儿 酸的好吃。"这个李子~的挺好吃。"

酸不唧溜 1.不好的酸味。"你给我倒多少醋,~的怎么吃?" 2.酸疼的感觉。"这腿有时~的疼,不知什么毛病。"

酸不溜丢 不好的酸味。

酸咕囊 酸臭不好闻。"这衣服都~的还不洗洗。"

酸了巴唧 酸,用巴唧表嫌恶。"这果子~的,一点甜味也没有。"

酸文假醋 假装斯文。"很想看这个名角戏,又说没工夫,我就看不惯他~的劲儿!"

蒜瓣儿肉 指有的鱼(如黄花鱼)一小块一小块的肉,叫~。

蒜辫子 蒜头与茎结成的辫子。

蒜头鼻子 鼻头大而且圆如蒜头状的。

算老几 挑衅性地,瞧不起对方的身份。"责任你担?你~!"

算盘疙瘩 指用布条盘成的中式服装的纽绊儿。

随 像,指与父母、祖父母、外祖父母在性格、长相等方面的相似。"这孩子不爱说话~他爸。""这姑娘长得~她姥。"

随帮唱影 跟随一帮人,人家怎样他怎样,学人家的样子跟着跑。"你跟他们~瞎胡闹干什么!他们学坏,你也学坏?!"

随礼 有红白喜事亲友赠送礼物礼金。"在有些地方大吃大喝请客~之风挺盛行,应该倡导节俭办一切的风气。"

碎嘴子 指说话多、絮叨、让人烦。"我妈也是个~,和我奶一样,虽然她们都是好心。"

岁数不饶人 指岁数大了,身体不行了。"现在不行了,~,有那个心没那个精力了。"

孙男弟女 许许多多的儿孙晚辈。"老头儿快八十了,~也一大群了。"

损 1.挖苦、嘲讽。"吴黛伦在马上扭过头,噘嘴~他。"(《小说月报》2000年第11期p.8)2.恶毒、残忍。"这只小鸟儿活活给弄死了,你可真~。"

损招 坏主意。"谁想的~!"

损贼 低级下贱的贼。"小孩围嘴也偷,真是个~!"

损色　丑、难看，也指贬人。"瞅你那~样儿吧！"

损样　同损色。

嗍啰　吸，细细地吮。"他啃完骨头上的肉，就挨个~骨头里的骨髓儿。"

梭儿　油炸面食或食品裹面时，撒在油锅里炸好的碎面渣儿。

"别人都吃油炸的果子，他最爱吃面~，~脆呀，好吃。"

琐碎　大小病不断。"这孩子太~，感冒刚好又拉肚子，又长疮。"

锁眼儿　1.指锁孔。2.动词，缝制扣眼的边缘。

T

溻　汗湿、水湿。"这汗出得把小挂儿都~透了。"（早年间东北人夏日常贴身穿一小衫，俗称"汗溻"，即有溻汗之意。）"这包子蒸时间长就~底儿了。"

趿拉板儿　没有鞋帮，底儿是木制，前边钉有两条布或皮条，拦在脚拇指和食指间，走起路来呱哒呱哒作响，因而也叫呱哒板儿。

塌架子　指病倒。"要不是这药顶着，我早就~了！"

塌　1.宁静，镇定。"你必须~下心来看书。"2.凹下。"这孩子是~鼻梁。"

呔喝　自在、舒适。"他一天可~哪，什么活不干还吃好的喝好的。""想~，就不能学好，就考不上大学，就不能对国家做大贡献。"

呔呔喝喝　舒舒服服。"国家安定团结了，咱们老百姓才能~过日子。"

抬　1.拌嘴。"俩人没说几句就~起来了。"2.使人有光彩。"穿上军装一下子就把人~起来了。"3.借。"没钱哪，来我给你~点钱！"

抬脚儿　指行动。"岁数大了，~动手的不容易。"

抬裉　上衣从腋下到肩的部分。"上衣~太紧了，胳膊抬不起来。"

抬头不见低头见　经常能看到。"我不能帮你这个忙，我和他是同事，~的，不好。"

抬腿就走　马上走。"那脾气才偎哪，你说他，不受听了，~！""那干部才真正廉洁哪，看你把七碟子八碗摆上，~！"

抬着夯儿　大家合着伙儿。"你们是不是~地骗我，说我没啥病，其实我什么都知道了。"

太囊　指物品太软，也指为人太软弱。"这个人~，谁都不拿他当回事，甚至欺侮他。""人软货囊"。

太爷 曾祖父。

坍乎（滩乎） 1.烂。"这地瓜都蒸~了。"2.累乏。"干了一天活,这身子都~了!"

贪多嚼不烂 贪婪,多吃不消化,比喻一味求多反而达不到目的。"学习上别急,别贪多,~,一定要扎实。"

贪凉 夏日天热,贪图凉爽或冷食过多。"夏天一~就容易闹病。"

贪热闹 喜欢热闹"老妈有时也贪个热闹,和孩子们玩儿个小牌。"

摊钱 各家平均出一份钱,集中起来办某事。"公共厕所则各家~找人清扫。"

摊事儿 遇上祸事。"最近他又摊上点事,所以不好去找他。"

弹脑崩儿 小孩打赌,谁输了被~,即用拇指食指合拢起来对着对方额头猛然松开弹一下叫~。

坦然 安定、放心。"这些事都办完了我就~了。"

汤汤水水 1.指汤菜。"这~的没法拿,你们俩带孩子这几天就在这屋吃吧!"2.厨房的污水。"快把这孩子带走,这厨房~的,摔了烫了多不好。"

汤油 化过的牛油。

蹚 1.踢,碰。"他急急跑出屋把花盆也~倒了。"2.试着寻找。"你先去~~路子。"

蹚道儿 1.头一次走的路先探路叫~。"你头里走,~。"2.借喻医生不能确诊病人的病,先用些药试试效果也叫~。

蹚浑水 比喻跟着别人干坏事或指介入复杂混乱的事情。"他去不去你管不了,你可别去蹚那个浑水!"

螳螂子 意为当傻子欺侮。"干活多出力行,拿我~不行!"

糖葫芦出锅——穿上了 戏谑人穿上新衣。"呵,这二歪,今天是~!"

搪托马冒 敷衍、蒙混。"他可别~以次充好,你好好检查检查,别让他骗了。"

堂音 有共鸣的洪亮的声音。"我还记得姥爷当时八十多岁了,但说话依然口齿清楚~挺大。"

堂子　浴池的旧称。下"堂子"即去洗澡，现在还有人使用。

烫澡　洗热水澡。多是在浴池里先泡（所谓"烫"），然后再冲洗。"先去烫个澡，回来再去。"

趟　量词，有时指成行的东西。"我去时，他已经摆了好几~桌椅了！"

掏　1.祸害（动词）打、抓。"让狗给~了。""她再这么说，我去~她去！"2.从别人腰包拿钱。"他让人给~了。"（意即让小偷掏腰包了）3.拿。"若把你摔了，医疗费我~不起。"

掏改的　指掏包小偷。

掏窟窿挖洞　借债。"你借钱买房子，我可没地方~地给你还钱。"

淘　淘气，顽皮。"这孩子太~！"

掏弄　同"淘换"。"背着老爷子~古董出来换钱。"（《乾隆皇帝》五册p.25）"你要这东西我上哪给你~去！"

淘神　孩子淘气，大人费神。"这孩子太~，不像女孩儿。"

逃了活命　指逃离危险保全生命，也指逃出灾难得到自由、解脱。"你看那家子人个个身强力大却好吃懒做，她在那就得累死，这回搬出来也算~啦！"

讨打　自找挨打。"你爸不让你接触这小子，你还想让你爸去说情保他出来，你这不是~吗？！"

讨扰　打扰，麻烦，表示客气的话。"公爹说他身子欠安，容改日再来~。""接新媳妇的人，被送出门。说了些~的话就和新媳妇一起回家了。"

讨人嫌　使人讨厌。"偏赶上人家吃饭时你串门，不~！"

讨小　旧指娶小老婆。

庹　大人两臂伸开的长度叫一~。

套　烂的东西再蔓延。"这个伤口得赶快治，不然越~越大发。"

套包　马具。用苞米皮编的椭圆套圈，套在牲畜脖子上，以备拉车、推磨用。借以讽刺人不服管教，用以束缚。"你怎么不听管教，赶明儿我弄个~给你套上。"

套挎　一种冬日穿的护腿，没裤

219

裆的长腿套。

套脓 感染化脓，"脓"读轻声。"这个疖子要～，得赶快治。"

套弄 设计骗取。"这么一～，他果然说出真话了。"

套头裹脑 与人故意搭讪，套近乎，以便办成某事。"这人怎么～的，叫人讨厌！"

忒嘞 邋遢。"那姑娘性子好，人缘也好，就是太～。袜子都穿错了，还红一只黑一只的。"

忒嘞兵 不整洁不利落。"一天头不梳、脸不洗，屋里乱七八糟，你纯粹是个邋遢鬼、～！"

忒 太、极。"这屋子～小，挤不下。""大户人家一头通官一头通匪，～霸道。"（《乾隆皇帝》五册p.281）

忒儿喽 吸进或吞进的声态。"那孩子的两条鼻涕～一声吸回去了。"

煻 热疗。"把热水袋就热往腿上～一～。"

腾窝子 腾出地方。"就不给他姓潘的～！"

誊（借用） 拖、等。"这事不能再往后～了！"

踢拉嘟噜 1.着衣不合体或持物不利索拖落的样子。"他穿上他爸的裤子～地走出来。""她～抱出一大堆衣服让小妹挑。"2.几个人杂乱地走。"娘儿四个～都走了。"

踢里趿拉 趿拉着鞋在地上擦着走。"小三以为爸爸回来了，～地跑去开门。"

踢破门槛子 来往亲密。"那些日子我们家客多，多得～。"

体己 1.指家庭成员个人积蓄的财物。"她妈的那点～都贴补给她了，她还不满足。"2.亲近的，贴心的。"姐儿俩到一起，～话说不完。"

提 介绍对象的旧称，多是一方主动找介绍人向另一方去谈。"我给姑娘～一家，人可好哪！""咱们小芳十五岁，就有人家～了！"

提巴 提醒，指点。"我没做到的，你～我一下好及时做周全。"

提不起来 大不如前。"我过去四百米跑上八圈九圈不当事儿，现在呢，跑上两圈就喘上了，真是马尾穿豆腐——~了！"

提个醒儿 提醒。"有的说不上来，还得~！"

提另 单算。"这一万元是捐助失学儿童的，原先补助的两名学生补助费~给，不在这一万元之内。"

提搂 向上提。"小三，你把裤子好好~~！"

提气 即壮门面、令人脸面好看。"小张考上大学了，真~！"

提捅包号 性情暴烈，易怒，怒时又吼又跳。"这孩子来那个劲儿，~，无缘无故地耍一顿。"

蹄髈 猪肘。

踢登 折腾、贱卖、挥霍。"几年工夫家里这点好东西都叫这个败家子~光了。"

体性 秉性。"你们不知道我这个人的~，我穷，穷得刚强！"

剃光秃 喻指输得很惨。"咱厂球队这次叫人家给剃了光秃！"

剃头挑子——一头热 歇后语，喻指办事一厢情愿。"你得了解对方的意图如何，有没有意思入股，可别~！"

替 旧时家做布鞋需按脚形剪下纸样儿叫~鞋样儿，刺绣叫~花样儿。"妈说你那个鞋样儿好，求你给我也~一个。"

添病 给病人或有思想负担的人再加一层负担。"本来他这几天不好，你又告诉他这些难心事，这不是给他~吗？！"

添彩儿 1.反用其意，嘲讽人问题上又出问题。"本来就眼睛不好，这回脚又出了问题，这不是~吗？！"2.讽刺人（多指孩童、老人）倚仗某事增添毛病。"原先自己还能吃饭，现在倒叫人喂，这不是~吗？！"

添堵 增加难处、增加难心。"你这么干不是给子孙后代~吗？！""让老人高兴，不能给老人~！"

天打五雷轰 旧时（现在有的还使用）起誓用语。意为如不践行承诺就被雷击。

天道 天气。

天上来了 指阴天要下雨。"~，赶快把晒的被拿进来！"

天塌有大汉顶 意为办事不用顾

虑，后果有人负责。"你就放心去办吧，~着呢！"

天灾病业 泛指有病或遭遇其他不幸。"不攒点钱行吗，有个~的上哪凑钱去。"

填还 给人好处。"再不要白给人~银子。"（《乾隆皇帝》四册p.467）

填操 1.指责人贪吃。"这孩子使劲儿~，能不肚子疼？！" 2.指责人把钱物都给予一人。"她有点钱都~到她儿子身上了。"

甜不唧 有点甜但不好吃。"这种酱怎么~的，这也不是甜面酱呀！"

甜和 使人满意。"他也不能光用话~哪！""鸡~人，六只鸡每天至少捡五个蛋。"

甜嘴麻舌 吃得香甜，意犹未尽。"他吃得~，一边啃着手中的骨头，一边还瞧着盆里的肉。"

觍着脸 虽被斥责仍然赔笑。"江南这些官早被李卫骂皮了，~微笑。"（《雍正皇帝》中册p.382）

挑刺儿 挑剔、指责。"她老爱~！"

挑礼 找出礼节不周全之处。"你快去看看吧，别让人~。""你处处都做得挺周全，她爱~就挑吧。"

挑水的回头——过了井（景）了

歇后语。旧时常在民间流传。意为时过境迁不能成事了。"让你妈再去参加比赛可不行了，~！"

挑眼 挑毛病找缺点。"她这个人你还不了解，从来都是好~。"

挑眼拨刺 特挑剔地找毛病。"什么活也不干，还~！"

条子 金条。

笤帚疙瘩 小笤帚的手柄。"再不听话小心你妈拿~打屁股。""拿着~去追他。"（《小说月报》2002年第3期《妹妹》）

笤帚糜儿 笤帚上的高粱细糜儿。"撅~剔牙可不干净呀！"

调理 戏弄、作弄，使人上当。"他说给我买糖，其实~我。"

斢 调换。"你们俩~个个儿！"

挑 1.拆。"那动迁房房顶先~

了！"2.担负。"这个家全仗着她～着哪！" 3.上竿。"他眼不抬眉不～地哼了一声。"

挑大拇哥 夸赞。"小张工作有成绩,谁不～！"

挑费 家庭日常消费。"人多了干活的是多了,可～也大。""家里～大,大家都得注意节约才是。"

挑袍 没盖被子和衣而睡。"昨晚在那个小冷屋,叫我们～睡一宿,可把我们冻坏了！"

挑事搭 挑各方不和的人。"你还让她去说和？她是个～,她去了更坏事儿！"

跳大神 旧时巫师假称神灵附体,来回跳跃,伪称能驱鬼治病,属迷信行为。

跳格蹬儿 指没按正常顺序上升,中间跳开一两个阶段。"他从小学五年～上了中学,没念初二,又～上了初三。"

跳惶惶神儿 不安心、不稳定。"那帮小子看王强走了,也～不好干,嚷着要走。"

跳圈 特指牲畜跳出栅栏。"这公猪啊,总想～。"

跳老虎神 发威、吵闹。"你跟孩子跳什么老虎神！""他姐去参加游园会他非要跟着去,这不,和我～哪！"

贴边儿 话近情理合事实。"这话还～。"

贴乎 贴近。"你猜的这个谜底还有点～。"

贴脸儿 脸与脸相贴,亲近。"小丽过来,和姥姥贴贴脸！"

铁 友情超常牢固,现在流行语。"咱们是～哥们！""他俩的关系挺～。"

铁打的衙门流水的官 岗位是固定的,人员经常变换。"你怕他干啥,～,他还老在这当领导啊,不定哪天他这些事揭露出来就待不了啦！"

铁杆儿 信仰与立场坚定不渝。"都是些～的抗日联军。"(《小说月报》2002年第3期《妹妹》)

铁杆儿庄稼 稳固的经济来源。"这买卖眼下虽然好,但不是～,什么事都事在人为。"

铁哥儿们（铁子） 最可靠的讲义气的朋友,也包含互相包庇的意思。

铁公鸡——一毛不拔 歇后语，喻指非常吝啬的人。"你这个姐姐可是个～，你还想让她出钱？！"

铁匠炉里的坯子——横竖都挨打 歇后语，喻指怎么做都挨批评。"我是～！"

听岔了 听意与本意相悖。"其实我的意思是，把这两批货都销掉以后再一起付款，你们厂长可能～！"（《小说月报》2001年第1期《正当防卫》p.80）

听喝 听从指挥、有贬义。"我是～的，要干什么活，找我，要拿主意，找主管去。"

听喇喇咕叫唤还不种地 不听邪，不听闲言碎语，该怎么办就怎么办。"他们爱怎么议论就议论去呗，～了！"

听三不听四 没有兼听。"你也是～，不是老大不要她，是飞行员不让娶外国女人。"

听说 听话，不胡闹。"小三最近可～哪，一点儿也不闹人了。"

听听儿 看一看，等一等。"不少家怕地震都搬到广场住去了，咱们这房结实先不搬，～再说。"

停停儿 等一等。"你先办你的事吧，这事～再说。"

梃儿 开花的茎。"这盆花出～啦！"

挺了 指人死尸僵。"我打开门一看，人都～！"

挺门户 支撑一个家。"我现在是～过日子。"

挺实 硬、板正，"实"读轻声。"这布挺～的。"

挺尸 骂人语，指躺着或睡觉。"上房一溜黑灯瞎火的，敢情在～，叫我们等！"（《乾隆皇帝》五册p.26）"人家都忙得不可开交，你却在这～，像话吗！"

挺住架 禁受得住。"咋的这日子也得过下去，你得～！"

梃 1.打、击。"那家伙太不是东西，打小孩，找机会～他一顿，教训教训他！""那天回去你爸～你没？"2.打麻将牌时用语。

童子鸡 作菜肴的幼嫩的小鸡。

铜活 旧式家具上的铜制零件如

折叶、箱子鼻儿等。"柜子上的~都掉了，想办法安上。"

铜子儿 老一代人称硬币。

捅咕 摆弄。"他没事瞎~，看，~坏了吧！"

偷锅时 俗称天欲亮前黑暗之时。

偷摸 不让人知道，偷偷地。"等他们都睡了，我~回去。"

偷油儿 偷懒。"小三子干活爱~。"

偷着乐 暗中高兴。"娶这么好看又勤快的小媳妇你天天~吧！"

头 什么时候以前。"这话~两天就告诉你了，你也没在意听呀！"

头大 1.长子、长女，老大。"你是~的，要帮爸妈多照顾弟弟妹妹。" 2.头昏脑涨。形容事情难办或令人害怕。"她怎么要来？她没来我就~了！"

头顶头的 最好的、最上等的。"这是~货！"

头顶上长疮，脚底下流脓 喻指人坏到极点。"这坏蛋~，该枪毙！"

头发长见识短 歧视妇女的说法，意为妇女没见识，应批判。

头发根儿扎煞 害怕、恐惧的样子。"那时我小，夜里一个人走回来，头发根儿都扎煞起来了！"

头伏饽饽二伏面，三伏烙饼炒鸡蛋 民谚，旧指按节气改善的食谱。

头伏萝卜二伏菜，三伏种荞麦 民谚，指按节气宜做的农事。

头拱地 形容特别用力、费力。"你~也得帮呀！"

头婚 第一次结婚（对二婚而言）。

头脸儿 面子、脸面。"几个有~的人出来圆场、赔罪就算了结了。"

头目人儿 领头管事的人。"准得有个像样儿的~管事才行。"

头难 诸事开头难。"~~，这些困难克服了以后就好办了。"

头年 1.去年。"~回来一次。" 2.第一年。"五年计划看~！"

头年儿 春节前的一段时间。"~一定要把这些事办利索。"

头齐脚不齐 不齐整、不完满。

"家里乱事这么多，~的，这时候还去游山玩水！"

头上末下的 头一回。"小李媳妇生孩子，~的，咱们得送点什么！"

头晌儿 上午。

头首 生头一个。"~是个女孩。"

头蹄下水 指牛、羊、猪等的头、蹄和内脏。

头午 指上午九时左右一段时间。"让他~必须赶到这，十点的车一块儿走。"

头一末 头一回。"她~到我们家来。""这东西我还是~吃。"

头直上 头顶上。"孩子小，你把孩子~围上点，别受风。"

投 衣物用肥皂或洗衣粉搓过后，用水漂洗俗称~。"肥皂太多了，多~几回！"

透 动词，使之通透、使之通风。"那个眼儿弥住了，你用针~一~！""你把炉子~一~！"（即捅一捅，让乏灰掉下来，炉火通风，着得旺。）

透亮杯儿 1.透明、洁净。"你舅妈渍的酸菜，棵棵都~似的。"2.心中明澈。"她什么都明白，心里像~似的。"3.长相白净。"那孩子长得~似的。"

透灵劲儿 白净、聪明、伶俐的样子。"神情那个端庄、大方，那个~，没比的！"（《小说月报》2002年第3期《妹妹》）

透心儿凉 心寒、心冷。"他这几句话把妈说得~！"

秃 1.不合礼数。"总也不去他家，空着手不拿点礼物是不是太~了！"2.空、旷。"这么大个屋就一张床，太~了，该买个桌子，两把椅子，再加个书柜，就好了！"

秃疮 黄癣。

秃个叉 主要指"秃"，用"个叉"表贬义。"头上是不~的，带上一朵花吧！"

秃葫芦 光头、秃脑袋，蔑称。"你怎么剃个~！"

秃了嘎唧 1.没头发。"你不看见他进屋不摘帽子吗，他嫌~的不好看。"2.礼数不全。"我就这么空着手~去看人家老人多不好？"

秃噜皮 皮肤被擦伤。"没摔重,就胳膊秃噜点皮。"

秃噜 1.脱扣。"绳子~扣了!""那孩子裤子没系好,都~下来了。"2.悔言。"张抱丁道:'~得倒快。人家九个你就九个,想好了说。'""这人办事总~!"3.收拾(指开水烫)"这鸡宰了两遍,身上肯定紫了,要不赶快~了,肉肯定就不新鲜了!"

秃噜反账 出尔反尔。"你这个人一会儿说可以,一会儿又说不行,~的,这怎么处事!"

秃瓢儿 同"秃葫芦"。"这孩子,让他给他哥理发,他给他哥剃个大~,这怎么出门呀!"

秃子打伞——无发(法)无天 歇后语。"他敢这么干,这可是~!"

秃子脑袋上的虱子——明摆着的 歇后语,指事情一眼就能看清。"他是打老爷子的主意,那不是~。"

秃子脑袋上盘辫子——白忙活 意指白费力。"人家老早就走了,你还想追,这不是~吗?!"

图希 希望得到。"你说我东一头西一头地来回跑,帮你们两家和好,我~啥呀!"

土豆炖白薯——一个味儿 贬指俩人一样脾气。"你比她强?!我看哪你俩是~!"

土豆开花——出息个暴 喻异常的出息,多用反语。"你也当上城防司令啦,你~啊!"

土坷拉 硬土块。

土拉吧唧 土气,蔑称。"你瞅那孩子外表~的,学习可最好。"

土拉刚唧 同"土拉吧唧"。

土老冒儿 对土气、知识欠缺、没见过世面的蔑称。"小青年们便背过脸去努鼻子,小声嘀咕,~样儿!"(《小说月报》2002第9期《谁能摩挲爱情》)

土埋半截 接近死亡。"我都快八十了,~了,还有什么特殊要求?"

吐口 透露、答应、开口说话。"到底赚了多少却不~。"(《小说月报》2000第7期)"让媒人再催问一次,也许她就~了。"(《小说月报》2001年第3期)

唾沫星子 口沫飞溅。"一说话满嘴冒沫，~喷我可脸。"

吐沫星子淹死人 喻指人言可畏。"在这村里~，我可是村长啊！"

吐吐沫落地是钉 说话算数。"你不知道我还有个优点，仗义，说话算数，~！"

团弄 摆布。"这孩子太淘，我可~不了他。"

忒 太。"~好了""这楼~高了"。

腿打摽 迈不动腿，喻指行动跟不上。"喝酒喝得都~了还说没喝多少。""要戒烟就下定决心坚决戒掉，不能老是心里明白~！"

腿脚儿勤 常走动。"他年轻~，常到几个兄弟姐妹家走走。"

屯 不活动。

屯老二 过去上层阶级对农民的蔑称，应批判。

屯堡 旧称农村，现在还有人沿用。"姥姥说现在都住在城市，早年我们家也是~人。"

屯子 村庄。

囤袖儿 1.东北天寒时为保暖，人们把双手藏在袖子里，呈双肘互握的姿态叫~，"囤"为动词，借用。"穿翻毛羊皮大氅的车老板，从前辕座上跳下，~，跺脚，跟着牲畜跑。"2.干活的人怕脏了衣袖，做半截袖筒套在衣袖上叫~，名词。

褪 藏在袖子里。"拿两个馒头~在袖子里。"

褪身步儿 余地、后路。"你总得留个~吧。"

褪套 1.从绳套中解脱。"你逮的那小兔子~跑了。"2.不执行承诺。"他原本答应了，现在又~了！"

脱裤子放屁——费两道手 歇后语。喻多一道手续。"他已经去了，你干啥还让我去，这不是~吗？！"

脱相 因病或其他原因，人的相貌不似本貌叫~。"他病得不轻，都~了！"

脱滑 耍滑头，不干活。"有什么重要事非待现在办，你是不是~呀！"

拖落 因长而垂落。"这个裙子

太长了，都~到脚面了。"

托领 做衣服，领口处衬上一条圆形的布叫~。

托儿 现代流行土语。即假装买主帮助商家推销之人。

托人 求人、走后门。"小三儿看中了那个姑娘，~求亲，不知姑娘愿意不。"

躲懒 偷懒。

躲心静儿 躲开繁杂、劳累的地方。"怪不得找不着你，你在这~哪！"

妥 应声，行。"~，就两条红毛鲤。"（《小说月报》2000年第11期）"你去说，一说就~。"

妥妥的 很准确、实在、安稳。"我都跟他说的~的啦！""那孩子病得~（没救）了。"

W

哇啦 说话,有贬义。"那会上就听他一人~了。""就是哑巴呗,也得~几句。"

挖门盗洞 想方设法走门子。"好不容易~讨弄来了票……"(《小说月报》1996年第9期《沈阳啊,沈阳》)

娃气 年老人衣着、举止轻浮。"你岁数大,穿这件有点~。这是年轻人穿的。"

挖拉 寻找:"你给他~一双好点的皮鞋。""他又没事干了,你想法给他~~看,有没有合适他干的事儿。"

挖弄 钻营谋私。

瓦亮 非常亮。"腰里别着~的王八盒子。"(《小说月报》2002年第3期《妹妹》)

袜底托 旧时补袜子的木型,将要补的袜子套在木型上再补。

歪 半躺半坐,暂时休息。"你们干你们的,我在这~一会儿。"另指不讲理。"那媳妇特~,跟她讲不出理。"

歪八横梁 不讲理,耍横的样子。"你看她~的样儿,跟她讲不出理来。"

歪瓜裂枣 比喻不成材的人,"你在哪弄来这些~,怎么问什么什么不懂,不会。"

舀 用勺子取液体。"你给我~一瓢水。""~一勺子油。"

崴扯 因脚不得劲儿走路一拐一拐的样子。"这鞋跟太高,脚~~的。"

崴子 山水弯曲的地方,多用于地名。

外帮秧 喻血统、嫡系之外,不是一家人。"别拿自己当~,咱们就是一家人!"

外搭着 额外还给。"我们给希望小学的孩子们送去了书、本子、铅笔什么的。~有的还送去了自己的口琴,自己画的画和自己做的新年贺卡。"

外道 过于客气显得疏远。"你

说这话不就~了！"

外面儿 在外人面前的礼节，外表。"这小媳妇~上都过得去。""~上和老十三也好。"(《雍正皇帝》中册p.280)

外首 靠外边。"咱们的房子在~。"

弯子转子 指说话行事讲方法，方式，委婉一些。一般为贬称，指心计。"我可不会那些~的，我可直说了。"

完 坏了、垮了。"老张媳妇有病，老张这一出车祸，他媳妇也~了。"

完蛋货 骂人语，同"完犊子""要我说，你也是个~！"

完犊子 骂人语，白活，不可挽救之意。"怎么做这缺德事，~你！"

完事大吉 1.所做事情遭遇失败，不能挽救。"出了这些事，这买卖只好~了。"2.结束一段工作，舒了一口气。"这批订货做完以后，这段就~了，大家就可以休息休息，回家过春节了。"

玩儿不转 说了不算，调动不灵。"他现在在这~！没威信！"

玩儿花活 耍心眼，耍手段。"你说这小子，跟自己的亲姑姑~！像话吗？"

玩儿赖 耍赖，小孩游戏语。

玩儿轮子 耍手段，绕圈子。"有话你就说，别跟我~！"

玩儿票 东北土语里的此词是"亮光棍""显能耐""显摆"的意思。"你大雪天穿这样夏天才穿的衣服，你这~哪，看你不感冒！"

玩意儿 骂人。"你算个什么~啊！"

晚半晌儿 黄昏到天黑以后。

晚儿 一段时期。"那~人都穿长挂儿，大布衫儿。""我上学那~，一个月花一角钱还是集体看电影。"

晚三春 喻很晚了。"现在后悔，~了！"

万般无奈 不得已，实在没办法。"我们确实是~了，才来麻烦您。"

万年牢 器物特别结实。"这水桶使多少年了，还不坏？！你想

~啊！"

万许 或许，也许。"他鬼点子多，~能解决问题呢！"

王八吃秤砣——铁了心了 歇后语，比喻人决心已下。"就要和他弄大棚，我是~！"

王八蛋 骂人语。

王八羔子 骂人语。

王八屁股生疮——乱（烂）规（龟）定（腚） 比喻做些不合适的章法。"老板给我们定这几条，我看是~！"

王道 霸道，厉害。"你这孩子怎这么~，许你在沙坑玩，不许别人玩！"

王婆子画眉——东一耙子，西一扫帚 歇后语，意为干活不细致，不认真。"你这地怎么扫的，~的，这花生皮、糖纸，都没扫走哪！"

王子 头儿，最好、最大、最厉害的。"这个倭瓜这么大个儿，成了~啦！""那个小子真厉害，成了他们家的~了！"

往死里咸 食物过咸。"这菜你搁多少盐哪，怎么~！"

妄口巴舌 没有的事硬编出来。"谁跟男人搂着逛公园去了？！让她~，给别人瞎编排！"

忘了北 得意忘形。"有了几个臭钱，就~了，见谁都不认得了！"

忘了自己是谁 指有钱、有地位、有势力就昏了头了。"他不就当了个处长，跟人家屁股后头出了几回国吗，他~了吧！"

望长久远 做长远打算。"你想~地在那儿干，就得老老实实的，别贪玩，别偷懒，勤谨点。"

望空扑影 没有根据、瞎猜。"你这不是~，哪有这事呀！"

望山跑死马 指虽然看着山就在眼前，可还得走很长的一段路。借喻人不要因胜利而松劲。"有了一点成绩，可千万不能松劲，没听说~吗？"

望天吼 喻指人像建筑上的兽一样地呆滞的样子。"你看那孩子一到晚上就像~一样盼着他妈。"

望眼儿实行 瞅着眼色行事。"这人是新来的，干什么都~的！"

旺势 炉火烧得旺；生活蒸蒸日上。"这火这么~！""这生意也越来越~了。"

搣 用劲让直的变弯。"你把这铁丝~个圈儿。""那天看杂技，那小姑娘那腰~得像面条似的。"

萎能 因病或因心情不舒畅而不振作。"老这么~着，也不是个事，出去走走。""你这病越~越不行，得出去走，锻炼，越锻炼越好！"

萎脓长肉儿 指伤口渐愈，脓消肉长。"好了，没问题了，~了！"

为难着窄 因生活困难而操心、为难。"妈妈爸爸~地把我们拉扯大的，咱们不能忘！""我妈~过着苦日子，却咬着牙供我上学。"

为重 尊重，多与"拿"结合，用否定式。"闫师傅，我瞅她们嘻嘻哈哈，不咋拿你~！"

围脖儿 指冬日厚的毛织的取暖用的围巾。

围腰儿 老年人冬日护腰取暖的棉的长条状的宽带子。

维人儿 处理好人与人的关系。"她挺会~的，有什么事大伙儿帮她。""他就不会~，一天傀哄哄的。"

委咕 行动慢，磨蹭。"大伙儿在门口等你，你还~什么哪！"

未见起 不见得。"他~能去。""校队~能打过班队。"

未见准 不见得。"我看他~能来。""你爸~知道你妈的病情，就别和他说了，省了他着急上火的。"

喂 1.泡。"你先把肉~上盐酱。" 2.传递。"垒球，~的好，我就能打出去。"

温的乎儿 稍微热一点。"我们刚吃完，饭菜还~的，吃正好。"

温吞 水不冷不热。

瘟大灾 骂人话，瘟病而死。"雨来子这~的，他贪了国家那么多钱！"

纹绺儿 折纹。"这手心的~是不是一个人一样儿？"

稳住 想法子，让对方别逃走，稳定住。"你先把他~，我们随后就到。"

233

稳住架 沉稳，不惊慌。"他们来打架，也不要紧，你要~，咱们有理，讲理总行吧！"

稳住神儿 如"稳住架儿"。即镇定住精神。"你先~，别害怕，我打听打听再说，说不定是医院搞错了呢！"

问短了 被问得回答不出来。"他这么一说，可把我~了。"

问着了 问对了人。"你可~了，我也上那儿去，你就和我一起去吧！"

问住 不能回答。"他这一说，可把我~了，我还以为我的知识面广呢，看来不少事咱们不知道。"

窝 1.挑。"年糕拿上来，先给妈~了一筷子。2.弯曲。"你把被重包包，孩子的脚在里头~着呢！别~坏了。""你把相片拿好，别~了角儿。"

窝巴 不伸展，不舒畅。"几个孩子~在一个小炕上。""老在家~着，会~出病来。"

窝憋 1.不舒畅。这次官司没赢，他心里能不~吗？"2.住处偏狭。"住这小屋，够~的了。"

窝脖儿 受挫而不舒畅。"他这回本想擎功受赏去了，没承想人家倒把他损了一顿，闹了个大~！"

窝风 空气不畅。"这块儿~，不凉快。"

窝囊废 讥讽怯懦软弱的人。"鼓励我在部队干出个模样来，证明自家能出狗熊~，也能出英雄（《小说月报》2000年第12期）。"

窝屈 郁积不得伸展，受委屈而憋闷，不如意。"姐姐~得一身病呢！"（《乾隆皇帝》二册）

窝儿 比喻人或动物的宿处。"他不动~。""这东西太碍事，给它挪个~。"

窝儿里斗 自家人里闹矛盾。"咱们该说明该解释的都说出来，别搞不团结，让人家说咱~！"

窝儿里反 自己家里闹矛盾，意见不一致。"外边的官司还没打赢，咱们自家先~了。"

窝儿里炮 自家人向自家人开火。"在自家搞~他有能耐，跟外人打官司他成了孬种了。"

窝棚 农村用庄稼秆（高粱秆或玉米秆）搭成的简易的小棚。"那时，夏天我们知青看地时就住在~里。"

窝窝囊囊 喻指人软弱无能。"那人~，能办成什么事？"

窝窝头 即窝头。

窝窝头翻个——显大眼 窝窝头是用苞米面、高粱面蒸的下有一坑的食品。翻个向上就露出坑眼。喻人好显示，出风头。"在场子里谁也没像她~，唱个歌还走调了！"

窝心 不称心又不便向外人说，心中苦闷。"家里出了这个丑事，他能不~吗？"

窝子病 一家人互相传染的病。"小兰别上她家去玩了，她们家正闹~哪！"

我说 说话中的口头语，没实体意义。"~你们吃了饭再走吧！挺冷的天，你们还来看我们。~得谢谢你们啦！"

我也不是说 不是我之本意。"~非得让我们干，不让你们干，其实谁干不一样！"

卧 把去皮的鸡蛋在开水里煮。"~一个鸡子儿。"

卧子 位置、隐蔽的地方，或指土匪居住的。"说那是青龙白虎的~！""你把这~都看了，你还想走？"

呜哇喊叫 乱喊乱叫。"窗口外~，炸营了！"

乌拉巴涂 1.糊里糊涂。"这个事儿就这么~地完了？" 2.热了但没开。"这水~的，别喝了！"

乌漆墨黑 黑暗的样子。"这么晚了，~的，我又不认识，上哪找啊！"

乌涂 指事情没解决，悬着。"他俩那关系，总那么~着，散还不散，结婚还不结。"

乌眼儿鸡 形容仇视的样子。"两人多咱见了都是~似的。"

乌眼儿青 眼皮外部因打架，磕碰而发青。"这孩子爱管闲事，有时就叫人打得~，也不改这习惯。"

无咕拉撒 谓品行不端，甚至犯罪的人。"弄了些~的人在一块儿搅混还有个好？"

无利不起早 没所图不能这么积

235

极。"他为啥帮你家？不听说你儿子要当村长了，~！"

无奈心烦 长时间等人，很焦急烦恼的样子。"他等得~了，才走了。"

无式八遍 无数次。"他一天~地跑，也没把这个钱要回来。"

武大郎卖豆腐——人软货囊 喻指货软人懦弱。"你是~啊，你就不能长点志气！"

五把抄 东北土话指能力、水平。"这人，一有了~就走了！"

五次三番 很多次，很多回。"他大老远地~地来劝，我看你还是回去吧。"

五冬六夏 意指长年。"他不抽烟，只把玩着~从不离身的扇子。"（《雍正皇帝》下册，p.74）

五服 五服指高祖父、曾祖父、祖父、父亲、自己五代，五代之内的亲缘关系，即为五服内。意为亲缘很近，没出五服："（他们是）~内的堂兄弟。"

五脊六兽 1.原意为一种屋顶建筑样式：有脊五条，四角各有瓷制六兽蹲踞。2.比喻心烦意乱，忐忑不安。"这些矛盾在他心中乱碰，使他一天到晚~的不大好过。"

五马换六羊 相互换东西。"他们这么~，倒也谁都不吃亏。"

五马三枪 激烈地，急剧地。"小三一进屋，就让他爸~地闹（骂）了一顿。"

五月单五儿 端午节，因在农历五月初五，故称单，应是"一个五"（不是十五、二十五）之意。

伍的 一类的。"他摆小摊儿，就是卖个手绢、袜子~的，能赚几个钱。""弄个大屋，开会，办个游乐活动~的，也有个地方。"

舞舞揸揸 1.揸着手大幅度舞动。"你别拿个刀~的，小心碰了谁。"2.也用来形容人喜欢张扬、显示的样子。"婚礼上大家都忙得不可开交，他也~地，可没看他干什么具体事。"

捂 食物变坏。"这碗饭~了，不能吃了。"

捂扯 1.捂，遮掩。"她~不住了，找我想办法。"2.过分关心。"你别总~她,有点小病不要紧。"

捂汗包　穿得太多。"你穿了多少衣服,~!"

捂着盖着(捂捂盖盖)　遮盖,不为人所知。"什么事你总~,出事了,看你怎办!"

捂治　做,干,处理。"这段我不走了,帮你~~!"

寤迷　酣睡时突然醒来,神志不太清叫寤迷。另指一时糊涂。"你别看他突然坐起来拿眼瞪你,那是他睡~了,还没醒。"

寤迷三道　说话行事不正常,迷糊。"半夜起来~的,说什么他的车丢了,他也没骑车来呀!""那天我喝得~的,没说什么吧?"

无能为　没有能力,没有作为。"爹妈~,就靠你们自己用劲儿了。"

污秽人　1.脏得使人恶心。"你看他那一脑袋长头发也不洗,胡子拉碴的也不刮,衣服也不洗,鞋破了也不缝缝,多~!"2.坐访不辞。"来了就不走,屁股沉,一唠就大半宿,人家还睡觉不,多~!"

焐　1.存储。"这钱总在他手里~着,算怎么回事!"2.陷进泥潭。"大车~在泥里了。"

雾气罩罩　浓雾弥漫。"这~的,对面看不见人。"

乌拉(靰鞡)　旧时东北人穿的防寒鞋,皮革制,鞋里垫乌拉草。

乌拉(靰鞡)草　多年生草,叶细长,茎和叶子晒干捶软后垫在鞋里很暖和。人说:东北有三宝:人参、貂皮、乌拉草。

物　贬义称人,即不是东西。"我真没想到他是这么个~!"

X

惜命 怕损失生命。"小指头割个口儿怕什么,你直劲儿叫唤,倒挺~的。"

西瓜皮揩屁股——没完没了 喻说话啰啰唆唆重复。"这个文化人说话怎么~!"

西照日头 下午太阳在西方向东照。"~可毒哪,我那一间房夏天热得受不了。"

吸溜 吸:"用碗盖拨茶~了一口。"(《雍正皇帝》下册 p.428)"又~鼻子,又打喷嚏。"(《乾隆皇帝》五册 p.292)

稀罕 喜欢。"这孩子就~书"。

希罕宝 特别喜欢,珍贵的东西。"别看咱们丫头丑,爹妈可是~似的。"

稀巴烂 碎得很厉害的样子。"上次生气,他把屋里的东西砸得~。"

稀得溜儿 液体食物稀而不稠,有喜爱之情。"上次熬那粥~的,正好。"

稀哈达软 软,特软。"你这面和得~,直粘手。"

稀糊儿 不稠。"面条、粥,~点的就行。"

稀啦咣荡 很稀的样子。"我还记得,头次吃的粥~的,谁也没吃饱。后来知道我们这些小伙子都是老实人,粥就稠了。"

稀啦哈得儿 (稀啦马哈) 1.指人性格大大咧咧,不太认真的样子。"你跟他说正经事,他也~的,像听见又像没听见。"2.指家具不牢固。"那椅子~的,都要散架了。"

稀啦呼噜 大口吞食。"这俩孩子,~把这点饭都吃了。真是饿急了。"

稀啦麻棱儿 稀少的样子。1."我去那时候,人还~哪。后来就满座了。"2."鼻子上~有几个雀斑。"

稀啦马哈 随随便便、不严肃认真。

稀烂 很烂。"肉炖得~，奶奶能咬得动。"

稀里糊涂 糊涂，头脑不清楚。"他说得~，我听得也~，到底也没明白是怎么回事。""~地结了婚。"

稀溜儿 同"稀糊儿"。

稀屎浑粥 极度混乱。"本来几个孩子玩得挺好，他一来就给搅得~。"

稀汤寡水 不黏稠，很稀的样子。"你瞅这菜，怎么~没滋没味的。"

稀松平常 很一般。"他自己总吹嘘画得好，还得过奖，今天看他画了岁寒三友图，也不过~。"

洗巴洗巴 很草率地洗。"把孩子~，穿上衣服就塞到车里。"

洗脸盆扎猛子——不知道深浅 扎猛子是头朝下入水。此歇后语意为办事情不能审时度势。"他一个人要接这么个大项目，是不是有点~！"

喜鹊 "鹊"变音。

喜外 外道，见外。（礼节过分，显得疏远）"你可别~！""你要不~的话，今晚就不必住旅店，就住我们这，挺方便的。"

戏匣子 电唱机（旧式的留声机）。有的老年人管收音机也叫~。

细 节俭。"小媳妇日子过得可~哪！一根火柴划过还留着下回引火。"

细发 1.细腻。"那姑娘的小脸可~哪。"2.指粉状的东西不粗砺。"经他手磨的面，连磨带筛可~哪！"

细高挑儿 人的身量又瘦又高。"她妈长得~，她像她妈。"

细篾儿 （席篾儿）极细的竹片，苇子秆儿皮，高粱秸皮。"手指头让~扎了一下子。""顺手还从炕笤帚上拽几根儿~。"（《乾隆皇帝》四册 p.28）

瞎 1.没有头绪，乱。"这毛线都让你给弄~了。"2.籽粒干瘪。"这段地的苞米，肥水没跟上，净是~子。"

瞎叭叭 瞎说、乱说。"她没事干，净~！"

瞎掰 瞎说，瞎闹。"你别~

了，这个办法哪行！""他净~，他说他晚上看见鬼了！"

瞎白乎 说胡话，胡扯。"你听他~，没一句正经话。"

瞎扯淡 胡扯。"他那话，你还听？！他净~！没一句正经话。"

瞎打岔 胡乱地说些与对方不一致的话。"唉！你别跟着~，人家是问上北京街怎么走，你回答滨江街干啥！"

瞎叨叨（瞎叨咕） 厌烦对方反复说个没完。"你说一遍就得了，~啥呀！"

瞎哼哼 同"瞎叨叨"。

瞎核计 瞎想。"没人跟你过不去，你别~啦！"

瞎胡扯淡 同"瞎扯淡"。

瞎胡混 没有上进心，随大流、混日子。"人家干的是正经事，他呀，是~！"

瞎胡闹 做事心中无数、无规章、无计划。"要成立乐队也行，得请个指导订个规矩，不能~。"

瞎搅和 胡乱掺合。"人家两人搞对象挺好的，你总跟着~什么！"

瞎拉个 随便搭话。"你也不买人家东西，你还~什么。"

瞎嘞嘞 同"瞎咧咧"。

瞎咧咧 随便说，没根据胡说。"你知道事情的来龙去脉吗？你跟着~啥！"

瞎猫碰死耗子 碰巧。"他这也是~赶巧，不然他能得奖！"

瞎目合眼 看不清楚。"大黑夜，~的，能看着啥。""我本来就~的，你还叫我去看那小字儿。"

瞎唠唠 同"瞎咧咧"。

瞎起哄 瞎胡闹。"我也不过生日，也没有喜事，就让我请客，他们~！"

瞎捅咕 胡乱地背后小动作。"这事得正式办，别~！"

瞎捂盖 胡乱地安排，张罗。"人家安排有一定规矩的，你跟着~啥！"

瞎折腾 翻过来掉过去地瞎整，贬义。"他把自行车卖了，买摩托，现在又要卖摩托，不知道是不是有钱买汽车，净~！"

瞎子 籽粒没成。（同"瞎"）"这棒（苞米）是~。"

瞎子点灯——白费蜡 喻那些白费力气的事。"对这样的死刑犯，他顽固不化，你劝他什么，不也是~！"

辖服 管束，使之服从。"也怨你二叔自个儿，连个媳妇也~不住。"

挟制 利用手中的权势或抓到别人的短处，强迫别人服从。"六部里头，十停人有四停人受他~。"（《康熙皇帝》四册p.12）"他是受人~，你该理解。"

下把 下手拿、吃。"这几个孩子没个吃样儿，都~抓吃。"

下不来台 面子上过不去，尴尬。"当面给他俩一个~！"（《小说月报》2002年第3期《妹妹》）

下不去 使人尴尬。"他那么数落人家，我看着都~。"

下不去锹 形容东西多、乱。"看他那屋里东西又多又乱又脏。~啦！"

下不去手 不忍动手伤害。"你让他去打人，他可~。"

下道 走向下流，不正经。"你这人，怎么一说话就~。"

下疯了 下得很大，很狂。"外面的雪都~。"（《小说月报》2001年第2期p.30）

下黑饭 晚饭，因管"晚上"也叫"下黑"，所以晚上的饭也叫~。

下话 事先告诉该怎么对待马上就来的人或事，必须按这个办。"我们领导早就~了，您来了一定热情招待。"

下怀儿 幼儿离开母亲怀抱。"这孩子老也不~，你什么也干不了。"

下火 天气炎热，像降火。"这天哪，热得像~！"

下脚儿 在杂乱中找地方站着。"他那屋乱得简直没地方~。"

下筷儿 拿起筷子，开始吃饭。"都是自己人别客气，来，大家都~！"

下奶 使奶水充足。"儿媳妇坐月子，我买个老母鸡给她~！"

下三烂（下色赖） 下贱、下流的人或事。"他净干那些~的事！""你怎么跟那个~交朋友。"

241

下色 小气,吝啬。"这孩子怎这么~,一块饼干也舍不得给弟弟!"

下晌儿 下午。"我们老二在内务府当差,~回来说的。"(《雍正皇帝》中册 p.78)

下水 喻指人没好心眼。"这个人没有好~,你得防着他点儿!"

下晚儿黑 黑夜。"~,这屋的娘们儿哗哗撒尿,那屋的爷们儿听得清清楚楚。"(《小说月报》1997年第10期《黑网》)

下眼食 在被人鄙视的眼光中吃东西。"有婶能上你家吃~!"

下雨天不带草帽——时(湿)髦(毛) 喻人合乎时尚。"你戴上这朵花可就是~了!"

下笊篱 借喻下手,多指贬义。"你刚来,想从哪~?"

下子 鱼虫类产卵。

吓背气 受惊吓致休克。"你差点把我~了!"

吓毛了 吓得害怕极了。"听说警察来,他就~了,是不是他干了什么事,不然怎么这么怕警察!"

吓人呼啦的 故意吓人似的。"没什么大不了的事儿,就她~!"

吓人忽拉 让人害怕。"你怎么说得~的!"

先生 医生。"有病请个~看看,别瞎吃药。"

先头儿 1.以前。"为什么~不和她说。" 2.前夫(妻)的。"她是~(指前妻)留下的姑娘。"

鲜亮 新鲜。"给你买了就赶快吃,吃个~劲儿,这水果一搁就不水灵了。"

闲白儿 扯些无关紧要的家长里短的话。"这是扯~时听说的。"

闲话笸箩 笸箩,一种浅筐,意为传闲话的筐。"你说啥说啊,~似的!"

闲劲儿难忍 闲得难受,要惹点什么事。"你没事儿撩他这小毛孩子干吗,你是~啊!"

闲磕牙(闲磕打牙) 没事儿闲唠嗑。"有一搭没一搭~。"

闲篇儿 与正事无关的话。"我没工夫和你扯~。"

闲言碎语 不负责任的背后议论。"你不要听那些~，自己该怎么干还怎么干！"

闲杂儿 闲谈，有贬义。"我没这工夫跟你扯~。"

咸菜疙瘩 1.泛指一般块状的咸菜——用盐腌制的菜。2.专指玉根头——东北常吃的一种块根像萝卜似的菜，多用来腌制后煮了吃，也可生吃。"饭铺里，靠土墙那儿站着一排齐胸高的大缸，里面腌着酸菜，~。"（《小说月报》2001年第2期p.27）

咸菜罐子朝下——空坛（空谈） 歇后语。"你这主意我看是~！"

咸贴贴的 色眯眯、讨好样儿。"那个新来的，~，总往年轻女同事跟前凑，讨厌！"

嫌疵 嫌弃，嫌乎。"您要不~就在这随便吃点再走。"

嫌乎 讨厌，不满意。"你们都~我。""我啥时候~小蒙了！"

显 显示自己。"这群人里就~他了。"

显摆 显示并夸耀。"这个人才念了几年书，就~自己有学问了。"

显鼻子显眼 惹人注意。"穿这身衣服是不是有点太~了！"

显大眼儿 突出自己，显自己有能耐。"谁也不吱声，不应承，就他~！"

显怀 妇女怀孕到一定月份看得清楚。"六个月了，~了。"

险一险 差一点儿遭遇祸事。"那天他开车~出人命。"

现如今 现在。"~家家差不多都有电话，可方便多了！"

现上轿现扎耳朵眼 喻指现用现忙，早不准备。"早不准备好，~！"

现眼 丢脸。"凭什么把打了胜仗的十四阿哥调回京师，派这个草包将军丢人~。"（《雍正皇帝》中册p.244）"你爸爸是教育专家，你却在外边当小偷，你这不是给他~吗？！"

线板儿 家中做针线活绕线用的板儿。

线笸箩 用柳条或藤条编的家用浅筐，用来装针头线脑的。

香饽饽 吃香的人。"她在老赵

243

跟前是~。"

香甜 友好。"现在两家不太~。"

香赢 便宜,好处。"不能见~就上,见困难就让!"

香胰子 香皂。

香滋辣味儿 泛指又香又有滋味的食品、菜肴。"现在的孩子,每天~地吃着够享福的啦!"

乡亲里道 都是同乡邻里。"都是~的,因为孩子的一点小事闹意见,不合适。"

降 降服。"你怕~不住她。"

想疯了 非常想念。"弟弟出国半年没得空来讯息,妈妈都~。"

想娘家人——小姨子就来了 俗语,即说曹操曹操就到之意。"怎这么巧,~!"

想一出儿是一出儿 一忽儿干这,一忽儿又想干那。"小宝要跟着姐姐去看电影,还没走呢,又要去滑冰,~。"

响亮 开朗,大度。"你姐他公公,那人可~哪!"

响儿 响声。"那时候,有钱人拿钱不当钱,摔东西听~玩,穷人可吃不上饭。"

响晴 晴朗无云。"刚才还是~的天,这会儿就掉雨点了。"

向情莫向理 倾向于感情莫如倾向于道理。"小青虽然是我的儿子,可是~,我还是要派他的不是。"

相住了 1.两人相对而行,避碰撞躲开,又正对面不能错过叫"相住"。2.在人的关系中,两人想和好又都没先开口也叫"相住"。"这两人还是想好的,只是现在~。"

像个人儿似的 平时不拘小节,有时又衣着讲究,说话文明非同寻常。"你看小张今儿个怎么啦,~。"

像回事 像样儿的。"老王头这次结婚,重新刷的小屋,门上贴了大红喜字,准备了喜糖,真挺~。"

像模像样儿 像样儿。"我今天~地当了次主婚人,替小张圆了这个场。"

像那么回事 做得很正式很好。"你看他把屋子刷了,破烂东西都收拾了,屋里还贴上两个喜字,老了老了结个婚还挺~。"

像通了　非常非常像。"姐儿俩~，分不出谁是谁。""他跟他爸~！"

消放　1.使用，消化掉，"放"读轻声。"吃包子正好把吃不了的萝卜、白菜~了。"2.藏、丢掉。"你总嫌我那大包袱碍事儿，你给我~哪去了？！"

消化食儿　帮助消化。"我出去走走，消化~！"

消停　安静，安稳。"整个28团沸沸扬扬，轰轰烈烈，折腾了半个多月才~。（《小说月报》2000年第12期p.16）"

消消停停　同"消停"。"~就把事情办了。""咱们~地在这待几天，再回家。"

消息儿　物件上暗藏的简单的机械装置，一触动就能牵动其他部分。

捎　打。"你要学坏，哥就敢~你。"

学　做动词时可用此土音。"这小青年不~好。""这孩子~舌。"

小　在数字之前时，指不够这个数。"~三十的人了，还这么不懂事！""足足装了~六吨的货。"

小白脸儿　长相漂亮的男青年。

小不点儿　指小孩儿，昵称。"这~什么歌都会唱。"

小菜儿一碟　比喻轻而易举就能做到的事。"摆弄点电器，还不是~。"

小葱拌豆腐——一清二白　喻很清晰，明了。"你查吧，我这账目是~！"

小打儿　"小打杂"的简称。

小打小闹儿　小范围内开展的事业。"咱这是先~，将来还会大发展哪！"

小蛋儿　小男孩的小便。

小的儿　指儿女和小辈人。"他们当~的就该多干点活儿，让老的歇着。"

小地丁儿　嘲讽矮小的人，有时也戏称小孩。

小店儿　小气，吝啬。"你也太~了，我们帮你干一天的活儿，你才请我们吃一碗两块钱的面，多吃还叫我们自己掏钱！"

小洞不补，大洞二尺五　喻防微杜渐。"这孩子你得管，~！"

245

小豆腐儿 把熬好的豆浆（未出渣）加入菜和作料，做成的粥样的食物叫~，东北农村多食此。

小嘎 小孩的昵称。

小嘎巴豆儿 戏称小孩，指体形小，有亲昵之意。"你这个~，还想去打一架！"

小嘎子 淘气的小孩。"他那孙子，是个~，淘得没边！"

小胳膊拧不过大腿 力量相差悬殊，力小拧不过力大。"你干啥跟他对劲儿，他现在有权，你~，好汉还不吃眼前亏呢！"

小咕捣 小本经营。"我们这是~，现在还不是大经营。"

小孩伢子 贬称小孩。"~，你懂个啥！"

小黄牛坐飞机——牛上天了。 喻人很骄、很牛气的样子。"他被提拔没几天，就~！"

小鸡子 鸡，不论大小都可称之。

小鸡子不撒尿——有道 歇后语，用鸡不撒尿比喻人表面似乎困惑，背后却有生财之道。"你别看人家小两口都下岗了，可照常有吃有喝，这就叫小鸡子不撒尿，有来钱的道！"

小家雀闹不过老家贼 阅历浅的胜不过老谋深算的人。"你个小家雀还能闹过老家贼？他是什么人，他是社会油子！"

小脚娘儿 旧指裹脚的女人。

小九九儿 本是珠算口诀，此处借喻为心中的盘算。"该怎么做，谁心里都有个~。"

小抠儿 小气，很小气的人。"他是个~，从他手里能弄出钱来？"

小窟窿眼儿 小孔。"交叉着的~里，吊着一个个小灯笼。"

小离戏 小小的玩笑，戏谑。"两口子有时也有个~。"

小里小气 小气。"他办事~的从没大方过。"

小龙儿 指蛇，只用于属相。因为属蛇不吉利，蛇与"折"（表断裂，亏损之意）同音。"我属~的（属蛇）。"

小跑儿 小杂役。"我给他当~。"

小铺 小卖店。

小气鬼 吝啬之人。

小瞧 小看。"这事一定要办好，别让人~了我们。"

小人乍富 品行不端的人偶然富起来就有一种反常的心态和表现。"为什么这么折腾，这就是~的特点。"

小晌午 将近中午。"~时他才来。"

小身脖量 比喻身小力单的样子。"那青年长得~的，像风一吹就倒似的。"

小性儿 心眼小，好耍小脾气。"她耍~时，你别理她。"

小丫蛋子 贬称小女孩。"这个~就是嘴快！"

小丫崽子 同"小丫蛋子"。"这个~就是调皮捣蛋！"

小样儿 瞧不起别人时常用此词。"看你那~，你还要开公司，你有多钱？"

小咬 指蠓、蚋等小昆虫。人被咬后局部起疙瘩，痒。

小猪崽儿到河边喝水——有点玄 歇后语，喻指办事不稳妥。"他哪来这么多钱，我看这事是~！"

小子 重音在"小"。儿子。"这是我三~。"

笑不滋儿的 微笑的样子。"那老人总是~的，对谁都特别和蔼。"

笑掉大牙 耻笑到极点。"他办这事儿太寒碜，让人知道不~了？！"

楔 原指加木楔，此处指打。"你再不学好，我就~死你。"

蝎哩 过分呵护或夸大受伤害程度。"就手指头割个小口，不用~她！"

歇丝带喘 用力干活或走路急，喘吁吁的样子。"七十岁的老头~地上了七楼，就为的要看孙子。"

歇着 指夜晚睡觉。"都十一点了，您还没~。"

蝎子粑粑——独一份 歇后语，独有之意。"你这个头型，咱这可是~！"

鞋拔子 喻指性情乖戾，不受管束的人。"你让他做你的帮手？那是个~，你支使得了他？！"

鞋帮子贴膏药——不自觉（治脚） 比喻做事缺乏自觉。"这些随地吐痰，随地扔东西的人，我看他们是~！"

鞋窠勒儿 指鞋帮内。"~里进

沙子了，我抖一抖。"

邪的歪的 挑歪理或搞不正当的勾当。"她来了，~说了一大堆。""他就会搞那些~，正经事他一概不会。"

邪乎 特别厉害。"今年冬天，冷得~。""这孩子闹得~。"

邪里歪块 歪理。"她~说了一大堆。"

邪门儿 不正常，不合规律。"这么豪横个小子，谁都不怕，就怕他老师，那老师小个儿，瘦肌咯拉的，也打不了他，可他就怕，~！""谁也打不开那锁，他一打就开了，~。"

邪性（邪行） 1.不正当，不正常（含贬义）。"你说这事~不？"（电视剧《九九归一》）2.性情乖僻，多心。"她妈~，你别多说话，免得挑你。""又说给她做的饭不好啦，没给她做新衣裳了，不去接她了，~。"

写在瓢底下 不算数了。"你还提那干啥，你那笔账啊，早就叫我~啦！咱们谁跟谁呀！"

写字儿 指旧时立合同，写字据。多是买卖双方加上中间人，合同、契约上签字盖章。

蝎虎 稍有伤病就过分重视，甚至惊慌。"就手指头割个小口，也死不了，你~什么！""盲肠炎是个小手术，百分之百安全，几天就出院，用得着这么~？！"

血葫芦 形容周身都是血的样子。"我现在还有当时她大出血在，浑身~似的那个印象，她就是那时死的。"

血津儿（血筋儿） 吃的熟肉上还有血的痕迹。"这肉还带~的，你还吃！"

血赤忽拉 鲜血淋淋的样子，体现人的嫌恶感觉："正吃饭哪，你别讲那~的事儿了，等吃完再讲。"

血心 诚挚的爱心。"可惜我是一片~对你呀！"

泄 凝结的东西溶化。"冰箱里的冻肉~开以后再切吧。""打好的肉卤时间长就~了。"

谢候 表示感谢。"小芳调转的事，你没少帮忙我得好好~你。"

解惑 捉摸，猜度想象。"闲着

的时候，我就~天上的哪块云彩像老虎，哪块像只飞着的大雁……"

懈劲　松劲儿。"这次失败了，他有点~，不过他还表示要好好总结经验教训。"

懈松　松弛，松劲儿。"这个毛衣有点~了。""任务完成了一多半儿，大伙的劲儿是否有点~了。"

心不静　心中不安宁，烦恼。"她也~，两个儿子，一个没了，一个又出了这事！"

心不在肝上　即"心不在焉"，注意力不集中，心中想别的事，没听进别人的话。"你瞧他~的样儿，你说什么不都白费。"

心肠儿　1.兴趣，心思。"快考试了，我可没~玩了。"2.品行。"这个孩子太苦了，有好~的人家收留他就好了。""这姑娘~好。"

心慌　由饥饿引起的心悸。"吃点东西压压~！"

心急吃不了热豆腐　意为心急办不成事情。"这事儿，心急不行，~，得慢慢来，循序渐进。"

心尖子　最钟爱的。"小孙子是爷爷的~。"

心里明白腿打摽　原意为心里非常清楚，腿不听使唤。喻喝醉酒的人或濒临深渊（犯罪）而不能自拔的人的状态。"他明白吸毒是既倾家荡产又犯罪，可就没那个志气改掉，可真是~！"

心里明镜似的　心里很清楚事情的内幕，只是没说出。"他俩背后办的这事，其实我~。""他俩的暧昧关系，我姐~。"

心里突突　害怕。"那时一提'运动'就~！"

心里有准儿　心里有一定之规，有准主意。"你慌什么，他~就行。"

心里美　一种红心的萝卜，外皮是绿色，甜脆，可生吃。

心忙口跳　多指饿得心慌。"那时家里困难，有时妈在外干活饿得~也舍不得花钱自己买个烧饼吃。"

心说　心中之意，自想而没明说。"看他那样，我~，这回该有点教训了吧！"

心窝子 心中的要害之处。"你这话不是戳我~吗？！"

心寻话 心里想着的话，心里寻思的话。"陈刚在这头高兴得也快要跳起来了，~大男人嘛，要想顶天立地，就得有妻子儿女在身边环绕衬托着。"

心引 心里惦记、犹豫、猜疑、疑惑的心理作用。"老太太睡不着就总上厕所，其实也没尿，就是~。"

心正不怕影儿斜 即问心无愧，不怕造谣、诬蔑。"他造多少谣，我也不怕，~。"

心重 心思重，多思虑。"这孩子~，没考上，下回再考，别说他。"

辛苦肝苦 指工作、生活中的坎坷、艰难。"就不知道做父母的~，还不好好学习。"

新姑爷 新郎。"哥一打扮像个~似的。"

新亲 结亲双方结婚当时和婚后的短时间内的互称。"派车去接~。"

寻思 想，考虑。"我~她妈也能来。"

寻死上吊 找死。"这不，他要离婚，他媳妇就~的！"

信瓤 装在信封里写好的信。

兴 准许、或许。"不~胡说乱说。""明儿个，我也~去。"

兴许 也许，可能。"~是在灶房的荤腥中忙得有些晕头转向了。"（《小说月报》2000年第11期《边地民谣》）

星崩 很少。"村里哪有一年不死个~的人，硬说是全死了，这谁造的谣！"

腥的豪的 不好闻的腥味。

行动坐卧 一切行为、习惯。"这孩子~太像她妈了。"

醒 面和好放置使软。"这面~一~再包饺子。"

醒腔 明白过来。"这事大家都瞒着他哪，他自己也没~。"

幸（兴）影 讨厌吵闹。"人家好不容易找这背静地方看会儿书，他们来又唱又跳，~！"

悻（借用） 局部感染化脓，影响淋巴肿叫~。"胳膊起个闷头儿（疖子），肿得厉害，胳肢窝都~出疙瘩了。"

熊 欺侮。"你们不能这么~

人!"

熊蛋包 窝囊、废物。"有理和他讲啊,怎么跑回家来瞎吵吵,真是个~!"

熊色 窝囊的,丑陋的样子。"看你那~,平日干活不上前,要钱可有精神了!"

熊瞎子 东北对熊的俗称。

熊瞎子打立正——一手遮天 歇后语。意为一切说了算。"马乡长在咱乡里还不是~!"

熊瞎子劈苞米——瞎掰 意为无目标乱为。"他那条件还要学舞蹈,那不是~!"

熊样儿 无能,懦怯的样子。"你看你那~,没上阵就交枪了!"

羞臊 使别人难为情。"你说我没能耐才住这破房子,你这是~我呀!你不问问你那新房子怎住上的,是你一人的能耐吗?"

锈 眼睛疲劳睁不开,变小的情状。"你看他眼睛~的,快拍他睡觉吧!"

虚让 出于礼貌,让对方吃、坐等并不是真心。"人家~你,你就真吃了!"

虚头巴脑 不真诚,不实在。"杨科长说,我看你谈正事挺实惠的,咋转眼间就~起来了。"(《小说月报》2001年第1期《教师,本是老实人》p.53)

嘘喝 过分的关心。"你别~他,越~,他越来劲儿!"

须护 留意,常用否定式。"我们常吃,不~了!"

絮 厌烦。"你这话我听了多少遍了,我都听~了。"

絮絮叨叨 说话絮烦,不能自己。"这老太太上岁数了,说话~的。"

暄 松软。"这土太~了,一踩一个坑。"

暄分 食物软。"这馒头蒸得各个~。"

暄腾 同"暄分"。

玄 靠不住,危险。"他恐怕不会那么痛快,两笔钱一起给?有点~。"

悬 1.危险。"真悬!差点没撞上!" 2.离奇。"他说他看见飞碟和太空人了,真能~!"

悬乎 危险,不可靠。"到时他那钱能不能返回来,我看~。"

揎 用东西填紧容器的中空部分。"他把花瓶放到箱子里,然后~上木屑。"

旋儿 头顶上头发的旋涡。"他有两个~。"

现世 出丑,丢人。"家里出了这些丑事多~呀!"

现世报 丢脸的结果。"我哪辈子没做好事,生了你这么个~!"

些微 稍稍。"~剪下去一点就行了。"

踅 无代价索取。"这本书我是~来的。""在小摊上我~了根萝卜吃。"

Y

鸦没雀静（鸦默雀静） 鸦雀都不出声，形容极为安静。"晚上，院子里~，他就开始读书。"

鸭蛋圆儿 椭圆。

鸭广梨 一种软胎很甜的大梨。旧时上岁数的人爱吃，因其甜面、不酸。

鸭子浮水——脚底下忙活 喻暗地里操作。"你看人家表面闲着，人家是~！"

丫巴儿 东西分叉的地方。"树~。""手~。"

丫头 称自己的女儿或称别人与自己女儿相仿的年轻姑娘，多是长辈对晚辈如此。"这是我的大~，叫小兰。""别干活了，~，休息休息。"（指别的姑娘）

丫头片子 对女孩的戏称，包含爱意，又有调侃之意。"你这个~就是好开玩笑。"

丫子 脚。"脚~。""撒~。""挠~。"

丫崽儿 小女孩的昵称。"这小~会哄人！"

压碴 用学识权威或某种威严抑制住别人。"这个新厂长挺~！"

压服 规劝、排解、说服、震慑。"要不是你爸~着，这哥俩就打起来了。"

压火儿 压住火气，压住恼怒。"看他那个神气劲儿，我真有点压不住火儿，想顶他几句。"

压脚儿 北方冬冷，晚上睡觉除盖棉被外，还要在腿部再盖上一层小被或衣服等，以暖腿脚。"今晚暖气好，屋里热，你把~的给我拿下去。"

压事儿 压火。"他们都在气头上，你怎么不~呢！"

压箱底儿 平日不轻易拿出来的放在箱子里的衣物，多是好的东西。"老婶把~的好货儿（好东西）都拿出来了！"

压压心慌 暂且解决一下饿的问

题。"这么长时间，走这么长的路，肯定饿了，先吃点点心～，然后咱们提前开晚饭。"

压轴 借喻事情最后的重要的一项。"最后～的是李忠的演讲，他的口才确实好极了。"

压桌 宴会进餐中最后吃完的人叫～。压桌给人贪吃的感觉。"哪回会餐都是小刘～。"

哑没悄悄 没有响动。"今年的鞭（鞭炮）不能再放，就只好～地吃饺子。"

牙花子 牙龈。

牙酸口臭 比喻等的时间很长。"旧时他蹲得～也没找着事做。"

牙口长齐 讽喻人嘴馋时说的话。"你想吃这里的好东西，你～了吗？！"

牙儿 整东西切成块，一块叫一～。"把苹果切开，给我一～。"

养汉 女子婚外不正当的性关系。

养汉老婆 骂人语。指女人乱搞男女关系。

雅静 幽雅肃静。"这地方挺～的，在这多坐一会儿。"

哑巴吃饺子——心中有数 歇后语，指心中有数。"你别看他不吱声，他可是～。"

哑巴打电话——没说的 喻人很开朗，容人，有友情。"你过省城就到我家住，咱俩是～。"

压趴下 受挫，承受不住。"那还真有点受不住，给～的可不是一家两家。"

压压实实 装得很满很实在。"她给我～地盛了一大碗饭。""给我送来～一车劈柴。"

轧 1.向下用力。"你好好坐那不行？那椅子叫你这么来回～，腿一会儿就折。"2.走道慢。"咱们这么慢慢～，得啥时能到哇！"

轧马路 在街路上慢慢散步。"你们几个又～去了。"

淹 水或烟进入眼睛，感觉疼。"这烟都～眼睛了，快开窗放放。""给小宝洗脸，别～了眼睛。"

烟袋油子 烟具里积存的黑褐色的膏状物。

烟气刚刚 形容烟很多，烟气升腾的样子。"我说这屋怎么～

的，原来抽烟的这么多，这么不讲公德。"

烟儿雪 形容雪纷纷扬扬的样子。"那天那大～下得可大了！"

烟熏火燎 烟和火熏烤的样子。"这～的，还有个干净？！"

严实 严密，紧密。"她嘴挺～的。""他的病被瞒得挺～，他自己不知道。"

盐碱地放驴——不往好草赶 盐碱地寸草不生，喻人不学好。"家里父母没少教育他，可他就是～！"

阎王好见，小鬼难搪 喻大领导好说话，下层人员不好说话。"不是说～吗？你要先做好下边的工作。"

阎王爷摆手——没救了 歇后语，没办法了。"他那病是～！"

掩 1.夹。"他手叫门～了，你给他上点药。""小宝又去开抽屉，小心～了他的手。"2.在众人面前，使某人难堪。"他～人可一愣一愣（很起劲）的呢。"

眼不见（一眼不见） 一时照顾不到。"～这孩子就没影了。"

眼不见为净（静） 眼没看见，以为干净。也指没亲见就不予理会。"他在外爱咋的咋的，我～！"

眼瞅 1.一直看着。"～她长大的。"2.明明白白看见但束手无策。"～着大火着了起来。""～着大水把房子冲倒了。"3.指很快地。"～着豆粒大的冰雹砸下来了。"

眼毒 看一眼就能记住。"她眼挺毒的，其实她就见过他一次，五年了她这次一看见他就认出来了。"

眼犄角儿 眼角。"她老拿～瞧人（小瞧人，看不起人）。"

眼见得 显然，眼看着。"～孩子要摔下来，他一步抢前接住。"

眼看 显然。"～是他拿走的，怎么不承认。"

眼眶子高 骄傲自大、看不起人之意。"那小子～，这样的姑娘他看不上。"

眼蓝 不是一般的着急。"孩子没钱上学，急得他爸～。""那前儿家里穷得叮当响，你二叔眼看要饿死了，你爷急得～，也没办法。"

眼泪巴撒 眼泪闪动。"一提到他死去的小孙子，老太太总是～的。"

眼里不揉沙子 意为心明眼亮，不会受骗，上当。"我～，谁好谁坏，我心里明白。"

眼力见儿 机灵地决定自己怎么做合适，马上去做，就叫有～。"这孩子挺有～，看他妈进屋，赶忙把拖鞋拿过来了。"

眼里有活儿 自己能看到要干的活，找活做。"这姑娘～，刚扫完地又帮她妈做饭去了。"

眼亮 地方宽敞，视野广。"这地方又高又宽敞，真～！""住上新盖的三间大瓦房，真～。"

眼绿 很嫉妒。"看咱们家发财他～！"

眼面前儿 经常接触到的。"我妈没念过书，可～的字她都认得。"

眼摸眼望儿 急切地盼望，非常希望得到。"几个孩子衣衫不整，看见别人吃东西都～的。"

眼皮儿打架 困倦得眼皮儿难睁。"一到晚九点，就～，得赶快睡。"

眼皮子浅 贬称人没有眼光。"她就看见钱了，～！"

眼气 看人家好就生气，嫉妒。"这女人就这不好，人家盖新房她～，人家穿件新衣服，她也～。""冯新柳和杜志民相上了对象，让车间里那些尚未有主的花季女孩很是～了一阵子。"

眼神儿 1.视力。"奶奶的～已经不行了，有时我们来，奶奶也得辨认半天才认出来。""爸的～还那么好，看报纸根本不用戴眼镜。"2.神情。"瞅姐的～不大对，好像要说什么。"

眼时 目前。"～我身体还行，不需要什么帮助。""～，生活都好了，倒想吃点粗粮保养身子哪！"

眼罩 意指出难题。"这是给你～带呢！"

燕鳖户（燕蝙蝠） 即蝙蝠。

燕儿不下蛋 形容忙叨。"她儿子一回来就给她忙得～。"

雁过拔毛 形容经手钱财就占便

宜。"他能不占便宜？那是～的手！"

厌弃 厌恶、嫌弃。"整天打扑克，他都～了。"

央给 央求。"我好容易～他，说替我去一趟。""我没意见，你去～你爸吧！"

秧饯 瘦弱多病，持续延搁。"这病～有一年了，还没大见好。""有病还是让大夫好好瞧瞧，别～着，弄出大病来。"

秧子货 借指某些权贵子弟浪荡、不学无术。"谁知道他抗不住呀，～！"

羊打拉儿 指羊肉中切剩下的筋皮。

羊角葱 老葱生的嫩芽。

羊马比君子 动物世界的亲情也和人世的亲情一样。"你看老猫护着她的小猫崽，就像人护着自己的孩子一样，真是～呀！"

羊群里出骆驼 拔尖的意思。"你看这偏僻小地方不怎样，一个小堡子就考上了五个大学生，其中两个还是重点大学，这可真是～呀！"

佯死不带活的 活得不精神。

"买的鱼也不侍候，死了好几条，其他也～！"

洋棒 骄横。"小鬼子～不几天了！"

洋车 旧称人力车。

洋碱 旧称小苏打。

洋蜡 旧称蜡烛。

洋柿子 西红柿。

洋铁壶 旧称镀锡或镀锌的铁壶。

洋油 煤油（旧时点煤油灯用）。

洋字码 旧指阿拉伯数字。

扬得二正 得意、不在乎、不认真的样子。"我劝他几回，他～的，听不进去。"

杨刺子 毛虫俗称，周身有毒刺，刺人很疼。

杨树狗子 初春时，杨树上飞下的花穗，像狗尾。

扬名打鼓 到处张扬，宣扬。"要不是你～地到处去说，谁知道这事！""你不嫌丑，到处～地去说，我可嫌丢人。"

仰溜撕卡 仰面四肢劈开的躺卧姿态，贬称。"那个小熊猫崽～地躺在树杈上，好像有意让人看它的屁股似的。"

仰八叉 四脚朝天摔倒。

痒痒肉儿 怕痒之处，如腋窝、脖颈。"小宝有~啦！"

养家费己 赚钱养家。"他不是一个人，他家里十来个人哪，他要~！"

养老女婿 入赘的女婿。

养人 保养人。"吃点鸡蛋，喝点牛奶，这都是~的东西。"

样子货 指人与物，外表好，实际内容差，如物品质量差，人学识、能力差。"你净买那~，不几天就坏了。""那姑娘是~，绣花枕头，外表行，其实啥也不行！"

妖道 女人行为轻浮。"那姑娘太~，父母也不管，恐怕也管不了。"

腰杆子硬 形容有权者支持，所以横行，也正面说人理直气壮。"他为什么这么无所顾忌，不就因为有人支持他，他~嘛！""他就坚持他的做法，他说他有科学道理，所以~！"

约 称重。

约莫 估计。"~再有一个小时就会到。"

吆唤（吆喝） 大声叫卖。"外边~是卖什么的？""小市场里卖各种菜、肉的，~不断。"有时指权威的指挥。"你都不听~了！"

幺蛾子 古怪的主意。"你又出什么~，大雨天往外跑？！"

摇头尾巴晃 喻人扬扬得意的样子。"你看他刚刚提拔就~！"

窑子 旧称妓院。

咬扯 指攀扯别人。"他不检查自己的丑事，反而净~别人。"

咬狗 一种小孩游戏，有时用杨树叶，把叶片除去只剩叶梗，两人套交叶梗，拽，谁的先断即输；有时用大花生有胚的一半，俩人把胚套住，谁的掉下即输。

咬尖儿 比喻人拔尖，不让人。"我这妹子就是~，不让人。"

咬手 寒冷冻手。"这天真冷，冻得~！"

要不介 不然，或者。"咱们今天先吃饭，洗澡，再去看电影，行不行？~先去看电影？""咱们今年上黄山、庐山、张家界，~先去昆明、桂林？"

要短儿 知道没有，偏要。"冬天你要吃鲜荔枝，你这不是~

吗?!"

要饭吃还嫌馊 喻指人在困难时还矫情,不满足。"都什么时候了,你还~!"

要饭花子 旧时对乞丐的蔑称。"从前的沈阳站历来就是全市最脏乱差的地方,拥挤、肮脏、嘈杂,盲流、~成群成宿地守在那儿。"

要劲 需要付出艰苦努力。"能把这个活儿干好,那可~!"

要脸 要面子,顾全体面。"你们想干那些不~的事,我可~哪!"

要啥没啥 什么都没有。"我们刚去那开垦荒地时,真是~!"

要啥有啥 什么都有。"那商店的东西就是全,真是~!"

掖咕 1.偷偷塞给。"你又~你儿子多钱?" 2.乱塞,乱藏。"我的围巾你给~到哪去了?"

掖着藏着 指隐瞒。"你可别跟六哥~的。"

噎人 说话生硬,使人下不来台。"这么点小孩,说话这么~!"

噎噎燥燥 急急忙忙地吃,边吃边急。"你看~吃这口饭,忙什么呢!""就你总催,让他吃得~的。"

爷台 老大,神气。"看咱俩谁~!"

爷们儿 男子,丈夫。"来的都是~。""她~从国外才回来。"

爷儿俩 指父子、父女、爷孙、叔侄,二人都如此称呼。

爷儿们 长辈、晚辈合称。"咱们~可不听他这个邪!"

野食儿 借喻已婚男女另和其他人搞不正当男女关系。

也真是的 也实在是(表慨叹,有时表不满和惋惜)。(《康熙皇帝》二册p.22)"你~,他既然亲自来接了,你为什么还不回去。"

夜个儿 昨天。

夜猫子 指猫头鹰,借喻习惯于夜间工作的人。"他是个~,哪天都十一二点以后睡。"

夜猫子进宅无事不来 喻指来人是有事专访,不是闲串门。"你是~吧,有什么事说吧!"

曳 劳苦工作。"这一大家全靠

他一人在外边~。"

曳曳巴巴 从远的地方,很艰难地专为一点事而来。"那时家里穷,到月末买粮钱都没有,八十岁的姥爷拄着拐棍~从前街到我家送来五块钱。"

营生 维持生活的事情。"他为什么非得干那~呢?"

衣裳架子 指穿衣很好看的人。"小刘穿什么都好看,真是个~。"

依弯儿就弯儿 认为懦怯无能就无能到底。"人家说你窝囊你就不能~更脏更乱了!"

依心性 随心所欲,想怎么的就怎么的。"对孩子不能~,~就教育不出好孩子来了。"

倚疯撒邪 指依着性儿想干什么就干什么地胡闹。"喝了那么点猫尿(酒),就~地胡呲!""这孩子就是小时候惯坏了,大了就~地胡闹。"

一步差三事 当初比别人差一步,现在差的更多。"这不,~人家当年上了大学,有了固定的工作,我们只念个高中,还时时担心下岗。"

一步三晃 形容走路晃晃的姿态。"大烟鬼又~地出来了!"(《小说月报》2002年第3期《妹妹》)

一大疋儿 一次全都买全。"你去买盐,~把酱油、醋和味素都买回来。"

一大早儿 清早,很早。"这不,~就出去锻炼了。"

一担挑 俗称两姐妹的夫婿为~。"那是他大姨子的丈夫,他们~!"

一顿把 一下子。"这个事本来都要办成了,她来~给搅黄了。"

一杠子打不出个屁 形容人性格闷,不爱表达。"大勇啥性格?~来!"

一个槽子里吃食儿 借指同在一处做事。"咱们~,就得互相照应点。"

一个锅里搅马勺 借指长年共事,比较密切。"我们~好几年呢,不会瞧着你不时兴了,就跟着那些马屁精作践你。"(《康熙皇帝》三册 p.484)

一个庙里的和尚 比喻爱好,习

惯都相同。"儿子也是个'烟筒',这烟一根接一根,跟她爹是~。"

一个屁俩谎 谎话多、最爱撒谎。"你还信他的话?那是~的手儿!"

一个屁碰到轰上了 碰巧之意。"他想捐钱给学生,她倒先就捐了,~!"

一个赛着一个 一个比一个好。"咱们班的学生成绩~。"

一个揞作到底 求助别人,一帮到底。"我是~,您就想法子帮我吧!"

一个子儿 钱很少。"办这么大的事,他~没花。"

一够 很长时间,费了很多工夫。"跑了~,也没跑出头绪。""闹了~你不还得去。"

一过草儿 一下子。"我当时也是~,没看清楚。"

一过眼儿 很快地看一眼。"当时我~,也没看仔细。"

一就事儿 顺便,捎带。"回来时,你~把你姐的东西也带回来。"

一就手(就手) 同"一就事儿"。"你去买报,~给我捎个信封来。"

一块堆儿 一起。"我们俩~长大的。""我们是~来这打工的。""老过不到~去。"
(《小说月报》1996年第9期《沈阳啊,沈阳》)

一愣一愣地 很起劲儿地,很猛地。"他损人~!""你看他像挺好说话似的,可他批评起人来可~!"

一溜鞭光 很自然地走下去。"他们上三峡,~又逛了成都和九寨沟。"

一溜七三遭 反正如此。"我看~,就让他去吧!"

一溜歪斜 形容走路脚步不稳,或不能直走。"喝了不少酒,~地往家走。""那孩子~写了一些字。"

一路神栖 和品行不端的人在一起骗人、害人。"你跟他们~,早晚要吃亏的。""他俩~,什么事也不和家说。"

一嘛儿的 没有花纹,只是单纯一样颜色。"穿衣服上身是花的,下身就~的,下身是花的,上身就~的，不然，太花了就不好看了。"

一抹儿黑 形容一点门路也没有。"我两眼~，帮不上你呀！"

一冒头儿 只露一面就离开。"他刚才~，就不见了。"

一闷头儿 埋头工作。"他在西藏~干了四十年。"

一屁股两肋 形容很多。"他拉了~的饥荒。"

一片嘴，两片舌 讲闲话，搬弄是非。"她那~，还不知道说出什么不好听的。"

一世界 各处都是。"花生皮剥了~，快扫扫。"

一通儿 一阵，一顿。"他每回做错事，我爸就骂他~。"

一乍猛 猛然间。"~我还没认出是他。"

一咒十年旺 咒一次有十年旺运，你越咒，别人越好之意。"她骂吧，想怎么骂就怎么骂，~。"

胰子 香皂、肥皂的旧称，现在依然沿用。

尾巴 "尾巴(yǐ ba)"与"尾(wěi ba)"同义，变音。

尾巴根儿 尾骨部位的俗称。"我约（称）二斤~（尾骨部位的肉）！"

已就 已经如此。"他~这样了，你就别再埋怨他了，孩子都有了，就张罗结婚吧！"

一吧啦 一边儿，别处。"姐和姐夫吵起没完，妈赶忙把姐扯到~，劝她。"

一百只熊瞎子五十对熊 东北人称熊叫熊瞎子。喻指人很老实、木讷、不会办事。"那一家呀，~！"

一崩子 一段时间。"这~你上哪去了，怎看不着你。""这一~他总上医院看他姐。"

一鼻子灰 碰钉子，碰得难堪。"满想得到他的支持，没想到闹了~。"

一笔写不出俩字儿来 亲密无间，一家人。"咱们亲哥们还分那么清，一笔写不出俩'张'字来。"

一边儿 一样儿。"哥儿俩~高。""几个人平分，~多。"

一边拉去 不受欢迎，靠边站之

意。"现在用上我了，~！"
一扁担压不出屁来 形容人反应慢，不爱吱声，不喜表态。"那是~的手儿，你跟他不干着急。"
一茬烂 穿一回不再洗涤就坏了，坏了不能修，叫~。"这袜子便宜是便宜，但是不结实，穿上脚~！"
一朝天子一朝臣 每个朝代都用自己亲信的臣子。"新领导来了不要~，而要选贤任能。"
一程子 一些日子："吴世达心里难过，这~，他看了尘封的族谱，才知道……"（《小说月报》2000年第11期《边地民谣》）
一杵子 一拳头。"他就打他~。"
一锤子买卖 就办这一次。"你也不留点后路，这真是砂锅子捣蒜~。"
一春八夏 喻指春种夏耕等长时间。"忙了~了，还不就为了这点收成。"
一蹿达 很快地向前跳。"看他妈回来了，那孩子~~地跑来了。"

一跐一滑 一步一滑，走路不稳的样子。"老父~地在冰雪道上蹒跚着。"
一点点儿 很少很少。"这小猫还有~气儿，恐怕难活。"
一点就透 点一下就明白。"那人多聪明，知道你不欢迎，说他旅途劳累早休息，他马上就走了，那不是~的手儿！"
一丁点儿 在体积和重量上都很小很少。"吃饭时有~的沙子硌了牙，我也受不了。"
一丁丁儿 极少。"她也太节省，每天做菜放~的油。"
一冬儿 一个冬天。"今年~也没下雪。"
一趸儿 1.一次买齐。"你多走几家，把纸、笔、墨~都买回来，省得再跑。" 2.一块儿、一齐。"他们七个人~走的。"
一筏子 一阵子。"这~净是感冒的。"
一分钱一分货 意为价位和质量挂钩。"你嫌这布不好，可它便宜，那边有好的，价钱也高，~！"
一竿子……支到 一下子支派到

某年某月。"只要你说去,他就猜得出你是啥意思,一竿子能把你支到猴年马月去。"(《小说月报》2001年第1期p.61)

一根脖领骨　倔强,死板。"这老头子就是~,怎么说他都有他的准主意。"

一轱截儿　长条东西切开的一小段。"这个竿就短~。""你把那块木头锯下~。"

一猴猴儿　很少很少。"这种药,放~就能药死耗子。"

一激灵　突然吓一跳。"那个雷才响呢,吓得我~。"

一惊一乍　胆怯,听到令人吃惊的事,忽而害怕畏缩,忽而大喊起来。"听得程锦蓝~的。"(《小说月报》2002年)

一口锅里搅马勺　一口锅里吃饭,喻指亲密无间。"都是~的,还客气啥!"

一口价儿,一拉溜儿　一带。"这~都是卖这个的,你好好挑挑。"

一劳本神儿　踏踏实实干活,无怨无悔,守本分。"这小伙子干什么都~的,从来不计较什么。"

一连气儿　一气,没歇息。"她~跑了五圈。""她~唱了三首歌。"

一撸到底　所有的职务全免掉。"他哪还是什么长?这回是~了,变成普通老百姓了。"

一箩到底　面粉过箩只筛一次的粗面粉,解放初期经常吃到的较黑的面。

一蚂螂网打钻天　"蚂螂网"儿童捕蜻蜓的网状工具。此处借喻惊动了一下,再也不见影儿了。"那孩子有心,你说人家一回,~,人家再也不上这来了。"

一门子　缘由。"你哭得哪~?(意不该哭)""你又认个舅,他是你哪~亲戚?"(意即没缘由)

一眯瞪　打盹。"我刚~,电话铃就响了,把我吓一跳。"

一抿子　一件或一笔。"你左~,右~地往里添钱,添到啥时是头啊!"

一奶同胞　亲兄弟姐妹。"哥哥,咱俩不是~吗?"

一脑门子官司　忧烦表现于外。"你瞧他~的样子,谁要惹他,他就会像炸弹一样爆炸。"

一拍肩膀头子浑身掉高粱花子——土到家了 歇后语，喻很土气。

一盆火儿 比喻极其热情。"那人才好哪，对人总是~似的。"

一泼尿远 形容很近。"就~，还用打车！"

一扑心儿 专心。"她来了就~干活，若不是出这个事，本来挺好的。"

一锹挖个井 喻急于求成。"做学问不能~！"

一起儿（一起子） 1.一拨，一伙。"那~人刚走，这~人又到了。" 2.一块儿。"他们三个人~来的。"

一操一个仰八叉 两个"一"分别用在"操"的动作和"仰八叉（摔了个仰面朝天）"的前面，表示两个动作相继进行。"操"突然使劲推，猛推。"他个头小，还不是~。"

一色儿 全都一样之意。"这里~都是大瓦房。"

一勺烩 原指各种菜放在一起或饭菜放在一起，加水煮，也用以喻指一起处置。

一身娇毛 喻很娇气。"这孩子在城里待的，~啊！"

一声不吱 不吱声，不言语，强调了连一声都没有。"说声去，~突然就去了。"（《雍正皇帝》中册p.274）

一时半会儿 同"一半会儿"，即不一会儿，时间短暂。"这活儿，~完不了，你走你的吧！"

一手托两家 一人为两家办事，照顾双方利益，不偏向。"于力凡连着拍了他几下手背，说这事我是~，他不见兔子不撒鹰，我还不见鬼子不挂弦呢。"（《小说月报》2001年第1期p.59）

一甩剂子 生气就走的样子。"他~，不干了！"

一水儿 一色。"来演出的，~都是四、五岁的小娃娃。"

一抬一夯 两人或几人言语中互相配合，贬义。"你瞅你两口子，~地给谁演戏哪！"

一天天 多在发慨叹或埋怨时用，意为天天都在担心，受折磨。"这~地，叫人不省心。"

一条道儿跑到黑 认定一条路，

不知变通。"他那人就知道~，从不知道灵活点。"

一条娘肠子里爬出来的（一条肠子里爬出来的） 同胞。"咱们不是~，谁跟谁呀，还讲客气！"

一条声 一齐出声。"小女儿和爸爸~地喊：'下定——决心，不怕——牺牲……'。"

一头沉 一头有抽屉或柜子另一头没有的桌子。

一腿 不正当的勾连。"那老朱家和震三江还有~！"

一文不值半文 不值钱。"困难时候，他把那些好东西都~地卖了。"

一文钱憋倒了英雄汉 很少的钱却难倒了英雄。"~，他不是遇到了难处了吗？"

一小儿 指孩童时期。"他~就挺聪明。""从打~我们就在一起。"

一心朴实 全心全意，踏实地。"她在这里~想干好。"

一眼不见 极短时间没看着。"~这孩子就跑没影儿啦！"

一眼没照到 短时间没照顾好。"这不，~把孩子给摔了。"

一爷之孙 堂兄弟。"我们是~。"

一准 一定。"他~能来。""开运动会他~去。"

一锥子攮不出血来 夸张形容人性格迟钝，反应慢。"这事你让他去干，~，能给你干好？"

意意思思 似乎有这种想法，但又没表示出来，犹犹豫豫地。"她想叫咱们上她家去，但~没说。""他来了可能是借钱，~没好说。"

癔症 睡中忽醒，心里不清楚，眼睛也未睁开，有时还说话或吵闹，叫"撒~"。"噩梦未醒似地站在殿门口~。"（《乾隆皇帝》四册 p.253）

吤儿巴怔 同"癔症"。

音儿 1.说话的声音。"她吓得说话的~都变了。" 2.话里的意思。"听她说话的~，是不愿意让咱们去。"

阴刺忽喇 形容天阴得很沉。"~的天，不冷，倒显得有些不合时宜的热。"

阴毒损坏 背后使坏害人。"这

个人太~，不可交。"

阴天拉叽的 天阴，潮气大。"这衣服别往外晾了，~一会儿怕下雨。""~的，也没太阳，你晒什么被！"

因由儿 指借口。"他说他爸妈没人照顾要走。他这是借~呗。"

印色 印油。

印子钱 1.民间的一种互助性的小型储蓄。每月每户拿一定数，轮流使用。2.也有是一种高利贷性质的。"为了供哥上学，妈还入了~。"

应该应分 分内应当。"做点啥都是儿女对父母的孝敬，~的。"（《小说月报》2001第1期p.68）

应景 走形式，走过场给人看。"他搞这些玩意儿，就是~，给领导看的。"

营生儿 工作、职业、事情。"一天没个~干，闲得难受。""你还是去找个~干，在家待着也不是回事儿！"

迎 向客人来的方向去接。"他不认识这地方，我去~一

~。""我们到桥头去~她，没~着。"

蝇甩子 旧时在木棒上绑上麻线，叫~，轰苍蝇时使用。

应 相合。"这真是~了那句话，不是不报，时候未到，现在是时候了，他该受惩处了。"

硬棒 结实。"这老头，可~哪！"

硬插杠子 硬性把一件事插到正进行中的别的事中。"咱们现在正准备分头去筹集资金修房舍，你这又~叫我们招学生。"

硬碰硬 直接做力量接触，不用计谋。"你这么~跟他干不行，得想个法子打败他！"

硬气 理直气壮。"自己出血汗赚来的钱，花得~！""花人家的钱，总觉得不~！"

硬实 壮实，硬棒。"这老爷子真~，七十多岁了还骑自行车哪！"

硬头货 指硬本领。"身上的技术、本领、学问、这都是~！"

永断隔疼 永远断绝最亲密的关系。"她就这么忍心和我~了！"

用人朝前，不用人朝后 指那些肤浅的人对人现用现交，即需要别人帮助时就吹捧、奉承，不需帮助时就不理睬别人。"这人你帮不得，他是~，不值得和他交朋友。"

呦嗬 表惊讶，深感意外之词。"~你怎么来了！真没想到！""~，你还挺有劲儿哪！"

悠车 摇篮。东北的摇篮多拴在房梁上，呈船形。

悠儿 分批分拨儿进行。"咱们人多，得一~一~地吃，这~吃完，下一~就我们的。"

悠着 控制不使过度。"您上岁数啦，干什么都~点！""家里也不能给你多钱，这点钱你~着花吧！"

油 熟练，好。"他骑车骑得真~！"

油光水滑 形容光滑，光亮，有时也用来形容人外表利落、光亮的样子。"那头发梳得~的。""这小媳妇打扮得~的。"

油黑 又黑又亮。"那个小孩晒得~~的。""他牵着一条~的大狗。"

油渍硌耐 1.食物中油多而腻。"这菜怎么~的，让人不想吃。" 2.不耐烦，闹心，不知干什么好，无所事事的样子。"高考落榜，这孩子一天~地在家待着，长了也不是事。"

油瓶倒了不扶 讽刺什么活也不干，很懒惰的人。"让他干活？！油瓶倒了他都不扶。"

油梭子发白——短炼 动物脂肪经熬时间短，油梭子就白，时间长色深。喻人少锻炼，不成熟。"我看这小青年是~！"

油子 指精明、圆滑、心眼很多的人。"他呀，是个~，你能耍得了他。"

油渍麻花 形容衣物上积存的油泥。"他衣服上~的，一看就知道他是个家务忙人。"

由打 从。"~去年开始，眼睛就花起来了。"

由着性儿 任性、放松自己，想干什么干什么。"不能让他~想干什么就干什么，得管着点。"

有把刷子 指有水平，有专长。"这新来的厂长~，你看效益马上上来了。""李老师~,别人不认识的字他都能讲出讲儿来。"

有板有眼 办事有条有理,不慌不忙。"你别看那小伙子岁数不大,办事可~的。"

有鼻子有眼儿 说的似乎真事。"她说她确实看见她姐回来了,穿什么衣服,拎什么包,还和个男的在一起说笑,说得~的。"

有吃有喝 生活不愁。"他一天~的,他愁什么!""~地供着,他还有脾气!"

有的没的 指有的事和没的事。"她到领导跟前,~都给你说。""他那嘴,~都瞎嘞嘞。"

有的是 强调很多(不怕没有)。"主要是黑龙江,非常之博大,~地方,能顶好几个斯里兰卡。"(《小说月报》2001年第2期)

有福的不用忙,没福的跑断肠 这是百姓中流传的带有宿命论的用语,该批判,不过有时也用来戏谑某些人运气好。"你看!~,咱们刚开宴,人家就不请自

来,多有口福!"

有个归置 做完一段工作或办完一件事,需收拾整齐。"干什么事都得~,别乱七八糟的。"

有好儿 有好处,好的待遇。"他们家对咱们~,别忘了人家。""到了他手,我还~!"

有话 有吩咐,有嘱咐。"你爸~。不管他对咱们怎的,咱也不能和他吵。""小芳要走了,问你爸是不是还~。"

有讲究 有规矩,有规定。"她们家规矩多,吃饭大人不坐下拿起筷子来,小孩不许先吃,可~哪!"

有尽有让 谦让。"这孩子懂事儿,吃东西都是~的。"

有今儿没明儿 感叹寿命不长,也指有人只顾当前,没有长久打算。"我这土埋半截的人,~的,没那些说道了。""有了钱就可劲儿花,好像~似的。"

有来道去的 说得生动,有头尾有情节,合情合理。"他呀,说个谎话都是~,难怪你们信!""你听他说的好,~,实际怎样,谁也没看见!"

269

有了 指怀孕。"新媳妇～，都俩月了！"

有脸 厚着脸皮。"你还～见人，想想你做的那些缺德事！"

有骆驼不说牛 特别能吹牛。"他是～的手！"

有名儿有姓儿 有一定声望。"咱们单位也是～的，你尽管相信吧！"

有你的 夸奖人有办法，有能耐。"真～，把球票整来几张！""这画还真画得不错，～！"

有盼头儿 有希望。"房子都测量了，马上要打地基，这下子，住房～了！"

有屁股不愁打 有相应的硬件，就不愁后续的效果。"～，结婚了，就不愁没孩子了。"

有钱难买早知道 意为有的事情难以预料。"谁知道他到国外会出这种事呀，～，早想到了就不让他出国！"

有情可原 有原因，有道理可以原谅。"小五不去，～，毕竟他去看了一次了。你一次都没去，那是你亲舅舅。"

有山靠山无山自立 有依靠时可靠，无依靠时就自己靠自己。"～，将来父母都不在世了就得自己好好过生活。"

有时有晌儿 有一定的时间做，不能老做。"打麻将得～，不能几宿不睡地打！"

有算计儿 节俭度日。"那小媳妇过日子可～哪！"

有他五八，没他四十 意为有没有他无所谓。"他还拿上架子了，～，我们自己干！"

有头儿了 有希望。"这个案子总算～！"

有仗势 身后面有撑腰的后台。"他不就因为～，就横行霸道不讲理。"

有准儿 心中有底。"不管别人怎么说，她心里～。""这你放心，他办事～！"

有主儿 1.为人所有。"这一堆挑出的白菜，～没？" 2.姑娘有了婆家。"人家已经～了，你还打什么算盘！"

有滋有味儿 品得好味。"她俩～地吃这好饭菜。""老张～地唱着，还用手打着拍节。"

余 指裁衣时留出富余来。"裤长三尺一，再~一分。"

榆木疙瘩，不进盐酱 死脑筋，听不进好话。"你让我劝他别去耍（钱），他现在是~，根本听不进去好话。"

榆树钱儿 榆树上结的包有种子的荚。

雨搭 房屋前遮雨的部分。

雨水儿勤 常常下雨。"今年~，庄稼准长得好。"

雨星星 下蒙蒙细雨的样子。"外边~的，衣服都拣进来没？"

圆不溜丢 圆。"楼顶上有个~的，说是什么看天象的。"

圆鼓轮墩 浑圆。"那人长得~的，挺不好看。"

圆乎儿 稍圆。"那苹果，各个都那么~。"

圆全 1.周全。"要尽可能把事情办得~一些。" 2.完全。"这小不点儿，开始话都说不~，半年时光，这小脑瓜竟能把《长征》诗记住并背下来。"

约（借用）瘪 器物扁瘪变形。"这孩子怎么把这玩具弄~了！"

越吃越馋，越待越懒 越吃好的越馋，越不干活越懒。"他也不亏嘴呀，怎么还这么吃，真是~！"

越肥越添膘 越好还加好。"二哥你又来钱了，你真是~！"

越描越黑 越想掩盖越显露出来。"这事就不用提了，总解释反而~！

月科儿 未满月的小儿。"我去那时，他还在~哪！"

晕头巴脑 脑子糊涂。"谁知道当时他怎么~地给他签字了？！"

云山雾罩 借指人说话没边没沿，夸张的情况。"你跟他~唠什么！"

匀溜 平稳、均匀。"火~点！"

晕的乎儿 有点晕的感觉。"喝了一点儿酒，这头就有点~的。"

晕高儿 登高头晕。"她~，别让她上了。"

Z

咂摸 品尝滋味，借喻指琢磨、体会、品辨。"其实没啥，说白了就是机灵劲儿，眼力见儿，慢慢的你自个儿就~出来了。"（《小说月报》2001年第2期《死谜》）

咂儿（咂咂儿） 幼儿称母亲乳房。

扎脖 指吃不上饭，挨饿。"你出去干活，全家才不会~。"

扎堆儿 聚在一起。"这大姑娘小媳妇，爱~！"

砸 1.比喻事情失败。"这事叫我办~了。""这歌唱~了。"2.货卖不出。"这批衣服全~在手里了。"

砸巴 敲碎。"他生气，不该把这镜子~了。"

砸对 定确实。"你跟他~好了，什么时间接她。"

砸锅 比喻办事失败。"这事你让他办，绝对不能~！"

砸锅卖铁 比喻竭尽所有。"你姥姥~还给俺买了个躺柜。"

砸明伙 强抢。"他这是要~呀！"

砸牌子 比喻败坏声誉。"我们总不能办自己~的事情吧！"

砸喜 结婚，向新娘、新郎头上身上抛洒五谷、五彩纸屑，旧称~。

砸鸭子脑袋 做没益处的事情。"他要钱你就给，有钱他就去赌，你这不是拿钱~吗？"

砸窑 黑话，指抄家，抢财物。"这回咱们就砸这地主的窑了！"

杂八凑儿 不同的人或事物放在一起。"这一袋子是~，书、笔、纸、药、口罩、手绢、小剪刀、针线包……什么都有。"

咋的 怎么回事，怎么的，怎么了。"你这是~了？怎么脸都破了，摔了还是打架了？"

咋搞的 怎么弄的，怎么做的。"你这是~？把事儿弄得这么糟！"

咋整 怎么办，怎么弄的。"你说这事~？""这事你是~的？"

栽 失败，受挫，"栽跟头"的省略语。"这回咱们可~了。""你怎么~在他手里。"

栽愣 偏着，支着。"陈刚的脑瓜仁儿又绷紧了，眼睛里金花直冒，耳朵也~得老长，屏气凝神捕捉着爸的话语尾音。"（《小说月报》1996年第9期《沈阳啊，沈阳》）

崽子 原指幼小的动物。也借指自己的小孩。"小~"。骂人话："兔~""狗~""猴~"。

再分 显示实在没办法之意。"~有点办法，也不给你找这个麻烦。""~能折登开，也不向你伸手。"

在家千日好，出门一时难 在家长久也安好，出外一会儿都有困难。"我知道~，家人要找个靠实的跟着。"（《乾隆皇帝》五册 p.272）

在其位的 在座的这些人。"~都是有经验，有能耐的老人，都是我们厂的骨干。"

在早 从前。"~，点的都是油灯。"

攒肚儿 婴儿便秘说是存在肚里，会胖，叫攒肚儿。"不拉屎，不要紧，这孩子~哪！"

攒项 指存储的钱。"她不穷，她手里有~。"

暂（晗） 早晚的合音。"这~"（这时），"那~"（那时），"多~"（什么时候）。

脏不拉叽 很脏，有尘土、汗渍、污垢。"你瞧那孩子，怎么弄得~的。"

脏字儿 肮脏的话。"小芳真是个好姑娘，说话从来不带~。"

葬 损失，葬送。"她攒了那么多钱，全~在她老儿子身上了。"

糟改 用刻薄的话讽刺挖苦、糟蹋人。"你别~了，人家根本不是你说的那样。"

糟践 糟蹋，污蔑。"别~粮食。""你可别随便~人。"

糟朽 朽烂。"年头太多了，这房木全~了。"

遭扰 打搅。"这些天在你们这~了，真过意不去！"

凿 使劲儿敲。"谁~门？""他使劲儿~墙。"

凿死卯子 不灵活，不通融。"你这人怎么~，他不愿意出差，你叫别人去不就结了。""没有按扣儿，你买个纽扣，抠个眼不就行了。~！"

早半儿晌 上午。

早起 早晨。"他~走的。"

早头儿 很多年前。"~还没有马车呢，更没有汽车，都是人力拉车。"

早晚儿 泛指将来，迟早。"你这么干下去，~会出成绩。"

早已 旧时，早先。"~有几家能吃上大米饭哪？！"

造 1.没有顾忌地吃，做。"客人们都是盘腿在火炕上吃大馒头，喝高粱米粥，~大白菜炖豆腐，渍菜粉儿，啁烧酒。"（《小说月报》2001年第2期 p.27）2.用。"能~一阵子呢。"3.开。"加加油门，往外边~。"（《小说月报》2000年第7期 p.78）4.祸害（动词）。"刚穿上的新鞋，~了一脚烂泥。""这孩子把刚买的雪花膏，可劲往脸上~。"

造害 祸害。"单位的钱就让他们这么~啊！"

造派 夸大或捏造别人的缺点、过失。"她背后~我什么呢？"

贼 1.特别（副词）。"这天~冷~冷的""这山楂~酸。""后院子那块黄泥地~滑。"（《乾隆皇帝》三册 p.243）2.灵敏。"呼玉叶说:'你耳朵真~！'"（《小说月报》2000年第11期 p.9）

贼风 由缝隙透入的冷风，易使人受病。"他嘴歪了，那是受~了。"

贼精八怪 特别聪明，狡猾。"那人~的，你玩得过他？"

贼拉拉 副词，特别，非常。"那几天~地冷，穿上皮裤皮衣，风一打就透，像没穿一样儿。""那小狗~地欢。"

贼拉硬 特别硬。"那面条~，像棍儿似的。"

贼里不要 最机警，连贼都不敢要他。"那人可不一般，是~的手。"

贼肉 表面看不出来，藏在衣服里的肥胖。"你看着他好像不胖，其实一身~！"

贼偷方便 小偷在有方便机会时下手。"不是说~，那就不要给他机会。"

怎 怎么。"你~不早说呀？"

怎的 怎么样。"我就是不去，看你能把我~！"

甑光瓦亮 表面光滑，特亮。"地板擦得~。""剃个光头，~的。"

锃亮 闪光耀眼。"那皮鞋擦得~。""头发不知擦了多少油，~！"

坐根 原先，最早。"~就是这样的。"

扎 1.钻。如~猛子。"那小孩跑得很快，~到人群里看不见了。" 2.系、结的意思。"~腰带""~围巾"。

扎不拉撒 支棱、分散，有时扎手。"这里边搁的什么呀，~的直扎手！"

扎乎 炫耀，吆喝。"人家都低头干活，就你瞎~什么呀！"

扎花 刺绣。

扎猛子 头朝下快速扎入水中。

扎儿呼喊的 扎呼、喊叫。"人家干什么鸦默雀静的，他一干点什么~，恨不得全世界都知道。"

扎扎约约 刺痒。"全身都起了疙瘩，~的。"

扎扎乎乎 吆喝、炫耀。"有了几个钱，他一天~的，不知吃几碗干饭了！"

挓挲（扎煞）（手、头发、树枝等）张开，伸开。"刘墨林~着手，由他们服侍。"（《雍正皇帝》中册 p.198）

扎服 细细地嘱咐。"这事儿可不能出差错儿，你好好~~他。"

扎咕 1.治疗。"他这病怎么越~越厉害。" 2.打扮。"你妈好好~~也挺好看。"

扎挣 勉强支持。"我强~起来给他做饭。"

榨 焯。"把菠菜~一下。"

眨巴 眼睛快速张合的动作。"她~着大眼睛，不明白这里有什么奥妙。"

眨咕 同"眨巴"。"我要把实情说出来，他直向我~眼，意思不让我说。"

咋水 和面时因太硬，加入少量

的水，用拳压面，让水进入面中叫~。

蚱 蝇卵，未成蛆时叫~。"那块肉都下~了，还不扔了。"

砟巴约的 有粗糙感的东西。"这面质量不好，抓一把怎么感到~。"

扎巴 1.幼儿刚会走路或病人走路的样子，形容词，"扎"借用。"小强在妈的扶持下~~地走着。""爷爷出院后每天在屋里~~地走着。"2.指幼儿会走，动词。"小四儿现在会~了。"

扎眼 1.刺眼。"这块布的花色太~。"2.使人注意。"她穿这身衣服挺~，从远处一下子就被认出来了。"

㐅着胆子 克服害怕心理勉强自己去做。"晚上走这段黑路，她都~走过来的。"

炸 受惊吓四散而逃。"枪一响，鸟雀都~了窝。"

炸翅 用力扇动翅膀表抗争，借喻人反抗。"你毛没干就~啊！""我摘了他家幌子，他都没敢~！"

炸毛 发脾气、发怒。"我去跟他说，他不敢~！"

炸庙 本无事，忽然无端地惊慌忙乱。"哪有着火的，你瞎~！"也指人突然生气发脾气，"他说了这话，这回她可炸了庙了！"

炸屁儿 捣乱。"敢~，拖到保卫科的小黑屋里，拾掇拾掇……"（《小说月报》1997年第10期《黑网》）

诈尸 迷信认为死尸复活，叫"诈尸"。此为骂人语，意为一惊一乍的如死尸复活。"武丹，你诈什么尸？"（《康熙皇帝》三册 p.222）

炸窝 原指鸟群夜晚飞起惊叫，借指多人聚居突然骚乱。"听了这个信，全家都~了。"

炸营 同"炸窝"。"窗口外鸣哇喊叫，~了！"

炸猪尸 骂人语，猪诈尸之意。骂人吵嚷、叫喊、吵闹等。"半夜三更的，你炸什么猪尸！"

诈和 玩麻将时假和牌。"你别~啊，你还缺一对'掌'呢！"

摘兑 向别人借钱、物。"您~我俩钱，月底就还。"

择 1.挑选。"~韭菜""~芹菜"。2.从纷乱中理清。"~线头""等我把这些事~出头绪来,再去办你的事儿。"

择食 吃饭挑这挑那,不喜欢的不吃。"这孩子~,所以他不胖。""小孩子~可不好,得嘴壮点才结实。"

择鱼头 指办难办的混乱的事。"他们把事情弄得乱七八糟,让别人替他们去~。""行啊,~就~吧,咱们党员不摘,谁来摘!"

窄棱 向一边倾斜。"小兰~着身子在床上躺着。"

窄歪 倾斜,欲倒;斜着身子坐。"挂钟~得不走了,快把它扶正了。""嫂子在炕上~着。"

窄巴 1.窄小,不宽敞。"林荫小道明显的见~。"(《小说月报》2000年第7期 p.84)2.(生活)不宽裕。"那个年头,家家生活都挺~,上哪借钱去。"

虼儿 残缺损伤的痕迹,也指人的缺点,毛病。"这苹果有~还卖这么贵!""咱们闺女可是没包没~的好姑娘。"

搛 粗缝。"他衣服袖破个口子,你给~两针。"

沾 含有。"她说话~点北京口音。"

沾包 因接触而使自己倒霉,受牵累。"知道和珅怕~。"(《乾隆皇帝》五册 p.122)

沾包赖 沾上就被赖住,贬指。"怕你饿着给你送点吃食,你倒赖上我让去饭店,我真是~。"

沾补 微量地得到。"凡这次参加活动的,都~~。""他经手的钱,每一笔他都要~点,日积月累,不就是个大数目的贪污。"

沾亲挂拐 亲戚朋友的关系,多贬指。"他一上台,~地拉上来不少,大家能没意见吗?!"

沾事则迷 遇上麻烦事就不知怎办了。"我是~,所以来问问你看怎么办。"

毡疙瘩 用毛毡做的靴子。

展眼 眨眼。"走得可快了,一~没了。""~不知跑哪去了。"

黵 弄脏,染污。"你加点小

心，那油别~了你衣裳不好洗。""不用你帮厨，把新衣服都~了！"

辗转腾挪 巧妙地应对各种复杂的情况的能力。"张总~的本事，谁也比不了。""没有~的本领，不容易把我们这样的工作做好。"

站 1.一个段落。"那时就想，这样的困难什么时候才是一~呀！现在整整到~了！" 2.婴儿存活。"这孩子身体太弱，怕~不住。"

站着说话不腰疼 比喻人不体察具体困难具体问题以帮助解决。"他是~，让他下来试试，看看是不是很容易就解决了。"

占理 双方争论，一方有理叫~。"不管他们怎么能讲，我们~他也没法。""谁~谁就会取胜。"

占香赢 占便宜，没吃亏。"这个孩子~了就高兴，那个没~就生气。""净想占别人香赢，这是什么人！"

占着身子 正在做事。"我现在~不然我也去了。""先找个事~，然后再慢慢寻摸合适的。"

占着手儿 手中有活，不便做别的事。"小三儿，你去开门，我~呢！""我现在~，等完了，我去帮你。"

占座儿 为别人占据座位。"你一坐车就爱~，多不好！不过也有好的一面，一来老人和抱小孩的，就让座，这挺好。"

章程 主意，打算。"不管别人怎么说，小张自有自己的~。""这事总得有个~才好办。"

张 二人坐两头，一头的人站起，由于力的不均衡，凳子翘起让另一人摔倒。"他坐紧那头，凳子~了，把她摔了！"

张郎找李郎 互相找，却很难找到。"你看他们俩，他走她来，她来他走，~，得找到什么时候？！""你们就该定个地方集合，省了~的，费时间。"

张三 东北农村对狼的俗称。

张三不吃死孩子肉，活孩子惯的
借指某些坏毛病是人惯成的。"你媳妇光吃饭不干活，我看这是~！"

张三哄孩子——信不着 歇后语，让狼哄孩子，能信得着吗？！"你要替我看仓库，~！"

掌勺儿的 主持烹调的人。

掌灯 旧时点蜡烛或油灯，"掌灯"就是点灯。现在用电灯，但也借用指点灯时候，即天黑时。"他~时候走的。"

长 喻常在。"那孩子天天~到他家。"

长草 喻心里有欲望。"他哥一说要去野游，他心里早就~了！"

长行市 比喻人随着权势财势的提高而趾高气扬，瞧不起人叫~。"处长当上了，人也~了！""有钱了，人能不~吗？"

长脸 增加光彩。"这些队员真给我们中国~了。"

长眼 喻指遇事注意、当心、会看情势。"一个人出去工作，遇事一定要机灵点，要长点眼。"

仗腰眼子 有人撑腰。"他那么飞扬跋扈的还不因为他背后有人给他~！"

仗着 幸亏。"道可够远，~都是青年人，嘻嘻哈哈地一路，也没感觉累。"

着 应答，表同意。"这话~哇！就得这么办！"

着紧儿 病危。"他妈不在家去看他舅舅啦，他舅~了！"

着天每日 每一天。"咱们老农民~在地里干活也没见得晒出毛病来。"

招 1.办法。"你有~想去！""他的~多，你问问他。"2.惹生气（多指比其小的人）。"你又~她了，弄得她哭起来没完。"3.逗弄。"老叔那么大的人~了一大帮孩子玩扑克。"4.靠近。"这些孩子不禁~，粘上就没完。"

招猫儿递狗儿 惹是生非，主要指戏弄。"你没事儿，可哪~的，你不能干点正经事儿！"

招惹 用言语行动触动、戏弄、逗引别人而生出是非或麻烦叫招惹。"你别~她，让别人说闲话。"

招人烦 让人讨厌。"他这个人，说话抢话，有活不干，~！"

招人疼 一种对晚辈表示怜爱的

习惯用语。"这孩子~！"

招人稀罕　让人喜欢。"这孩子长得真~。"

招人笑　引人发笑。"她把它们家那些私弊事，丑事也和别人讲，他是傻呀还是彪，你说这不~！""那天他讲了个乐子，可~哪！"

招灾惹祸　自己找来灾祸。"你一出门就~，这不是找不自在吗？"

着　睡着了的简化。也用以指电灯、火等的开、燃的简化。"眯愣一会，眯愣~了！""那屋的灯~了！"

着急忙慌　心里急躁，行动忙乱，"我当时~地赶火车，也没得跟他说话。"

着急上火　急躁不安。"老头病了，她怎不~呢！"

着家　待在家中。"这孩子老不~，净在外边瞎逛。""他也不~，我上哪找他去。"

着落儿　1.落实。"学校修房的钱还没~哪！"2.下落，"一破案，这笔钱就有了~。"

着人不着水　感觉凉但水还是融化了。"这时候正是~的时候，你看冰化了像是暖和了，可人还是感到挺冷。"

着头不着尾　说话没有头尾、没有逻辑。"这孩子说话怎么~的，到底怎么回事！"

找不自在　自找灾祸。"你一出门，就招灾惹祸，这不是~吗？！"

找二皮脸　自找尴尬。"明知道他不能借你，你还~干啥。"

找后翻账　做事当时未发现不妥，事后而论理。"你当时不弄清楚，老~，不找打架吗！"

找乐子　找高兴的事。"有病也不能总愁啊，自己想法~，心宽点，病或许还减轻了。"

找骂　自己言行不注意，惹人生气而挨骂。"你怎这么说人家，这不是~吗？！""哪壶不开提哪壶，你这不是~吗？！"

找冒烟了　可处去找。

找便宜　本意是买卖中占便宜，此处借用与人相处（特别是妇女）中占便宜。"我喊我爹，你答应什么，你不是~吗？！""尤其在妇女群中，他总好~，真不好。"

找气儿生 自找生气。"谁也没惹他,他自己~!"

找死 1.自找死路。"敢给我造谣,你~啊!"2.斥责他人。"老出去打架,~啊!""大冷的天,就这么在外边站着,~啊!"

找死卯子 严遵旧例,不能稍做变化。"这事你照旧理,不能考虑考虑新的情况,你这不是~吗!""人家已经当着大伙的面儿答应了,你还非得让人签字,你怎这么~!"

找台阶儿 找借口,停止争吵。"你还僵持什么,~就下吧!"

找寻 故意挑别人毛病,让人过不去,难堪。"你别没事儿~我,我也没惹你。""他自个儿耍钱输了,还~别人。"

找宿儿 找住处,找别的住处。"那天来的人多,家里住不下,我哥还~住的。"

找辙 寻找出路。"这不,在原单位下岗了,自己~哪!"

找主儿 1.找寻需要者。"这小狗我不想养了,你给找个主儿。"2.旧时称为女子择婿。"这姑娘不错,你给找个好主儿。"

照量 也称"比量",打架之意。"不服气就~~"

照量着办 看着办,斟酌着办。"该说的我都说了,你~吧!""到那看情况,你~吧!"

照影 见人。"你看他,两头不~。"

照相馆里的药水——得谁泡谁 喻不拘小节,见谁都戏弄。"泡"戏弄。"这孩子没大没小,怎么~!"

照直地 直率地、坦率地、从实地。"这事你用不着遮遮掩掩的,你就~说吧!"

折 1.倒、合。"把这盘剩菜~到一块儿吧。"2.跌。"孩子坐在那么高的地方,小心别~下来。""这一串跟头~得真利索。"

折饼 本是烙饼来回翻,此处指像烙饼一样在床上来回翻身,形容不能安眠。"这一宿净~了。"

折个儿 翻个儿。"两个车撞在一起,有一辆都~了。"

折跟头打把式 形容繁重的劳动。"单靠几个人～地苦干也不行，得大伙儿都出力，齐心干！"

折箩 宴席后，剩菜全倒在一起叫"折箩"，也叫"折箩菜"。

折耗 损耗。"还没到军队，每刃～三钱银子没了。"（《乾隆皇帝》五册 p.61）

折证 不同意对方意见进行争辩。"他说的你不服，你自己和她本人～去！"

褶子了 旧时常用的词语，意为坏了不行了。"这事办的～！""这一下子～！"

折拜 说道多，说话啰唆。"那个老太太有点～。"

遮溜子 说了错话，做了错事，借个机会遮掩过去叫～。"他刚挨完批，说是会同学，～走了。"

这不 证明自己说法、看法、主张正确提出实据。"我说这篇文章能发表，～，刊印了吧！"

这不介 同"这不"。

这不结了 双方争执，一方同意，另一方附和时用此语。"你早这么说～！省了争这半天！"

这档子 这件。"过后，就把～事忘在脑后了。"

这套号儿 蔑指这类人。"～的，就吃打不吃劝。"

这疙瘩 1.这时候。"这会就开到～！" 2.这地方。"咱们～也富起来了！"

这个那个 虚指这些事，那些事。"你把事情都办周全了，省了到时候女家～的挑礼！"

这咱 这时候。"快穿衣服，咱们～就去。"

这早晚儿 这时候，言其太晚，虽然有"早"字，但主要还是说晚，这种构词方式该是汉语的特点之一。"妈妈，您怎么～才回来？"

这怎么说的 谦词，没有字面含义，表示麻烦了别人，应该道谢之意。"～，还让你老花钱挺老远跑来看望。"

这崩子 这阶段，这段时间。"过去他天天上公园打拳，～没看着他。"

这程子 这个阶段，这段时间。"过去她老往他家跑，～她不去了。"

这份儿 指别人这样做过分，有埋怨，不屑口吻。"～磨蹭，你们谁也没见过。"

这里头的虫儿 指内行。"你说他搞文物懂行，他们家几辈子都是～，怎么不行！"

这溜儿 这一带地方。"卖旧货的都在～。"

真格的 真正的、实在的、严肃的话或行动。"你说～，这个事到底是怎么回事？""人家是要动～的，我看你怎么办。"

真亮 清晰。（多指晚间）"他们家那电视可～哪！"

真章儿 当真、顶真。"都什么时候了，可不能再马马虎虎，要叫～。"

真着 清楚，清晰。"小芳家电视，可～哪！""他写的字太小，看不～。"

针鼻儿 形容极小的缝隙。"～大的窟窿，斗大的风。"

针尖对麦芒 针锋相对。"他俩这些年不总是～吗，没有和气的时候。"

针扎火燎 喻事情棘手或危急。

"妈都病成这样，我能不～地急吗？！"

镇 抑制使之安定。"有他爸～着，他不敢怎的。"

镇乎 威吓，抑制，使之安定。"连吓带～才使这人不再吵闹。"

阵仗 形势，事态。"大家一见这～，个个面面相觑。""这孩子还小，哪见过这～！"

正月十五看花灯——走着瞧 歇后语。"你不是决定了吗，那咱们～！"

争竞 吵，争论。"俩人说着说着就～起来了。""～了一半还是依了小三的道儿。"

争口袋 说好话，谋利益。"他替她～。"

蒸不熟煮不烂 喻指教育对象冥顽不灵。"遇到这样～的手儿，就得多下功夫了。"

睁不开眼 不敢看，不屑一顾。"那里头脏脏事，让你～。"

睁一眼儿，闭一眼儿 指对事不太认真。"家里的事，有时没办法就～了。""管孩子要～你就把他坑了。"

整 弄。"他真能~！""你瞅你~这玩意儿！"

整个棱儿的 完整的。全部的，"刘强那儿子像透了他，~一个小刘强！"

整景儿 搞形式。"那个年轻人挺能~的，老百姓到底得到什么好处不管。"

整儿 整数。"这么的，你给我个~，好算账！"

整生日 指整数生日如五十岁、六十岁、七十岁、八十岁。

整天介 整天，从早到晚。"这孩子~看书。""那孩子~闹人。"

整整的 正是这样。"我就瞧你小子不地道，~！"

整装 不散。"你把零碎都装到大匣子里，多~。"

正当间儿 正中。

正倒过来 扳正、纠正。"再去你姐那一趟，把那天说的错话~！"

正经 确实、实在。"这菜长得~不错呢！"

正经八百 真正的。"这才是~的玫瑰香葡萄。"

正儿八经 正式的，郑重的，严肃的认真的。"收税也是~一丝不苟。"(《乾隆皇帝》五册)"咱牛厂长多~的一个，还得意这一口啊？！"

正头香主 主管，主事的。"这回找到~了，别人也不用瞎猜了。"

支 1.借因由让人离开。"当时妈不愿意让孙子听，就把小三儿~走了。"2.借故往后推延。"我找他几回，问给我办的怎么样，他总拿话~我。""去要一回钱，他~一回，再要还~。"

支巴 动手或打架。"说着说着俩人就~起来了。""一枪不放就撤，怎么也得~一下。"

支乎 接待、敷衍。"来人你先~着，我去去就来。"打招呼。"也不给个~，好有准备"

支黄瓜架 指动手打架。"那俩孩子又~了，快去看看吧！"

支棱 立、翘、整饬。"你看这花都挺~。""这小伙子，总这么支支棱棱的。"

支棱八翘 竖起，多处翘起。"这小窄屋你支个伞，~的多碍事。""你把那头发好好梳梳，~的，多难看。"

支毛 不服气的姿态。"面对着震三江，天外天都没敢~！"

支使 捉弄、引逗，叫别人干。"哪知我福气薄，叫神鬼~的失魂落魄。""你干吗老~二嫂干力气活？"

支支动动 工作不主动。"这孩子干活总是~。""这姑娘干活可好哪！从不~。"

支嘴儿 只动嘴说。"他干什么活？净~了。"

枝油 没经融化的牛油。

吱儿哇乱叫 形容害怕，惊叫的状态。"几个淘气的男孩子把青蛙带到教室里，吓得女孩子~！"

知根知底 知道底细。"找个~的人，了解了解他的来历。"

知会 通知、招呼。"这么大的事儿，你总得给我们一个~呀！"

知近 知己。"你身边连个~的人都没有。"

直不起脖儿来 受欺负，压抑。"像旧社会似的，她在那个家~！"

直脖儿老等 指静立水中的鹭鸶，也借喻人木讷，不灵活。"谁像他~，脑瓜子一点儿也不转弯。"

直打直 直爽，直率。"他俩从来都是~，你不用担心。""应该~，干吗非要拐弯抹角的。"

直勾勾 双眼发直或看人不眨眼，呆滞的样子。"听了这个消息，她两眼~的，再也说不出话来。""那个年轻人瞅姑娘怎么眼睛~的，多烦人！"

直咕龙通(直不棱登) 不拐弯抹角。"那个小胡同~的，一眼能望到底儿。""我老爸说话从来就~的，从不拐弯抹角。"

直劲儿 不停地，一个劲儿地。"就她，~劝我我才去的。"

直来直去 有什么说什么，直爽。"咱们就~，别拐弯。""小勇说话好~，你别介意。"

直门儿说 一个劲儿地说，没完没了地说。"你说一遍就行了，干啥~说。"

直筒子 比喻性格很直率的人。"他是个~脾气儿，说什么你别生气。"

直下里　直的方向。"～有六尺，横下里有四尺。"

直直腰儿　指休息一下。"你先干着啊，我～！"

值不当　1.不值得。"～的小事，干吗着这么大的急！"2.不必要。"为这事吵嘴，～！"

值当　值得，犯得上。"为这点小事生气，不～！""不如拉一车生猪～。"（《小说月报》2000年第7期）

值个儿　值得，合适。"一颗手榴弹炸死七八个鬼子，就我死了也～！"

值仨不值俩　不值钱。"当年那些贵重一点的东西也～地卖了换米吃。"

指定　肯定。"这酒他～不能收。"

指脊梁骨　唾骂。"你这儿子得好好教育，抓紧教育，不然就有人指你脊梁骨了。"

指望　依靠、希望。"那时家里就～他能有个出息，好养家呢！"

指着　靠着，依靠着。"全家不都～他一人的工资养家吗？"

指指戳戳　背后人们议论，指摘。"我可不愿让人背后～的说我不孝！""你怕别人～干吗，脚正不怕鞋歪！"

只许你遥山放火，不许别人夜晚点灯　喻指不讲道理，霸气十足。"人不能不讲道理，～，这说得过去吗？"

执拗　干活不爽快，甚至不服从。"叫他干点什么，总是执执拗拗的。"

治气　怄气，生气。"你这是治什么气呀！"（电视剧《九九归一》）

至不济　最差。"～也能买两套衣服。""～也能给一百块钱。"

至于　意为能这么严重吗，大多用于句尾。"和我吃酒就丢差使，～吗？"（《康熙皇帝》一册）

只当　就当。"～我求你，行不行！""～我没看见。"

中　行，好。"这办法～！"

中了邪　迷信说法，人在病中或神经错乱有胡言乱语之状叫～，对一些解释不清的行为也称～。"当时想他中了什么邪，天天往他家跑,也不下地干活,后来才知道他在搞一项科研。"

啁 大碗大口地喝。"客人们都是盘腿在火炕上,吃大馒头,喝高粱米粥或二米粥,吃大白菜炖豆腐,渍菜粉儿,~烧酒。"(《小说月报》2001年第2期)

撖 从一侧或一端托起沉重的物体。"王保儿从背后轻轻~他。"(《乾隆皇帝》五册p.429)

恉 倔强、固执。"他那个人太~,跟人家赔个不是,不就完了,何况还是你先动的手。"

皱皱巴巴 皱纹很多。"姨姥爷脸~的。""那衣服~的,怎么穿?"

猪鼻子插大葱——装象(相) 歇后语,喻指人在某种需要下的假象。"你看他挺积极,那是~呢!"

猪打腻 原指家养的猪吃饱后去泥里打滚、蹭痒痒,此处喻指人搞得很脏的样子。"这孩子怎么搞的,一天工夫成了~了!"

猪羔子 猪崽。

蛛蛛爬 形容字写得不好,太乱。"小三儿那字怎么练的,还是像~!"

主道 商家对经常光顾的顾客的称道。"拉~。"(拉回头客)

主事的 说了算的,负责的。"她们家她是~。""一家千口~一人。"

住声 呵叱孩子不要哭。"你给我~!没人招你惹你,你哭什么?!"

住台儿 停下来。"她可有本领,能不~地唱两个点儿。"

抓碴儿 找碴儿。"她早就想和我吵架,这回是~。"

抓破脸儿 感情破裂,公开吵闹。"一~就不好了,还是背后唠唠。""这个姑嫂俩~了,总打。"

抓挠 1.东一下西一下乱抓。"她到星期日休息,也干不了什么正经事,竟瞎~。"2.能赚钱。"那两口可能~了,这一阵子不少赚钱。"3.打架。"俩人~起来了,快去拉拉。"4.倚靠。"我想赚点钱,省了老了没~。"

抓瞎 事前没有准备临时忙乱着急。"宁副县长的高风亮节李小毛固然钦佩，可是这件事却让他抓了瞎。"（《小说月报》2001年第2期《死谜》p.8）"没下雨先备好伞，防着来雨时现～。"

抓心挠肝 着急的样子。"你一不按时回家，你妈就～地，一次又一次去门口瞅。"

抓鬏 妇女特别是旧时老年妇女脑后梳成的发髻。

拽 1.扔。"把板凳～到地上。"2.贴、摔。"把一锹锹的泥～在墙上。"

拽爪儿 一侧手臂动作不灵，贬义。"来那个人有点～！"

跩 1.走路摇摆。"那老头走道一瘸一～的。"2.说话文绉绉的。"二哥又～上了。"

跩儿跩儿的 形容矮胖人走路、摇摆、缓慢的样子。"小三子走道都～的了，胖得不像样儿啦！"

跩文 卖弄口才，卖弄词语。"没多少文化，还故意～，像有多少学问似的。""你还给我～上了！"

砖头瓦块儿 破砖乱瓦。"院子里都是～，像个破大家儿似的。"

转过年儿 指过这个年后，即来年。"这孩子～就七岁了，该上学了。"

转不开身儿 指屋小或人多。"那屋小得～！""那人多得都～！"

转磨磨儿 团团转，着急的样子。"妈说，那时到年底没钱到处～，可真难哪！""孩子九点也不回家，急得她～！"

转影壁 故意躲着不见。"该钱不给，跟你～！"

转轴儿 改变原意，过分灵活。"他说的还有准？他是～脑袋！"

装憨儿 假装不行（伪装病，傻）"你以为他～呀，他真病得不行了！""他说他不识数，其实他净～，他那小算盘算得可准哪！"

装气迷 装傻，装糊涂。"你别搁那～，孩子的钱你一个也不许少给！"

装人 自己做了错事、坏事还假装好人。"你做了哪些坏事，你心里清楚你还装什么人！"

装傻充愣 假装糊涂，假装不知道。"这事你不参与，他们小青年敢这么干？你还~。"

装孙子 故意装出委屈、受苦的样子，以掩饰自己错处。"你甭给我~，各人记各人账，谁也别想逃脱。"

撞羊头 家中闹矛盾，有的老人解决不了就用"撞羊头"来显示自己的气愤。"老爷子都~了，你们怎么还叽咕？！"

壮 装得很满。"包子整~了一锅。"

壮门面 装点外表，使之好看。"咱们不去给他壮那个门面！"

赘得 小捅咕似的斥骂。"她就这样不好，当着客人的面~孩子。"

赘脚 绊脚，累赘。"家里有个~的孩子。"

赘人 小孩让人照顾，离不开。"这孩子太~！"

坠 写注。"他在信封背面~上：内有照片，勿折。"

坠肚 想便便不出，且肚子疼。"这几天~，不知什么原因。"

坠子 耳环下下垂的附件，也指耳环。

准成 真诚可靠。"他这个人挺~的。""他的话~吗？"

准成话 确定的主意，准确的话。"可到了紧要关头，谁也不敢给咱应下一个~。"（《小说月报》2001年第1期 p.54）

准稿子 确定的主意，打算。"哪天办什么事，怎么办，她也没个~。"

准脾气 脾气沉稳，不轻易改变决定的事情。"你大姐人心好，就是没有~。"

准有 一定有，保证有。"药铺里，~一个坐堂先生。"（《小说月报》2001年第2期 p.28）

俊 好看。"哎呀妈，我大侄媳妇，越长越~了！"（《小说月报》《沈阳啊，沈阳》）

拙嘴笨腮 嘴笨。"我~的，讲不好，请大家原谅。"

茁实 结实。"这个桌子打得可够~的。"

哧 从小孔喷射。"水管子漏了，往外~水。"

哧溜 很快很滑地。"那大耗子，没抓住，~一下就没影了。"

滋润 舒服。"原有的砖瓦,土块依然~地横躺竖卧。""他一天滋滋润润的,啥也不管。"

滋芽 发芽。"小树都~了!"

吱声 说话,出声。"几个人问他,他都不~。"

紫烂毫青 淤血导致的淤青的肤色。"小三儿在外惹事,叫人打得~的。"

子盖儿 指牛屁股蛋部位的肉,嫩,可炒吃。

子午卯酉 比喻有系统有内容的话。"我们在座的哪个能说个~?"(《雍正皇帝》下册p.155)"于力凡便拿出一副此行专来谈建议的样子,~地说了不少。"(《小说月报》2001年第1期p.57)

字儿 字据。"卖房今天写~。"

自打 自从。"~他妈回家,他不离他妈的怀儿。"

自个儿(自己个儿) 自己,个人。"其实没啥,说白了就是机灵劲儿、眼力见儿,慢慢的你~就咂摸出来了。"(《小说月报》2001年第2期,王梓夫《死迷》)"这是我~的事,你们别管。"

自顾自 只管自己的事。"干什么哪能~呢!"

自来旧 新的犹如旧。"这衣服的色有点~!"

自来熟 对陌生的人也像熟识一样。"他跟谁都~,刚认识就让人家请吃饭。"

自找 自己找寻。"他这是~罪受。""他~苦吃,也是个锻炼。"

走水 指幔帐上端的横幅,通称"幔~"。

走道儿 寡妇再嫁。

走得端行得正 行为端正,找不出问题。"只要我们~就不怕别人去说,更不怕坏人攻击!"

走动 1.亲友间交往。"亲戚间多年不~,也生疏了。"2.排大便。"肚子疼,总像要~的样儿。"

走垛 长途运货、买卖。"传杰又去~了!"

走柳 闲逛。"天天不干活,净~!"

走马灯 原指一种供玩赏的不断

转动的花灯，喻指动作忙碌、重复。"小三不停地搬着，忙得像~一样。"

走人 走开。"就这点活，咱们快干，干完~。"

走脑子 思考。"办事一定要~。"

走时气 走运气。"人~马走膘。"

走水 "水"重读，指火灾。

走死逃亡 遭遇灾祸，各自奔命。"妈说，把你们养大，是成家立业，还是~，就看你们自己的能耐了。""那时家乡大旱，爷爷让伯伯，叔叔们自己找活路，~，谁也管不了谁了，就这样失散的。"

走下道 指学坏。"喜发他胆子大吧，可说他~吧，不可能！"

走形儿 变得不像原样子了。"你这衣服怎么洗得~了。""这鞋叫你穿得~了。"

走油 点心放久，油渗出变味。"这点心都~了，还吃？！"

走着撂着 1.有病但还能行动。"虽然躺了一个月，可是~还不碍事。"2.捎带。"这点活儿，我~就干了。"

走字儿 1.钟表在工作。"大殿里只能听见镶着照身大镜的自鸣钟'咔咔~'的声音"。(《乾隆皇帝》六册) 2.走运气，运气好。"这小子真~，摊上个好媳妇，最近又找了个好工作。"

揍性 德性，贬义。"看你那个~，还说大话哪！"

祖坟哭不过来，还哭乱坟岗子 意为自己的还顾不过来，还管别人，被用来劝谕只管自己，不顾别人，这种思想该警示。"你爷好说~，咱们现在就该管好自己，也得管别人，不能只顾自己！"

祖坟冒青烟 指在祖辈的庇佑下后代有出息。

钻挤 1.钻研。"那孩子可~哪，学什么都会。"2.钻营。"这个人会~，才来不几天跟领导都熟了。"

钻死胡同 死胡同不能通行，意为不懂变通。"这孩子死心眼，干什么老~。"

嘴巴子 打嘴部附近的部位。"挨了个大~！"

嘴半月似的 喻不断地劝说，说服。"我一天哪，~说、劝，他就是不听。看看,这回出事了吧!"

嘴不啷叽的 嘴里不干不净的。"你本来就没理,不向人家道歉,还~,多不文明!"

嘴茬子 口才,说服人的能力。"妈一听,知道自己是遇到一个~,自己再说什么也是白说。"(《小说月报》1996年第9期《沈阳啊,沈阳》)

嘴急 想吃就得马上吃到。"快去买蛋糕,你姥爷~。"

嘴快 吃东西快。"让~的吃了,谁叫你不吃放着呢!"

嘴欠 说不该说的话或不合时宜地说。"你就是~,人家自家人都没说,你显什么魂!"

嘴损 挖苦,骂人语言刻薄。"这人~,骂人不吐骨头。""嘴那么损,对别人损不了毫毛,自己可损失了人格。"

嘴头子 嘴(就说话而言)。"他~能说会道。"

嘴壮 吃嘛嘛香,不挑食。"这小家伙真~,怪不这么胖,这么壮。"

嘴子 形状或作用像嘴的东西。"壶~""山~"。

坠根茄子 喻最小的不利落的孩子。"就这个~,叫我难心。"

罪行你 降罪予你。"你还干坏事,不怕~!"

最后尾儿 最末后。"他是~走的,你问他关没关门。"

捽 系紧。"用这根绳子把口袋嘴~上。"

作 胡整。"他这么胡~,你们做父母的得管管哪!""这是没日子~了。""咱娘一唱歌儿,你就不~了!"

作祸 指小孩耍脾气纠缠大人,也有时戏指小孩在裤子里拉屎。"这孩子不听话,有人看着他还总~!""这小月科,脸通红的,底下~哪!(拉屎)"

作死 自己找死。"跟这些有劣迹的人在一起,一天无所事事,你是~呀!"

作妖 喻指胡乱折腾。"她在家里~哪!"(指翻箱倒柜,挪动家具及其他胡乱折腾)

左撇列 习惯使左手。

左眼跳财右眼跳祸 民间迷信说法。意左眼皮跳要丢财,右眼皮跳要有祸患,无科学依据。

作刚作柔 故意的一个去黑脸,一个去白脸的。"他们俩~,一个使劲儿对我横,一个跟我说好话,目的都是要骗我给钱。"

作扣 制造矛盾。"原先俩人挺好的,怎么忽然不好了,是不有人~!"

作脸 争气。"他爸爸那么要强,就是他儿子不给他~,净考0分。"

作酸 食后反胃,泛酸水。"吃这点东西,胃里~。""他一吃地瓜就~。"

作嘴 接吻。"我看见一男一女正在那~哪。"

凿凿实实 结实,使劲儿。"你~打个床,他身子沉。""他~踢了他一脚。"

坐病 落下病。"你爸那次生气以后就坐下病了。"

坐不住金銮殿了 金銮殿是过去皇上坐的地方,很稳固。坐不住了,喻指人很着急。"儿子三天没回家,他爸也~!"

坐地户 当地土生土长的人家。"他俩是~,我们是外来户。"

坐地儿 原先。"我们家~就在沈阳。""不是这次不好,~就有矛盾。"

坐根儿 原本,压根儿。"我~就不认识他。""他~就没来。"

坐锅 把锅放到火上准备烹调。

坐壶 把水壶放在火上,准备烧水。

坐蜡 把事办砸了,受斥责,代人受过,受窘。"事办砸了,他躲心静了,让我一人~。"

坐坡 意为做事反悔。"他那人耳根软,好~!"

坐实 弄实在,落实。"这个事现在还虚着,你赶快把它~。""到底哪几个工程队承包这个项目,多长时间完成,价格多少,材料是我们安排还是他们全包,这些都需要~!"

坐水 用壶煮水。"水让他们洗脸了,还得坐壶水。""你~了吗?没开水了!"

坐堂先生 药铺里管看病或抓药、咨询的医生。"药铺里,准有一个~。"(《小说月报》2001年第2期 p.28)

坐夜 为故去的人守夜。

做份儿 剪裁衣服留出缝的份儿。"这衣服得留出~。"

做买卖了 当成一桩正事,成了正当理由了。"这不,手指头划个小口就不去幼儿园了,拿手~了!"

做梦变蝴蝶——想入飞飞(非非) 喻妄想。"看他那眼神,他是~了!"

做梦娶媳妇——净想好事 讽刺那些空幻想不做实际努力的人。"你不干够活,年终还要多得钱,我看你是~!"